|“十三五”通识教育系列精品教材|

# 体育与健康

TIYU YU JIANKANG

刘秀东 主编

山东人民出版社

国家一级出版社 全国百佳图书出版单位

# 前　言

为全面贯彻教育部、国家体育总局颁布的《国家学生体质健康标准》和《全国普通高等学校体育课程教学指导纲要》，使学生更好地学习和锻炼，帮助学生树立"健康第一"的理念，强身健体，增强意志品质，我们编写了这本3D数字化教材——《体育与健康》。

本教材从学院的实际情况出发，在内容选编上坚持以育人为主和以人为本的理念，打破以往教师在讲台上讲述、在运动场上示范的常规教学方式，通过制作并加入3D数字化资源、微视频等，激发学生对体育运动的兴趣和求知欲，促使他们积极主动地参与到体育运动中来，并掌握一些平时难以认识到或很少接触到的动作要点和技能。

本教材具有以下特点：

（1）时代性与目的性相结合。针对高等职业教育快速发展的现实，结合体育教育的功能，本教材拓展和延伸了一些理论知识、运动项目，把一些具有时代性、新颖性的体育项目纳入体育教学中，力求体现体育运动及教学实践的新观念、新内容。本教材可作为高职体育教学的有效载体，成为教师教学和学生学习的依据，便于他们开展相关教学活动。

（2）实用性与差异性相结合。在内容的选取和编排上，本教材以培养学生锻炼兴趣、养成学生终身锻炼习惯、贴近生活为目标，真正体现以人为本的教育理念，突出学生的特殊地位。本教材编写了许多简便、实用、颇受学生喜爱的运动项目，因材施教，能满足不同水平、兴趣和爱好的学生的需求。此外，本教材还可帮助学生掌握一般运动损伤的处理方法，并使其能够根据自身具体情况选择合理的运动方案。

（3）课堂教学与持续发展相结合。本教材既注重体育理论知识的讲解，将各种体育活动规范为科学的、条理的、循序渐进的体育运动，也注重培养学生参与体育运动的能力，帮助学生正确评价自身体质健康状况，并做到学以致用，能够积极参加各类体育活动。可以说，本教材将可读性与趣味性相结合，集教育、健康、休闲娱乐等内容和方法于一体，帮助学生树立“健康第一”的观念，掌握科学的锻炼方法，养成良好的锻炼习惯，以强健体魄，增强意志，提高身体素质和心理素质。

本教材在编写过程中，借鉴了国内外一些著名学者的研究成果，吸收了国内外部分专业网站的相关内容，得到了所有参编人员所在院校的大力支持和帮助。同时，本教材的编写还得到了东南大学肖佩宗教授和山东政法职业学院岳书蕾主任的指导，在此一并表示感谢。本教材的出版，得到了山东人民出版社总编辑杨大卫、副总编辑袁丽娟的大力支持，感谢编辑老师的辛苦付出。

在教材编写过程中，由于编写人员水平有限，编写时间仓促，书中难免存在遗漏和不妥之处，敬请读者批评指正，以便不断修订和完善。

编　者

2017 年 6 月

# 目　录

# 第一章　体育与健康意识的培养

## 第一节　现代健康新理念

### 一、健康的定义

健康是一个综合的概念，人们谈论的健康一般是指人的体质健康。体质是人体的状态和适应能力，它是在先天遗传和后天获得的基础上，表现出来的人体形态结构、生理功能、身体素质、适应能力和心理因素的综合的、相对稳定的特征。体质是人的运动能力、劳动工作能力乃至全部生命活动的物质基础。

过去，人们对健康的理解比较简单，主要停留在生理层面，认为没有病、吃得好、睡得香就是健康。其实，这种对健康的理解是不全面的。世界卫生组织在1948年就明确提出，健康不仅是免于疾病和衰弱，而且还包括保持体格方面、精神方面和社会适应方面的完美状态。这种观念被称为“健康三维观”。

随着时代的发展和科技文化的进步，人们对健康的评价逐渐从生理的和生物学的范畴延伸到心理学和社会学的领域。1990年，世界卫生组织对健康重新进行了定义：躯体健康、心理健康、社会适应能力良好和道德健康才算是完全的健康。这一界定首次将人的健康分为生理健康、心理健康、社会适应能力和道德健康四个方面。

（一）生理健康

生理健康是指人体的生理结构完整、健全，生理功能正常。生理健康是维持人体生存，进而开展高级的、丰富多彩的人类生命运动的基础。直至20世纪中期，防治生理性疾病一直是医学界最重要的任务。

（二）心理健康

随着诊断学的发展，医学专家发现相当多的现代人都有心理异常表现。这些人尽管未达到必须求助医务诊治的程度，但一旦环境稍有变化或其精神受到某种刺激，他们的健康依然会受到威胁。评定心理健康的标准主要有：认知能力正常；情绪反应适度；有健康的理想和价值观；个性健全，情绪稳定；人际关系融洽；自我评价恰当；对困难和挫折有良好的承受力。

心理学家提出，心理活动与外部环境具有统一性、心理现象自身具有完整性、个性心理特征具有相对稳定性，是确定心理活动正常的三条基本原则。

（三）社会适应能力

人是群居的、社会化的动物。社会适应主要指人在社会生活中的角色适应，包括家庭角色、职业角色和在工作、生活、学习、娱乐、社交中的角色转换以及人际关系等方面的适应。缺乏角色意识、发生角色错位是社会适应不良的表现。按社会运行规则行事，处理好个人和社会其他成员之间的关系，是拥有较强社会适应能力的基本要求。在生存和发展竞争日趋激烈的现代社会，伴随各种不同价值取向而产生的迷惘、困惑、抑郁、孤独与失望情绪，都对现代人的社会适应能力提出了更高的挑战。

（四）道德健康

道德健康是指人们能够按照社会认可的道德行为规范、准则，约束、支配自己的思维和行为，具有辨别真假、好坏、荣辱的是非观念和能力，不以损害他人的利益来满足自己的需要。心理健康决定道德健康，心理不健康的人，道德健康就无从谈起。同时，道德健康对生理健康、心理健康具有重要影响。凡与人为善、助人为乐且具有高尚品德的人，总是心胸坦荡的。人若处于无烦恼的心理状态，能分泌出更多有益的激素、酶类和乙酰胆碱等，增强人体的抗病能力，无疑对促进健康是有利的。相反，若一个人违背社会道德准则，或者由于自身一些不道德的行为导致紧张、恐惧、内疚等不良心态，就会给自己带来沉重的精神负担，终日食不甘味、夜不成寐，自然无身心健康可言。

## 二、健康的10个标志

完整的健康概念包括生理健康、心理健康、道德健康、社会适应能力四个方面。世界卫生组织对健康作出了最具代表性的、有广泛影响的表述，给出了健康的10个标志：

（1）充沛的精力，能从容不迫地应对日常生活和工作中的压力，而不感到过分紧张和疲劳；

（2）处事乐观，态度积极，乐于承担责任，不挑剔；

（3）善于休息，睡眠好；

（4）应变能力强，能适应外界环境的各种变化；

（5）能够抵御一般性感冒和传染病；

（6）体重适当，身体匀称，站立时头、肩位置协调；

（7）眼睛明亮，反应敏捷，眼睑不发炎；

（8）牙齿清洁、无龋齿，不疼痛，牙龈颜色正常、无出血现象；

（9）头发有光泽，无头屑；

（10）肌肉丰满，皮肤有弹性，走路轻松、协调；

### 三、全面健康的意义

美国促进健康和预防疾病的相关机构对全面健康的好处进行总结时指出，当人体处于完美状态时，身心健康有很大提高，主要表现在以下几个方面：

（1）提高心血管系统功能；

（2）增加肌肉弹性、力量、柔韧性和耐力，改善人体形态；

（3）降低疾病发病率和死亡率；

（4）缩短疾病和外伤的康复时间；

（5）调节和增强全身的功能，有助于预防各种形式的糖尿病；

（6）有助于缓解紧张和焦虑情绪；

（7）提高能量代谢水平和工作效率；

（8）延缓衰老。

## 第二节 影响健康的因素

人的健康和疾病首先受到遗传等先天因素的影响，但是在现代社会，越来越多的环境、社会、心理和生活方式等后天因素对健康形成制约。

### 一、人体生物学因素

人体是一个极为复杂的有机体。在影响和制约人体健康的诸多生物学因素中，主要有遗传和心理两方面的因素。

（一）遗传因素

后代形成的与亲代相似的多种特征称为遗传特征。遗传不仅使后代在形态、体质以及性格、智力、功能等方面与亲代相似，而且会把亲代的许多隐性的或显性的疾病传给后代。遗传病不仅种类多，而且发病率高（约占一般病的20%），不仅影响个体终身，还是重大的社会问题。现在世界上许多国家都在大力发展康复医学，遗传病患者是其重要的康复对象。对于遗传病，最重要的还是预防，如用法律来制止近亲结婚等。

（二）心理因素

1. 消极的心理因素能引起多种疾病

我国古代哲学家范缜认为，“形存则神存，形谢则神灭”，这句话强调了身体是心理的载体。我国古代经典中医医书《黄帝内经·素问》中就有“怒伤肝，悲胜怒；喜伤心，恐胜喜；思伤脾，怒胜思；忧伤肺，喜胜忧；恐伤肾，思胜恐”的记载，可见身体与心理之间的平衡与和谐，对人体健康是至关重要的。现代医学心理学的研究也证明，许多疾病的发生、发展与心理因素有关，如心血管病、高血压、肿瘤等。大量的临床实践也证明，消极的情绪（如悲伤、恐惧、紧张、愤怒、焦虑等）能引起各器官系统的功能失调，导致失眠、心动过速、血压升高、尿急、月经失调等症状出现。

2. 心理因素在治疗中的作用

心理因素在治疗中的作用主要表现在两个方面：一方面，在疾病治疗中要打消顾虑，树立与疾病做斗争的坚强信念，积极与医护人员配合，以保证治疗效果；另一方面，对由心理因素、情绪因素引发的疾病要坚持“心理治疗”，即消除致病的消极心理因素。

## 二、环境因素

（一）自然环境

人在优美的自然环境中，精神振奋、呼吸畅通、内分泌协调，这些对人的身心健康无疑是十分有利的。大自然在为人类提供各种营养物质的同时，还传播对人体健康有害的物质，如广泛存在的有害微生物（细菌、病毒）、空气中的污染物、溶于水中的有害成分等。另外，气候的突然变化，如酷暑、严寒以及气压、空气湿度异常等，也会影响人体健康。

（二）社会环境

社会是人类生存和发展的最基本、最重要的环境。人们一方面享受着社会生产的成果，例如，科技的进步、工业的发展，使人们创造了丰富的物质文明；另一方面，社会生产的发展也会对人体健康造成危害，例如，现代工业在发展的同时带来的废水、废气、

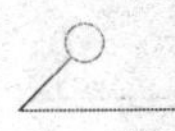

废渣、噪声等，随着社会生产发展的加速，也越来越多地影响人体健康。

## 三、生活方式因素

在现代社会，人们越来越清楚地认识到，不良的行为和生活方式是影响人类健康的主要原因。世界卫生组织曾经对发达国家疾病谱和死亡谱的变化进行过详细的调查。调查发现，20世纪70年代以后，在发达国家中，导致死亡的主要疾病已变成心脑血管病、恶性肿瘤、意外死亡及环境污染所致疾病等。而这些疾病的起因都与人们滥用酒精、药物，过度饮食，缺乏体育锻炼，吸烟、吸毒和性淫乱等不良生活方式和行为有关。目前，发展中国家的疾病主要由贫困造成的恶劣生活条件、不良卫生行为和习惯所致。

人的行为是人为个体生存和种族延续而适应不断变化的环境所做出的反应或一切活动的总称，它既包括人的一些本能性活动，也包括人所从事的劳动和人际交往等高级的社会活动。人的生活方式是社会及其组成人群中占优势的社会和个人的卫生规范，是人们长期受一定民族、文化、经济、习俗、规范及家庭因素影响而形成的一系列生活意识、生活习惯和生活制度。

## 四、卫生保健设施因素

保健是包括对疾病患者进行治疗在内的康复训练、普查疾病、促进健康、预防疾病、预防伤残及健康教育等在内的一系列活动的总和。健全的社会保健制度是维护和促进健康的重要保障。社会保健制度涉及多个方面，其中最重要的是建立和健全初级卫生保健制度。初级卫生保健是最基本的卫生保健制度，它的特点是能针对本区域人群中存在的主要卫生问题，相应地提供增进健康、预防疾病、治疗伤病及促进身心健康等方面的卫生服务。例如，开展针对性的健康教育，提供安全饮用水和基础卫生设施，改善食品供应及合理膳食，开展妇幼保健，对地方病的预防和控制，对常见病和外伤的妥善处理。这样，就使所有个人和家庭在能接受和能提供的范围内，享受到基本的卫生保健服务。

## 五、体育锻炼因素

人体在适宜的运动过程中，机体将产生一系列适应性的良性变化，从而达到健身防病的目的。然而，运动量过大，则可能因身体承受不了而受到伤害；运动量过小，又达不到刺激体内各组织器官的目的，无法提高其生理功能。因此，要想获得理想的健身效果，体育锻炼必须注意科学性。

## 六、饮食因素

饮食对健康的影响是多方面的。合理的饮食为人体的生命活动提供全面、丰富的营养，不合理的饮食则会带来疾病和麻烦。例如，碘缺乏会导致甲状腺肿大；辛辣食品摄入过多，会使人上火并有损肌肤；饮酒过多、过频，会增加肝脏负担；饮食过度会导致肥胖，容易引起糖尿病、高血压、高血脂、心脏病等。

# 第三节　体育锻炼对体质健康的影响

体育锻炼是增强体质最直接、最有效的手段。本节主要讨论体育锻炼对身体各器官及身体运动素质等方面的影响和作用。

人体由许多器官构成，按其功能可分为神经系统、呼吸系统、循环系统、消化系统、泌尿系统、生殖系统、内分泌系统、运动系统和免疫系统。体育锻炼对人体各个系统的影响是深刻的、多方面的。

## 一、体育锻炼对神经系统的影响

神经系统由中枢神经系统和周围神经系统两部分组成。人的所有活动都是在神经系统的支配下进行的，运动器官的每一个动作、身体器官系统的生理活动都以刺激的形式作用于神经系统。

神经系统是人体发育最早、最快的系统，成人的大脑体积不再增加，但大脑皮层的结构和功能还在发展。体育锻炼能有效提高脑细胞生理功能，使神经细胞的兴奋强度、反应速度、兴奋和抑制转换的灵活性及均衡性都得到提高。一般人的反应速度在0.4秒以上，运动员的反应速度可缩短到0.332秒，近台快攻的乒乓球运动员的反应速度可达0.1秒。这些都会给学习、工作及日常生活带来很大好处。

另外，经常参加体育锻炼能预防神经衰弱。运动可以使大脑的兴奋与抑制两种功能保持平衡，以防止功能性神经衰弱疾病的发生。经常从事体育锻炼，可以使大脑兴奋性增强，抑制加深，兴奋和抑制更加集中，神经过程的灵活性提高。由于运动对神经系统有良好的作用，所以医学上广泛地将体育作为治疗疾病的手段，特别是针对由神经系统机能障碍造成的各种疾病。

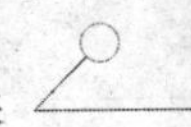


体育锻炼还有助于增强记忆力、提高大脑工作效率。一方面，运动使心脏供血能力大幅度提高，脑细胞的供血量增加，思维能力提高；另一方面，经过长时间的思考和学习，专管学习和思考的神经细胞会产生疲劳，由兴奋转为抑制，这时如果进行体育锻炼，指挥运动的神经细胞群开始兴奋，包括专管学习和思考的细胞在内的其他神经细胞能够得到良好的休息，使头脑更清楚、思维更敏锐。

## 二、体育锻炼对呼吸系统机能的影响

人体参与呼吸的器官，包括鼻、喉、气管、支气管和肺，总称为呼吸系统。其中，肺是气体交换的场所，而其他器官都是气体交换的通路（总称为呼吸道）。在安静状态下，人体每分钟需要 0.25 ～ 0.3 升氧气，这样只需 1/20 的肺泡工作，便足以满足需求。

体育锻炼时，人体对氧的需求量增加，呼吸频率加快。为了适应这一需求，呼吸系统的各个器官逐渐改善自身机能，使更多的肺部组织参与气体交换，以提高摄氧能力。呼吸机能的改善，表现在以下两个方面：

### 1. 呼吸肌逐渐发达、有力、耐久，肺活量增大

体育锻炼使呼吸肌增强，胸围增大。扩大的胸廓，又有利于肺组织的生长发育和肺的扩张，使肺活量增加。一般人的呼吸差（指尽量吸气时与尽量呼气时的胸围差）只有 5 ～ 8 厘米，而经常锻炼的人，呼吸差可增加到 9 ～ 16 厘米。肺活量是衡量少年儿童生长发育和健康水平的重要指标，胸廓发达、呼吸力度增加有利于回心血量的增加，对心脏的发育及提高心肺功能有重要作用。平常人的肺活量只有 3500 毫升左右（女性为 3000 毫升左右），经常参加体育锻炼的人的肺弹性会大大增加，呼吸肌力量也会加大，肺活量比一般人增加 1000 毫升左右。

### 2. 呼吸深度加深，呼吸效率提高

一般人的呼吸浅而急促，安静时每分钟呼吸 12 ～ 18 次；而经常参加体育锻炼的人，呼吸深而缓慢，每分钟 8 ～ 12 次，这就使呼吸肌有较多的休息时间。这种差别在运动的时候表现得更为明显。例如，在运动量相同的条件下（轻微运动），一般人的呼吸可增加到每分钟 32 次左右，每次呼吸量只有 300 毫升，每分钟呼吸总量为 9600 毫升。而运动员每分钟呼吸 16 次左右，但每次呼吸量可达 600 毫升，每分钟呼吸总量也是 9600 毫升。从表面上看，一般人与运动员每分钟呼吸量相同，但实际上气体交换量却不相同。因为，每次呼吸都有 100 毫升空气留在呼吸道内，不能进入肺泡进行气体交换，所以实际换气量应是：

一般人实际换气量＝（300 － 100）×32 ＝ 6400（毫升）

运动员实际换气量＝（600 － 100）×16 ＝ 8000（毫升）

运动员比一般人的实际换气量提高了 25%。这表明肌肉需氧量增加时，一般人是以增加呼吸频率来适应氧气的需要量，因此运动时常常气喘；而运动员由于呼吸机能得到了提高，呼吸加深，在相同的条件下，呼吸频率稍有增加，就可以满足气体交换的需要。因此，运动锻炼使人的呼吸效率更高，呼吸系统不易疲劳。

经常参加锻炼的人，呼吸中枢的兴奋性高，对血液化学成分的改变较为敏感。随意停止呼吸时间的长短是评价组织呼吸强度和呼吸中枢对缺氧和二氧化碳增多的耐受力的重要指标。优秀运动员随意停止呼吸的持续时间较长，而且对膈肌的控制稳定。他们在恢复呼吸时，血液的氧合作用也恢复得特别迅速。体育锻炼能够提高人体的缺氧耐力，在缺氧的条件下，经常参加体育锻炼的人仍能坚持复杂的肌肉活动。例如，登山运动员在高山缺氧的条件下，不仅能够维持生命活动，还能继续完成艰巨的登山任务。

## 三、体育锻炼对血液循环系统的影响

血液循环系统是由心脏和血管组成的，所以又称为心血管系统。血管是供血液流通的通道，遍布人体各处。血液是担负运输养料和氧气，排出代谢产物和二氧化碳的载体。心脏是生命的“发动机”，推动血液在血管里不断地流动，以便把氧气和营养物质运送到身体各处，同时把组织、细胞在新陈代谢过程中产生的二氧化碳和废物运送到肺、肾和皮肤等处，排出体外。体育锻炼能使心血管系统的机能得到明显增强，使血管弹性增加，心肌变得肥厚，心搏徐缓，血压降低。

### 1. 安静时“心搏徐缓”

一般人每分钟心跳 70 ～ 80 次，经常从事体育活动的人每分钟心跳频率为 50 ～ 60 次，优秀运动员甚至可以减少到 40 多次。这是由于运动员每搏输出量增加，因而减少了心跳频率，心脏可以得到更多的休息时间。运动员心跳缓慢而有力的现象称为“心搏徐缓”现象。

### 2. 心脏运动性肥大

体育锻炼加速了全身的血液循环，同时也改善了心肌供血状况，使心肌得到更多的营养物质，心肌逐渐增强，心壁增厚，心脏容积增加（一般人约为 700 毫升，而运动员在 1000 毫升以上）。所以，运动员的心脏体积普遍比一般人大一些，外形圆满，搏动有劲，这种现象称为“运动性心脏肥大”。

### 3. 心脏工作更有潜力

人在剧烈运动或遇到紧急情况时，心脏应能迅速发挥机能，心跳加速，达 180 次 / 分钟。

而优秀运动员的心跳频率可以增至 200 ～ 220 次 / 分钟，因此能承担大运动量的训练和高负荷的工作、劳动，遇到紧急情况比较容易成功化解危机，即生存和发展的机会更多些。

4. 血管弹性增加，血管表面积增大

体育锻炼可以增加血管壁的弹性，这对老年人十分有益。老年人随着年龄的增加，血管壁弹性逐渐下降，因而容易诱发老年性高血压等老年性疾病。老年人通过体育锻炼，可增加血管壁的弹性，以预防或缓解老年性高血压症状。

5. 增加血红蛋白含量

血液负责传输人体代谢所需要的氧并排出二氧化碳，血液中承担运输任务的主要是血红蛋白。1 分子的血红蛋白可以结合 4 分子的氧，每克血红蛋白可以携带 1.34 毫升的氧，因此血红蛋白的含量越高，运输氧的能力越强。另外，血氧饱和度也直接影响氧运输能力。血红蛋白的正常值，成年男性为每 100 毫升血液 12 ～ 15 克，女性为每 100 毫升血液 11 ～ 14 克。经常参加锻炼的人与一般人相比，血红蛋白的含量高。运动员由于长期训练而使机体出现适应，男性每 100 毫升血液含血红蛋白可为 15 ～ 18 克，女性每 100 毫升血液含血红蛋白可为 14 ～ 17 克，血液运输氧的能力增强。运动时血液浓缩，血红蛋白含量相对增加，运输氧的能力提高；同时，肌肉组织氧分压的降低、血液温度的增加、血液 pH 值的下降等，都能提高血液的氧运输能力，促使更多的氧释放入运动的骨骼肌。

6. 强化血液微循环

微循环主要是指毛细血管的血流情况。人体在安静状态下，仅有 20%～ 25%的毛细血管开放，而较剧烈的运动可使毛细血管的开放数量增加几倍，达 70%以上，毛细血管总表面积达 300 ～ 600 平方米，从而大大改善了毛细血管的物质交换转运，还能引起体内血液的重新分布。人体的许多疾病是由血液微循环障碍造成的，如营养缺乏、早衰、脱发等，通过体育锻炼强化血液微循环系统建设，对健康的促进作用是巨大的。

在长期运动锻炼引起的适应性改建过程中，骨骼肌、心肌的毛细血管会出现增生，这不但有利于适应肌肉工作的需要，而且对于血管局部栓塞处侧支循环的建立，具有极为重要的康复促进作用。

随着人们生活水平的提高，如果不经常参加锻炼，“文明病”也必然随之增多。目前世界上有不少人患有心血管疾病，而体育锻炼可以减少胆固醇在动脉壁上的沉积，预防或减轻动脉粥样硬化，从而对高血压和冠心病均起到良好的防治作用。

## 四、体育锻炼对消化系统的影响

1. 运动促进食物的消化和营养物质的吸收

胃肠是人体消化食物的主要器官，胃肠消化能力的好坏对身体健康的影响很大。一方面，经常参加体育锻炼，消化腺分泌的消化液就更多，消化管道的蠕动加强，胃肠的血液循环得到改善。这些改变可以使食物的消化和营养物质的吸收更加充分和顺利。另一方面，由于运动时呼吸加深，膈肌大幅度地上下移动和腹肌大量活动，对胃肠能起到按摩作用，增强胃肠的消化功能。

2. 运动增进肝的健康

肝是人体的最大腺体，也是一个重要的消化腺。经常参加体育锻炼，能使肝的机能提高，更有利于食物的消化。体育锻炼时，能源物质——糖的消耗增加，这使肝脏的“后勤供应”工作加重，同时也使其机能得到锻炼。肝糖原对肝脏的健康极为重要，它能保护肝脏。经过训练的运动员的肝脏里储备的糖原，比一般人多，在运动时向外输送也更快。

运动员的肝机能水平高，对疾病的抵抗力也较强。不但如此，经常参加体育锻炼的人，在动用肝糖原方面，也比一般人更“经济”。运动能增进肝脏的健康，而健康的肝脏又能提高人的劳动和运动能力。

## 五、体育锻炼对人体运动系统的影响

人体的运动是由运动系统实现的。运动系统由206块骨骼、600多块肌肉及关节等构成，体育锻炼可以使运动系统产生良好的适应性变化。

1. 肌肉结构及机能的变化

组成人体肌肉的基本单位是肌纤维，肌纤维排列成肌束，许多肌束聚集在一起构成一块肌肉。人体在运动时，骨骼肌是运动系统的主动部分，人体的任何运动首先都表现为肌肉运动。体育锻炼时，肌肉工作加强，血液供应增加，蛋白质等营养物质的吸收与储存能力增强，肌纤维增粗，因而肌肉逐渐变得更加粗壮、结实，肌肉力量增强。由于肌肉中肌红蛋白的增加使其结合氧气的能力增强，储存的营养物质肌糖原增加，肌肉内毛细血管的数量也增多了，更能适应运动或劳动的需要。一般人的肌肉质量占体重的35%～40%，而经常参加体育锻炼及运动训练的人，特别是静力式力量锻炼者，其肌肉质量可达到体重的50%以上。青少年中不少人肩窄、胸平，胸部肋骨根根显露，只要坚持体育锻炼，便会使自己肌肉发达，比例匀称，健美有力。

随着肌肉形态结构的改变，肌肉的机能也得到提高，神经系统对肌肉的控制能力增

强，肌肉的反应速度、准确性和协调性都有明显提高。肌肉工作时，能量消耗下降，效率提高。这些使运动员在肌肉的力量、速度、耐久力和灵巧性等方面都远远超过一般人，还可以避免人体在日常活动和体育锻炼过程中由于肌肉的剧烈收缩而造成的各种运动损伤。但是，肌肉在锻炼后的各种变化随运动项目的不同而有所不同。例如，经常进行速度性锻炼的人，可提高肌肉的兴奋性和灵活性，表现为动作快，肌肉的收缩和舒张交替也快；举重锻炼者，腿部、手臂的肌肉更加粗壮、结实，肌肉力量增强；喜爱长跑者，肌纤维体积变化不大，但是肌纤维周围毛细血管开放的数量增多，这样可以保证运动时肌细胞与血液之间的气体交换和物质交换顺利进行，使肌细胞获得充分的氧气和营养物质，并能及时排出代谢产物，提高人的耐久力。

2. 骨骼和关节的变化

骨骼是人体内最坚固的结构，共有206块。骨骼组成人体的支架，赋予人体基本形态，起着保护脑、脊髓、心、肺等重要器官的作用。骨骼肌附着在骨骼上，在神经系统的支配下，收缩时以关节为支点牵引骨骼改变位置，产生运动。此外，骨骼还有造血的机能。因此，骨骼的生长发育不仅对人体形态有重要的影响，而且对内脏器官的发育、对人的劳动和运动能力也有重要的影响。

体育锻炼可以改变骨骼的结构，经常从事体育锻炼也可以增强骨质。体育锻炼能引起肌肉对骨骼的牵拉和重压，使骨骼不仅在形态方面产生变化，而且使其机械性能也得到提高。骨骼在形态方面最明显的变化是：肌肉附着处的骨突增大，骨外层的密质增厚，而里层的骨松质在排列上则能适应肌肉拉力和压力的作用。这就使骨质更加坚固，可以承担更大的负荷，从而提高骨骼抵抗折断、弯曲、压缩、拉长和扭转的能力。

体育锻炼能促进青少年长高。体育锻炼可改善骨骼的血液供应，增强新陈代谢，刺激骨骼生长，使其不断骨化。体育锻炼的各种动作对骨骼的生长也有良好的刺激作用，可以促进激素分泌，对青少年身高的增长也有促进作用。体育锻炼还可影响内分泌系统，促进磷与钙的吸收，增加制造骨骼原料的供应，有利于骨骼的发育成长。例如，网球、投掷和击剑运动员的上肢骨粗大，而跳远、跳高运动员的腿骨比较强壮，足球运动员的足骨比较坚实等，这都说明体育锻炼对骨骼生长有着良好的促进作用。

人体骨与骨连接能够活动的地方叫作关节。关节周围由关节囊、韧带和肌肉包围着，韧带能加固关节，而肌肉不仅能加固关节，还能牵引关节运动。关节是连接骨与骨之间的枢纽。科学、系统的体育锻炼，既可以提高关节的稳定性，又可以增加关节的灵活性和运动幅度。体育锻炼可以增加关节面软骨和骨密度的厚度，并可使关节周围的肌肉发达、力量增强、关节囊和韧带增厚，因而可使关节的稳固性加强，使关节抗负荷能力加强。

在增强关节稳固性的同时，由于关节囊、韧带和关节周围肌肉的弹性和伸展性提高，关节的运动幅度和灵活性也大大增加，能有效减少伤害事故的发生。如在自由体操表演中，运动员各个关节的活动范围非常大，做“后桥”“大劈叉”等动作，没有经过长期锻炼是很难完成的。

## 第四节　体育与健康教育

### 一、终身体育的概念与特征

（一）终身体育的概念

终身体育是指人在一生中所接受体育教育和参与体育锻炼的总和。终身体育是根据人体发展变化规律、身体锻炼的作用，以及现代社会发展对人提出的要求所确定的，是在国际终身教育思想的启迪下逐步形成和发展的。终身教育强调教育和训练的过程不应随着学校学习的结束而结束，而要贯穿生命的全过程。终身体育，强调个体生命整个过程中不同时期（婴幼儿时期、学前儿童时期、青少年时期、中年时期、老年时期）的体育，即体育健身贯穿于生命的全过程。

（二）终身体育的特征

1. 体育锻炼时间的终身性

终身体育的思想，突破了传统的学校体育目标中过分强调学习和掌握运动技能的观念，使学校体育得以进一步发展和延续。传统的观念把人接受体育教育的时间局限在青少年时在校的学习期间，把学校的体育锻炼局限于体育知识、运动技能的学习和掌握。而终身体育要求根据个体生长发育、发展和衰退的规律以及阶段性特征进行科学的身体锻炼，强调人们要始终把体育作为生活中不可缺少的组成部分。

2. 体育锻炼群体的全民性

终身体育具有全民性，是指接受终身体育的人的范围十分广泛，在对象上，有儿童、青少年、中年人和老年人等；在范围上，有学校体育、家庭体育、社会体育等。以终身体育为指导，开展群众体育活动是现代体育科学化、社会化的趋势之一，其实质也是群众体育普及的进一步发展。国外终身体育论者强调，生活在当今社会的每一个人，都要学会生存，而要学会生存则离不开体育。生存发展是时代的主流，会生存必须会学习、

运动锻炼和保健，这是现代社会给每一个人提出的新课题。所以，体育要为学习、工作后的生活和闲暇时间做好准备，要把体育与生活紧密联系在一起，让每一个会生存的人在参与体育活动中终身受益。

3. 体育锻炼目的的实效性

终身体育的最终目的是维护和改善人的生活质量，增进健康，延年益寿。人们可以通过终身体育来完善个人适应社会的发展需要，即终身体育是以适应个人发展和社会发展为着眼点的。人们为了改善和提高生活质量，可以根据自己的条件选择适合自己的体育活动方式，需要什么就学什么，怎样对自己有益就怎样学。总之，体育健康知识学习和身体锻炼要具有明确的目的性：学是为了用，练是为了终身受益。

## 二、培养终身体育意识

21 世纪是一个“知识爆炸”、科学技术和社会生产力迅猛发展的世纪。从事脑力劳动的人越来越多，劳动方式和特点与过去相比有了明显的变化，主要表现为长时间从事单调与枯燥的工作，思想高度集中，精神高度紧张，很容易疲劳。而且随着社会主义市场经济体制的进一步完善，竞争会越来越激烈，工作时间将会缩短。于是，一方面工作压力加大，另一方面空闲时间进一步增加。人们越来越重视生活质量，闲暇时间通过体育锻炼和体育欣赏来保持旺盛的精力，激发向上的精神，防止“文明病”，延缓衰老。所有这些都对当代大学生提出了新的要求。同时，人的社会属性也决定了未来人才培养的要求和人们对体育的价值与功能认识的进一步深化，决定了未来学校体育的发展走向将以终身体育为主线，培养学生能在各种环境下独立进行自我健身和自我发展的意识和能力，养成终身从事锻炼的习惯，以适应社会发展的需要。

## 三、学校体育与终身体育

体育锻炼必须遵循人体发展的客观规律，持之以恒，才能获得持续性的锻炼效果。所以，终身体育不能只局限于学校体育，还包括学前体育和学后体育的连续过程。现代社会的生活方式已使体育锻炼成为现代文明生活的一部分，人们需要不断地接受科学的体育指导，以提高健身的效果。科学地指导人们终身从事身体锻炼，涉及提高中华民族整体素质的大问题。学校体育是终身体育的关键环节和基础，具有承前启后的作用。

学校体育遵循学生身心发展规律，能有效地促进学生身体形态、机能和素质的正常发展，增进健康和增强体质，既有利于学生在校期间健康成长，精力充沛地投入学习，更好地掌握科学文化知识，也为他们走向社会后的工作、学习、生活及从事终身体育打下坚实的身体基础。另外，学校体育是一个有目的、有计划的体育教育过程，通过使学生学习与掌握系统的体育科学知识、技能和科学锻炼身体的原理和方法，既可以促进学生身体健康，还可以培养学生终身体育的意识、习惯和能力。

## 四、高职学校实施终身体育的基本途径及要求

### （一）高职学校实施终身体育的基本途径

高职学校实施终身体育的基本途径主要有四个方面：体育课、课外体育活动、体育竞赛活动和拓展性体育活动。

#### 1. 体育课

体育课是学校教学计划的重要组成部分，是学校体育教育的中心环节，也是培养终身体育意识和终身体育能力的有效途径。

#### 2. 课外体育活动

课外体育活动主要包括早操、课余体育活动、课余体育训练、体育节等，它是体育课的延续和补充，是高职体育教育过程不可分割的环节。丰富多样的课余体育活动，对巩固提高体育课教学效果、增强体质、培养自我体育意识和满足个性体育需要等，都能起到良好的促进作用。在课外活动中，学生可以运用已经学习和掌握的体育健康知识、运动技能和科学健身方法，根据自身的兴趣爱好及身体条件，自主地选择运动项目和方式，以追求自我身心的协调发展。

#### 3. 体育竞赛活动

体育竞赛活动是丰富校园文化生活、增强集体凝聚力的有效形式。体育竞赛内容包括体育健康知识竞赛和体育运动能力竞赛两个部分，其组织形式可分为体育健康知识问答竞赛、学校运动会、单项比赛、健身运动游戏等。体育竞赛对激发体育兴趣和促进自我体育锻炼具有较好的作用。

#### 4. 拓展性体育活动

拓展性体育活动主要是根据学生个体的兴趣和身体条件，进行拓展其某种运动能力的活动。拓展性体育活动的内容主要有攀岩、野外生存、定向越野等。拓展性体育活动对学生体验自然、磨炼自我、锻炼意志、满足自我体育需要、提高适应环境的能力和增进健康，都很有意义。

（二）高职学校体育锻炼指导的基本要求

1. 树立终身健身的体育观

人类的活动具有很强的目的性和创造性。高职学生处于接受知识的中级阶段，分析问题、认识问题的能力还不是很高。因此，教师应讲清道理，使学生明白只有有了健康的身体才有满足个体发展的精力；帮助学生树立正确的健身观，使学生进一步了解运动的规律，认识运动对身心健康、身体发育、功能发展的促进作用。对学生来说，如果把体育锻炼只当作一种外在施加压力的东西，就不可能激发其自觉锻炼的兴趣，也不可能使体育锻炼转化为日常生活中不可缺少的一部分，也就难以达到健身的目的，更难以实现终身体育的目标。

2. 注重终身体育能力的培养

过去，学校体育过多重视运动技能的学习和掌握，学生在学校经过十几年的体育学习后，许多人仍然不会自我健身，不会运用适当的运动方法，不能掌握适当的运动负荷来达到健身的目的，以致对健身失去兴趣，最终忽视身体锻炼。这种现象的出现，与学校体育的教育教学忽视培养学生的健身能力和运动习惯是分不开的。终身体育追求的是连续性和一贯性，而自我体育锻炼能力是实现终身体育锻炼的基点。高职学校体育教学的重点是培养学生自我体育锻炼的能力和习惯。

3. 重视个性化体育需要的培养

学校要尽可能地组织和开展丰富多样的体育活动，以满足不同学生的个性发展和个体需要。学生参加体育锻炼的积极性最初往往不是来自兴趣，而是来自个体的某种需要。兴趣常常是由需要引发的。学生的体育锻炼需要多种多样，有的是为了健身和增强体质，有的是为了缓解紧张的学习和精神压力，有的是为了掌握某项运动技能，有的是为了宣泄情感，有的是探险猎奇等。

# 第二章　体育锻炼的原理与方法

## 第一节　体育锻炼的生理学基础

### 一、新陈代谢

新陈代谢是指生物体不断地与周围环境进行物质与能量交换，实现自我更新的过程，是物质代谢和能量代谢的总和，包括同化作用和异化作用两个相互联系的过程。同化作用是指生物体从周围环境中摄取营养物质，合成自身成分并储存能量的过程；异化作用是指生物体分解自身营养成分，同时释放能量，并排出代谢产物的过程。机体内环境的稳定性受到破坏，会导致代谢失调，从而出现疾病。有效的体育锻炼能使组织细胞内的酶系统产生适应性变化，提高酶的活动性，加速物质代谢和能量代谢，从而增强体质。同化作用与异化作用是相互依存、同时进行的，它在人体生长发育的不同时期及身体锻炼过程中，具有不同的特点。儿童和少年时期，同化作用占优势，体内物质的合成速度大于分解速度，人体不断地生长发育；中年时期，同化作用和异化作用基本上处于平衡状态，使得中年人精力充沛，新陈代谢旺盛；老年时期，异化作用占优势，身体渐趋衰退，衰老加剧，使得老年人体质不断下降。锻炼身体时，体内能量消耗增加，异化作用占优势，而在锻炼后的恢复阶段，被消耗的能量物质得到恢复，同化作用则占优势，从而加快了人体的物质能量代谢。

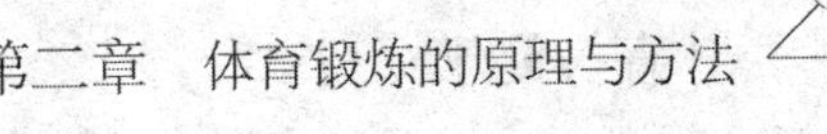


## 二、人体运动中肌肉的工作过程

（一）人体肌肉的结构

组成人体肌肉的基本单位是肌纤维，许多肌纤维排列成肌束，表面有肌束膜包绕，许多肌束聚集在一起构成一块肌肉。肌肉的化学组成中，大约3/4是水，1/4是固体物质（包括蛋白质、能量物质、酶等）。同时，肌肉中有着丰富的毛细血管网及神经纤维，保证肌肉的氧气和养料供应及神经协调。

（二）人体肌肉的成分和收缩形式

人体肌肉由多种组织构成，其中肌组织和结缔组织分别构成肌肉的收缩成分和弹性成分。肌纤维是肌肉的收缩成分，通过肌纤维的主动收缩和放松，实现各种运动；结缔组织是肌肉的弹性成分，它与肌肉的收缩成分并联或串联着，称并联（或平行）弹性成分或串联弹性成分。当收缩成分缩短时，弹性成分被拉长，并将前者释放的能量部分吸收储存起来，再以弹性反作用力的形式发挥出来，以促使肌肉产生更强大的力量和更快的运动速度。根据肌肉在完成各种动作时整块肌肉长度的变化，可将肌肉的收缩分为多种形式。这里仅简单介绍向心收缩、等长收缩和超等长收缩三种形式。

1. 向心收缩

向心收缩是肌肉长度发生缩短的收缩形式，是力量练习中最普通的一种。例如，利用哑铃、沙袋、杠铃、拉力器等锻炼肌肉均属此类。目前已有多种运动练习器，增加力量的效果比一般向心练习方法要好。

2. 等长收缩

当肌肉收缩产生的张力与外力相等，或者维持身体某一种姿势时，肌纤维虽积极收缩，但肌肉的总长度没有改变，这种收缩称为等长收缩。肌肉处于等长收缩时，从整块肌肉外观看，肌肉长度不变，但实际上肌肉的收缩成分（肌纤维）处在收缩中，使弹性成分拉长，从而整块肌肉的长度保持不变。

3. 超等长收缩

超等长收缩是肌肉先进行离心收缩，紧接着进行向心收缩的形式。例如，跳起落地后紧接着再向上跳，此时股四头肌先在落地时离心收缩（被拉长），紧接着又立刻猛烈向上跳起。这种练习方法对肌肉的锻炼价值较大，又称离心向心收缩或弹性离心练习。

## 三、能量代谢

机体在物质代谢过程中伴随的能量释放、储存、转移和利用的过程称为能量代谢。

机体的一切活动均需消耗能量。体内的糖、脂肪、蛋白质通过生物氧化而释放能量，所释放的总能量大部分以热的形式释放于体外。运动强度越大，运动时间越长，能量消耗就越多，所需要的营养物质也就越多。

（一）磷酸原系统

磷酸原系统（简称 ATP-CP 系统）是由细胞内的 ATP（三磷酸腺苷）和 CP（磷酸肌酸）这两种高能磷化物构成的，它的特点是供能绝对值不大，持续时间很短，但是供能快速。ATP 可以被人体直接利用，其能量输出的功率也最高。在体育运动中，短跑、跳投、旋转、冲刺等爆发性的动作，全部依靠磷酸原系统的储备供能。

（二）乳酸能系统

乳酸能系统（也叫无氧糖酵解系统）的能量产生是靠肌糖原的无氧酵解，最后产生乳酸，而放出的能量被 ADP（二磷酸腺苷）接受，再合成 ATP，它是机体在缺氧情况下的主要能量来源。乳酸能系统对人体进行能量供应，它的作用与磷酸原系统一样，能在暂时缺氧的情况下迅速供能。田径运动中的 400 米和 800 米跑，运动员主要靠乳酸能系统来供能。

（三）有氧氧化系统

有氧氧化系统供能是指糖和脂肪在供氧充分的情况下，分解成二氧化碳和水，同时产生大量的能量，使 ADP 再合成 ATP。有氧氧化系统生成丰富的 ATP，且不生成乳酸这类导致疲劳的副产品。它是人进行长时间耐力活动的主要供能系统，如田径运动中的长跑项目等，运动员主要靠有氧氧化系统供能。一般的健身跑，如 10 ～ 15 分钟或 30 分钟慢跑也是靠有氧氧化系统供能。

## 四、人体运动中的氧运输

（一）氧运输系统

氧运输系统对人的健康及生命活动有十分重要的作用，它把氧气从体外吸入体内并运送到各器官组织，供人体生命活动的需要。氧运输系统由呼吸系统、血液系统及心血管系统组成。呼吸系统把氧气从体外吸入体内，氧气进入血液，与血液中的血红蛋白结合，由心脏这个血液循环的动力站不停推动，使血液流遍全身，将氧运送到各组织器官。人体从外界环境摄取氧的能力受氧运输系统各个环节能力的制约。氧运输系统工作的第一个环节是肺的呼吸运动，实现肺与外界环境的气体交换、肺泡与肺毛细血管血液间的气体交换。

按照健康的标准，每 100 毫升血液中血红蛋白的含量，我国男性为 12 ～ 15 克，女性为 11 ~ 14 克。在整个氧运输系统中，心血管系统的功能处在最重要的地位，心脏是推动血液不断向前流动的动力来源，血管则是血液流动的管道，起着运输血液与物质交换的重要作用。健康成年人每分钟心跳约 75 次，心脏每搏动一次大约向血管射血 70 毫升（称每搏量），心脏每分钟大约向血管射血 5 升（称心排血量）。心脏射出的血液在血管内流动时对血管壁有一定的侧压力，这就是血压。我国健康成年人安静时收缩压为 12.0 ~ 18.6 千帕（90 ~ 140 毫米汞柱），舒张压为 8.0 ~ 12.0 千帕（60 ~ 90 毫米汞柱），脉压为 4.0 ~ 5.3 千帕（30 ~ 40 毫米汞柱）。血压可随年龄、性别和体内生理状况的变化而有所变动。正是上述呼吸系统、血液系统及心血管系统共同组成了人体氧运输系统，从而保证了生命活动对氧的需要。

### （二）氧运输系统功能的重要标志——最大吸氧量

衡量人体氧运输系统功能的强弱，除了可用呼吸系统和心血管系统的一些指标外，常用的衡量氧运输系统整体功能的综合性指标就是最大吸氧量。

#### 1. 最大吸氧量的概念及正常值

最大吸氧量是指人体在剧烈运动时，呼吸和循环系统功能达到最大能力时，人体每分钟所能摄取的氧量。简单地说，就是运动时每分钟能够吸入并被身体利用的氧的最大量。最大吸氧量直接反映个体的最大有氧代谢能力，标志着一个人氧运输系统功能的强弱。最大吸氧量受年龄、性别、健康状况、训练水平、疾病及遗传等多方面因素的影响。普通人的最大吸氧量为 2 ~ 3 升 / 分钟，经常锻炼的人或运动员可达到 4 ~ 5 升 / 分钟，而优秀的耐力运动员甚至可达到 6 ~ 7 升 / 分钟。

#### 2. 最大吸氧量与运动能力

运动时，肌肉的剧烈活动使机体对氧的需要量比平时大大增加。因此，人体最大摄氧能力的高低直接影响运动能力，尤其是以有氧代谢为主的耐力性运动与最大吸氧量关系更密切。因此，经常锻炼的人比不经常运动的人的最大吸氧量要大。而在不同的运动项目中，耐力性要求越高，运动员的最大吸氧量就越高。

## 五、运动时能源物质的消耗与补充

人体运动时利用 ATP，但最终是消耗糖、脂肪和蛋白质（主要是糖和脂肪）。

### （一）糖与脂肪的功能特点及比例

糖和脂肪是运动中合成 ATP 的主要来源，但不同持续时间和强度的运动，两者供能的特点和比例并不相同。糖能进行无氧酵解和有氧代谢，而脂肪能进行有氧代谢，这一特点使不同运动中两者的供能比例不同。影响供能比例的主要因素有以下两个：

1. 运动强度和运动持续时间

时间短、强度大的运动（如短跑等），主要消耗糖，因为这类运动主要是无氧代谢过程；而持续时间长、强度较小的运动（如长跑、步行等），则消耗脂肪的比例较大。

2. 膳食的类型

从营养学观点来看，合理的饮食足以保证身体进行有效的机体活动。经常食用牛奶、肉、鱼、蔬菜、水果和粮食制品，都能满足从事力量或耐力锻炼的需要。当进行力量项目锻炼时，蛋白质和无机盐类的需要量可以略微增加。比赛前，如食用含糖量高一些的食物（或称高糖膳食），运动能力会比食用普通膳食有所提高。

（二）运动竞赛前的糖充填

在运动竞赛开始前若干天，通过调整膳食结构，使肌糖原含量增加，称糖充填（或肌糖原充填）。这对提高运动能力、取得良好成绩有重要作用。

（三）赛前饮食原则

有些人在参加各类运动竞赛前不知如何安排饮食，有时会因饮食不当而使运动成绩受影响。下面介绍赛前饮食的6项原则，供参考：

（1）赛前宜吃易消化吸收的食物，少吃肉类食物；

（2）赛前饮食中的液体摄入量应适宜，一般和平常摄入量相当即可；

（3）勿食刺激性食物；

（4）赛前食物的种类最好和平常相同，要为参赛者所熟悉，以符合心理因素的要求；

（5）赛前的用餐应在临赛前2～3小时进行；

（6）适当饮用咖啡和茶，有助于运动时脂肪能源的利用。

## 六、运动后能量物质的恢复

运动时体内代谢过程加强，以不断满足运动时能量的消耗；运动中及运动停止后，能量物质需要不断进行补充与恢复。能量物质的恢复过程大致可分为三个阶段：第一阶段是运动进行中恢复过程就已开始，这时机体进行运动消耗的同时也进行能量物质的恢复补充，但由于锻炼中消耗多，此时恢复的量达不到消耗的量，因此能量物质储备逐渐下降；第二阶段是运动结束后，此时体内能量物质消耗逐渐减少，而恢复过程却不断加强，锻炼中消耗的能量物质不断得到补充，直至达到锻炼前的水平；第三阶段是超量恢复阶段，能量物质恢复到原水平时并未停止，而是继续恢复补充，在一段时间内能量物质的恢复可超过锻炼前的水平，体内能量物质不断积累，达到更高程度，体质也就不断增强。

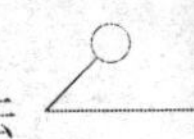



## 七、人体的超量恢复

如前所述，人体在运动中承受了超量负荷，身体内各种能量物质逐渐消耗，在运动后不仅可以恢复到原有水平，而且还会超过原有水平，这种现象叫作“超量恢复”。超量恢复的程度与运动负荷的大小有关。研究表明：在一定范围内，运动负荷越大，能量物质消耗越多，超量恢复就越明显。超量恢复原理是人体功能在体育运动中不断得到提高的理论依据。如果锻炼的时间很短，而运动强度又不大，对身体的刺激很小，就不会引起人体的反应或者反应很小。这种运动负荷极小的身体锻炼，不能起到有效增强体质、促进健康的作用。只有人体运动达到一定程度的负荷，即承受了超量负荷，并经过足够的休息和营养补充后，超量恢复才会产生。超量恢复出现的早晚，与运动量大小、疲劳程度及营养供给有关。在身体锻炼中，运用人体超量恢复的规律来指导身体锻炼应注意以下三种情况：

（1）一次身体锻炼时间较短且运动强度不大，不会引起机体较大的反应，超量恢复不显著。

（2）重复进行身体锻炼的间歇时间要掌握好。如果间歇时间过短，而身体又长期处在疲劳状态，对健康是不利的。另外，应正确确定两次练习的间歇，一般采用测心率的方法来控制。例如，练习后的心率为 140 ～ 170 次 / 分钟，间歇时待心率恢复到 100 ～ 120 次 / 分钟，再进行下一次练习较为合适。

（3）要根据各自的身体条件、年龄和锻炼基础，合理地安排运动量和锻炼持续时间，既要能引起机体超量恢复，又不要超过机体适应的界限。

## 八、生长发育与遗传变异

在人体生长发育期间，有两个生长发育的高峰：第一次高峰期是在 1 周岁以内，从出生到 1 周岁，长高约 25 厘米，约占原有身长的 1/2，体重增加 2 倍；第二次高峰期是青春期，男子是 12 ～ 14 岁，女子是 10 ～ 12 岁，平均每年的身高增加值分别是 6.6 厘米和 5.9 厘米。

根据人体的生长发育规律，一般到 25 岁时，人体各器官系统均已发育成熟，一直到 40 岁，这个阶段称为成熟期，也叫青壮年期。这个时期是人的生命最旺盛的时期，人体处于较稳定的状态。青壮年骨骼的化学成分含量中，水分与有机物较多，无机盐（钙）也较多，青年人骨骼中的无机盐约占 50%，中年人约占 66%，骨化过程已经完成，这个时期是人体生命过程中的“黄金时代”。35 ～ 40 岁是人体生命过程中的分界线，此前是发育成熟期，此后是衰退期。随着年龄的增长，一般情况下，衰退速度在逐步加快，表现为机体组织和器官的改变，以及机体的功能适应能力和抵抗力的衰退。

体育锻炼过程中，各种身体运动都是对机体的一种刺激，对身体的发展起到强化作用。首先是使机体处于异化作用大于同化作用的状态，造成体内能量物质的消耗，进而在逐渐减少运动量和运动强度的过程中，使机体进入恢复过程，逐渐达到同化作用大于异化作用的状态，形成超过机体原有的能量储备水平，进入新的平衡状态。在这种新的平衡状态下，周而复始地增加刺激，使得机体形态结构发生质的变化，机体功能水平不断提高，促进了健康，延缓了衰老。

遗传和变异也是生命的基本特征，并且是生物演变过程中的一对矛盾，是生物变化发展的内在依据，并形成了有机体的适应性和多种多样的类型。体育锻炼的过程主要体现在人体遗传基础上，通过体育手段，产生对有机体的某些形态结构、生理功能和心理素质的变化，向适应社会需要的人的方向发展。在人类社会发展中，社会环境的改变引起了人的需要的变化，从而导致人的行为发生变化。对体育锻炼需要的长期性和体育行为的长期化，以及运动刺激的不断强化，必然使得身体某些组织器官的功能不断加强，使人的体质逐渐增强。

## 第二节　体育锻炼的原则与方法

### 一、体育锻炼的原则

所谓体育锻炼的原则，是指体育锻炼中客观规律的反映，是人们长期从事体育锻炼实践的经验总结，是达到理想锻炼效果所必须遵循的基本准则和原理。

体育锻炼的原则主要包括自觉性原则、全面性原则、经常性原则、渐进性原则、针对性原则和适量性原则。

1. 自觉性原则

自觉性原则是指体育锻炼的参加者必须有明确的健身目的，自觉主动地从事体育锻炼。必须明确“生命在于运动”的科学原理，认识体育锻炼对人生事业的重要价值，树立“健康第一”的思想，把体育锻炼作为生存的需要，全身心地投入其中。

2. 全面性原则

全面性原则是指体育锻炼者在身体活动中，使身体各器官、系统、心理等都得到全面和谐的发展。人体是由各器官、系统构成的一个有机整体，进行体育锻炼时，必须采取多种形式和手段，使整个有机体得到全面、均衡发展：既要促进身体形态的发展，使体型匀称健美，又要提高和改善各器官、系统的工作效能；既要全面发展力量、速度、耐力、灵敏度、柔韧性、平衡能力等素质，又要提高跑、跳、投、攀、爬、游等基本活动能力；同时要注意培养心理素质，在体育锻炼过程中保持愉悦的心情。

3. 经常性原则

经常性原则是指体育锻炼必须持之以恒，养成习惯，成为日常生活中的重要内容。体育锻炼所取得的效果是日积月累的，要取得良好的锻炼效果，必须保持体育锻炼的时间、强度、次数的衔接性和连续性。要持久锻炼，反复练习，不断积累锻炼的效果，决不能“三天打鱼，两天晒网”。

4. 渐进性原则

渐进性原则是指体育锻炼者必须按照人体自然发展和机体适应性规律，逐步积累，增强体质。体育锻炼不能急于求成，运动负荷的安排必须在个体所能承受的范围之内。一般情况下，运动的时间、次数、强度应由小到大，逐步上升，使机体逐步适应，要按照人体接受刺激—适应—再刺激—再适应的规律，决不能使机体一开始就超负荷运转，否则会引起过度疲劳，甚至损伤身体。

5. 针对性原则

针对性原则是指体育锻炼者应根据个人的实际情况，有针对性地进行锻炼。由于个体差异的存在，同样的方法，对甲适宜，对乙就不一定适宜，达到的效果也不一定相同。要根据年龄、性别、健康状况、兴趣爱好、生活水平等因素来决定选择的项目、内容、方法和运动负荷，特别要注意改善和提高自己的薄弱环节。

6. 适量性原则

适量性原则是指体育锻炼时要有适宜的生理负荷。锻炼效果的大小，很大程度上取决于运动刺激的强度。太弱的刺激不能引起机体功能的变化，过强的刺激则会损伤机体，只有适宜的强度，才有利于能量消耗的恢复和超量补偿。体育锻炼必须量力而行，注意自我感觉并结合生理指标测定。如果锻炼后出现头晕恶心、四肢无力、精神萎靡、食欲不振、睡眠不好等症状，则说明强度过大，需要调整。

## 二、体育锻炼的方法

体育锻炼的方法是根据人体发展规律，运用各种身体练习，以提高人体的身体素质和基本活动能力的途径和方式。锻炼的方法主要有重复锻炼法、间歇锻炼法、循环锻炼法、综合锻炼法和处方锻炼法。

### 1. 重复锻炼法

重复锻炼法是指按一定负荷标准，反复多次进行某一动作或某一项目练习的方法。运用时，要掌握好负荷的有效程度，一般依据心率来调整重复的次数和休息时间。通常心率为 120 ～ 180 次 / 分钟，心输出量能保持在最佳范围内。若心率超过 180 次 / 分钟，则心舒张充盈时间过短，回心血量少，心脏充盈不足，因而输出量下降，这时就应减少次数，安排足够的时间休息。若心率低于 120 次 / 分钟，由于心率过低，也不能达到最大的输出量，影响锻炼效果，此时应增加重复次数。

### 2. 间歇锻炼法

间歇锻炼法是指严格规定重复锻炼各次的负荷强度和其间的休息时间的锻炼方法。运用间歇锻炼法，要根据个人的具体情况，科学、合理地安排每次锻炼的负荷强度及间歇时间。一般情况下，当心率为 160 ～ 180 次 / 分钟时，进行间歇；而当心率恢复到 120 ～ 130 次 / 分钟时，就应进行下一次锻炼。

### 3. 循环锻炼法

循环锻炼法是指将具有不同锻炼效果的各种类型的动作编成固定的程序，锻炼者按一定的顺序循环反复地进行锻炼的方法。锻炼者要按要求在各个练习点完成规定练习，当一个练习点结束时，迅速移到下一个练习点。完成各个练习点上的练习后，就算完成了一次循环。运用循环锻炼时，各个练习点锻炼内容的搭配要全面，应选用已经掌握的、简便易行的动作，同时规定好练习的次数、规格和要求，以得到全面的锻炼。

### 4. 综合锻炼法

综合锻炼法是指根据锻炼的目的、任务，综合运用上述各种锻炼方法，以便更灵活地调节运动负荷，取得更好锻炼效果的方法。运用综合锻炼法时，各锻炼法的组合运用要根据个人的实际情况和锻炼任务而定。综合锻炼法变化多，组合多样，能适应不同性别、年龄、身体状况、锻炼水平的人的需求。

### 5. 处方锻炼法

处方锻炼法是指根据锻炼者体质测试结果，由体育专家制订锻炼身体的方案进行锻炼的方法。运用这种方法时，锻炼者应先进行体质测试，并根据测试结果，由体育专家

来制订锻炼的处方。锻炼者根据锻炼处方的具体安排进行锻炼，并定期进行体质测试，以便根据体质变化情况修改锻炼处方。

## 第三节　运动损伤的防治与康复

体育锻炼可以增进健康，防治疾病，延年益寿，但体育锻炼中也常会发生运动损伤。运动过程中受到的机械性和物理性因素造成的伤害，称为运动损伤。损伤直接影响个人的身体健康、学习和工作，因此需要了解运动损伤的起因、预防、急救与保健知识，以科学的方法进行身体锻炼。

### 一、运动损伤的原因

了解运动损伤发生的原因是预防运动损伤的前提。发生运动损伤的原因是多方面的，既与锻炼者的运动基础、身体素质有关，也与运动项目的特点、技术难度及运动环境等因素有关。综合起来，运动损伤的原因可概括为主观和客观两个方面。

#### （一）主观原因

主观上的原因主要有如下几个方面：

（1）思想上重视不够、麻痹大意，在体育锻炼时违背了人体运动的规律。

（2）青年学生好胜心强、经验不足，意识里没有防伤的观念，不顾主客观条件的限制，盲目或冒失地进行运动。

（3）一些人在体育锻炼中情绪急躁、急于求成，忽视了循序渐进、量力而行的原则。

#### （二）客观原因

1. 身体素质差

不经常参加体育锻炼的人，由于身体素质差，技术动作又掌握不好，在练习动作时缩手缩脚、顾前怕后，往往容易造成损伤。

2. 运动技术不正确

动作上有错误，违反了人体结构功能特点和运动时的力学原理，也易导致损伤。这是训练水平不高，或者学习新动作和具有一定难度的动作时发生损伤的主要原因。

3. 身体机能状态不好

若睡眠不足或身体疲劳，或在受伤和患病的恢复阶段，身体的生理机能下降，力量减弱，动作的准确性、协调性下降，反应迟钝，在这些情况下参加锻炼或比赛，很容易引起运动损伤。精神不集中或因学习中的问题而忧心忡忡，勉强参加锻炼或比赛，也会引起运动损伤。

4. 缺乏科学的准备活动

运动前不做准备活动或准备活动不充分，在神经系统和其他器官系统的功能活动没有充分动员起来的情况下就参加紧张的运动，由于此时肌肉的力量、弹性、伸展性较差，身体缺乏必要的协调性，容易造成损伤。尤其是在冬季，末梢血管循环不旺盛，肌肉、韧带黏滞性大，此时若进行激烈运动，稍有不慎，极易受伤。另外，准备活动的内容与运动的内容结合得不好，或缺乏专项准备活动，运动中负担较重部位的功能没能得到充分的改善，或准备活动安排不当，开始做准备活动时速度过快、用力过猛，违反循序渐进的原则和功能活动的规律，也易导致损伤。

5. 组织工作、方法不当

组织工作不当常会导致运动损伤，常见的有以下情况：体育锻炼时，缺乏必要的帮助和保护，或保护方法不当；体育器材分布不当，场地上活动人数过多过挤，组织纪律性差，互相打闹、干扰；投掷场地缺乏安全防范措施；竞赛秩序安排不当或时间临时变更，参赛者缺乏必要的心理和生理准备，赛场秩序混乱；允许有病、身体不合格的学生参加比赛等。方法不当造成的运动损伤，常见的有以下情况：缺乏明确的指导，动作概念模糊，要领不明确，不懂练习方法，盲目地进行练习；没有遵守循序渐进、由易到难的原则，勉强做力所不能及的难度较高的练习；集体活动时不区别对待，统一标准，缺乏基础锻炼，搞突击测验；练习时注意力不集中，打闹或恶作剧等。

6. 运动量过大

在体育运动中，没有充分考虑到个人的生理特点而使运动量超过个人可以承受的生理负担，尤其是局部负荷过大，引起微细损伤的反复积累而发生损伤。

7. 场地、器材设备不合乎要求

以下各种场地、器材设备不合乎要求的情况也容易引发损伤事故：场地、器材、设备没有定时检查和维护；活动场地狭窄，凹凸不平，周围空间过小；场地内有碎石杂物，地面过滑过硬；沙坑缺沙或板结过硬，坑沿过高；器材的大小、重量与学生的性别、年龄等不适应；器械的安装不牢固或安放不妥当；运动时，服装和鞋不适；锻炼的人多或几个项目在相近处同时进行。

8. 天气或光线不好

气温过高易产生疲劳和中暑，气温过低易发生冻伤，或因肌肉僵硬使身体的协调性降低而引起肌肉、韧带损伤。潮湿的天气易使人出汗，影响体内水盐代谢，发生抽筋和虚脱。光线不良，如风沙太大、能见度差，影响视力，使人体兴奋性降低、反应迟钝而导致受伤。

## 二、运动损伤的预防

针对以上原因，预防运动损伤应从以下几个方面进行：

（1）加强运动安全教育，消除麻痹思想，提高预防损伤意识；

（2）认真做好准备活动；

（3）改进技术动作，合理安排运动负荷；

（4）加强保护与帮助，特别是提高自我保护能力；

（5）做好医务监督工作，掌握运动损伤的预防与处置方法。

## 三、常见运动性损伤及其处理

### （一）擦伤

1. 原因与症状

运动时皮肤受挫致伤，如跑步时摔倒，做体操运动时身体因摩擦器械而受伤。症状为擦伤后皮肤出血或组织液渗出。

2. 处理

小面积擦伤，用药水涂抹伤口即可。大面积擦伤，先用生理盐水洗净，后涂抹药水，再用消毒布覆盖，最后用纱布包扎。

### （二）撕裂伤

1. 原因与症状

进行剧烈、紧张运动，或受到突然强烈撞击，易造成肌肉撕裂。撕裂伤包括开放伤和闭合伤两种，常见的有眉弓撕裂、跟腱撕裂等。开放伤顿时出血，周围肿胀；闭合伤触及时有凹陷感和剧烈疼痛。

2. 处理

轻度开放伤，用红药水涂抹伤口即可；裂口大时，则需止血和缝合伤口，必要时注射破伤风抗毒血清，以防破伤风症；若肌腱断裂，则需手术缝合。

### （三）挫伤

1. 原因与症状

撞击器械或练习者互相碰撞易造成挫伤。单纯挫伤，在损伤处出现红肿，皮下出血，并有疼痛感；内脏器官损伤，会出现头晕、脸色苍白、心慌气短、出虚汗、四肢发凉、烦躁不安等症状，甚至休克。

2. 处理

在24小时内冷敷或加压包扎，抬高患者肢体或外敷中药。24小时后，可按摩或理疗。进入恢复期后，可进行一些功能性锻炼。如果怀疑内脏损伤，则做临时性处理后，送医院检查和治疗。

（四）肌肉拉伤

1. 原因与症状

通常在外力直接或间接作用下，肌肉过度主动收缩或被动拉长会引起肌肉拉伤。特别是准备活动不充分、动作不协调，以及肌肉弹性、伸展性、肌力差者更易拉伤。损伤后伤处肿胀、压痛、肌肉痉挛，触诊时可摸到硬块。严重的肌肉拉伤是肌肉撕裂。

2. 处理

轻者可即刻冷敷，局部加压包扎，抬高患肢。24小时后可进行按摩或理疗。如肌肉已大部分或完全撕裂，在加压包扎急救后，立即送医院手术治疗。

（五）肩关节扭伤

1. 原因与症状

肩关节扭伤一般是因肩关节用力过猛或者反复劳损所致，也有的是因技术错误，违反解剖学特点而造成损伤，投掷、排球扣球、大力发球时常出现这类损伤。其症状有压痛、疼痛，急性期有肿胀，慢性期三角肌可能出现萎缩，肩关节活动受限。

2. 处理

单纯韧带扭伤，可采用冷敷、加压包扎。24小时后可采用理疗、按摩和针灸治疗。出现韧带断裂时，应立即送医院缝合和进行固定处理。当肩关节肿胀和疼痛减轻后，可适当进行功能性锻炼，但不宜过早活动，以防止转为慢性病症。

（六）踝关节扭伤

1. 原因与症状

踝关节扭伤一般是运动中跳起落地时失去平衡，使踝关节过度内翻或外翻致伤。在准备活动不充分、场地不平坦的情况下，更易造成这类损伤。其主要症状为伤处疼痛、肿胀，韧带损伤处有明显压痛、皮下瘀血。

2. 处理

受伤后，应立即冷敷，用绷带固定包扎，并抬高伤肢。24小时后，根据伤情采取综合治疗，如外敷药物、理疗、按摩等，必要时采用封闭疗法。待病情好转后，进行功能性练习，对严重患者可用石膏固定。

（七）急性腰扭伤

1. 原因与症状

运动时，身体重心不稳定或肌肉收缩不协调，易引起腰部伤。多数情况是因腰部受力过重，或脊柱运动时超过了正常生理范围所致。

2. 处理

腰部急性扭伤后，让患者平卧，一般不应立即扶动。如果剧烈疼痛，则应用担架抬送医院治疗。处理后，应卧硬板床或腰后垫一个枕头，使肌肉韧带处于放松状态。也可针灸、外敷药物或按摩。

（八）关节脱位

1. 原因与症状

因受外力作用，关节面失去正常的连接关系，叫作关节脱位，又称脱臼。关节脱位可分为完全脱位和半脱位（或称错位）两种。严重的关节脱位，伴有关节囊撕裂甚至损伤神经。运动中发生的关节脱位，大多是间接外力撞击所致。关节脱位后，常出现畸形，与健肢相比不对称，因软组织损伤而出现炎症反应，局部疼痛、压痛和关节肿胀，并失去正常活动功能，甚至发生肌肉痉挛等现象。

2. 处理

关节脱位后，应用长度和宽度相称的夹板固定伤肢。如果没有夹板，可将伤肢固定在躯干或健肢上，防止震动，随后及时送医院治疗。必须指出，如果没有把握做整复处理，切不可随意进行整复，以免再度增加病情。

（九）脑震荡

1. 原因与症状

脑震荡是指头部受到了外力打击或碰撞后，脑组织发生一时性功能障碍。脑震荡发生时，患者会立即出现神志昏迷、意识丧失，脉搏、呼吸较弱，以及不同程度的头痛、恶心、呕吐等症状。

2. 处理

脑震荡发生后，应立即让受伤者平卧，保持绝对安静，严禁摇晃、牵扯、移动。同时，用毛巾冷敷头部，身体盖些衣物以保暖。对神志不清者可用手指压按人中、合谷穴，严重者应立即平稳送往医院救治。

（十）骨折

1. 原因与症状

运动中，身体某部位受到直接或间接的暴力撞击时，易造成骨折。例如，在踢足球时，小腿被踢易造成胫骨骨折；摔倒时，手臂直接撑地可能引起尺骨或桡骨骨折；跪倒时，可能造成髌骨骨折等。

骨折是比较严重的损伤，但发生的概率较低。骨折分不完全性骨折和完全性骨折两种。常见的骨折有肱骨骨折、小腿骨折、肋骨骨折、脊柱骨折和头部骨折等。

骨折发生后，患处立即出现肿胀，皮下瘀血，有剧烈疼痛（活动时加剧），肢体失去正常功能，肌肉产生痉挛，有时骨折部位发生变形，移动时可听到骨摩擦声。严重骨折时，伴有出血和神经损伤，以及发热、口渴甚至休克等全身症状。

2. 处理

若伴有休克出现，应先进行处理，即点按人中穴，并进行口对口人工呼吸或心脏胸外按压；若伴有伤口出血，应及时实施止血和包扎。骨折后暂勿移动患肢，应用夹板或其他代用品固定伤肢，及时送往医院检查和治疗。

（十一）肌肉痉挛

肌肉痉挛俗称抽筋，表现为肌肉发生不自主的强直收缩。其症状：肌肉僵硬，疼痛难忍，痉挛肌肉所涉及的关节伸屈功能有一定的障碍。运动中最容易发生痉挛的肌肉为小腿腓肠肌，其次是足底的屈踝和屈趾肌。

1. 发病原因

（1）寒冷刺激。肌肉受到低温的刺激，兴奋性增高，易使肌肉产生强直性收缩。如游泳时未事先用冷水淋湿身体，突然受到冷水刺激；冬季户外锻炼时受到冷空气刺激，也可能引起肌肉痉挛。

（2）电解质丢失过多。长时间剧烈运动或夏天运动时大量排汗，电解质从汗液中大量丢失，使神经、肌肉的兴奋性增高，容易引起肌肉痉挛。

（3）肌肉连续收缩过快，放松时间太短，使肌肉的收缩与放松不能协调交替，因而引起肌肉痉挛。这在自行车和短跑运动中较多见。

（4）疲劳。运动会使肌肉产生大量乳酸，而乳酸会不断地对肌肉的收缩物质起抑制作用，久而久之肌肉便开始疲劳致使痉挛产生。身体疲劳时，特别是局部疲劳状态下再进行剧烈运动或做些突然紧张用力的动作，就容易产生肌肉痉挛。

2. 处理与治疗

不太严重的肌肉痉挛，只要向相反的方向牵引痉挛的肌肉，一般都可使其缓解。例如腓肠肌痉挛，可伸直膝关节，用力将踝关节背伸；屈踝和屈趾肌痉挛时，可用力将足和趾背伸。牵引时切忌暴力，用力宜均匀、缓慢，以避免造成肌肉拉伤，采用揉捏、点穴（委中、承山、涌泉）等手法，使症状缓解。游泳中发生肌肉痉挛时，不要慌张，可

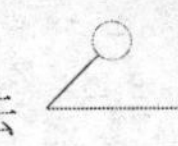

先深吸一口气，仰浮水面，用抽筋肢体异侧的手握住抽筋肢体的足趾，用力向身体方向拉，同时用同侧的手掌压在抽筋肢体膝盖上，帮助膝伸直。待缓解后，慢慢地游向岸边。此法如事先未能掌握，应立即呼救。发生抽筋后一般不要再继续游泳，应上岸休息、保暖，按摩局部。

3. 预防

加强身体锻炼，提高机体的耐寒能力和耐久力。运动前必须做好准备活动，对容易发生抽筋的肌肉可事先做适当的按摩。冬季锻炼时，要注意保暖；夏季进行剧烈运动或长时间运动时，要注意电解质的补充和维生素 $B_1$ 的摄入；疲劳或饥饿时不宜进行剧烈运动；游泳下水前应先用冷水冲淋全身，使身体对冷水有所适应；水温低时游泳时间不宜太长；在降体重或控制体重时，要讲究科学性。

（十二）网球肘

1. 原因与症状

网球肘，又称肱骨外上髁炎，表现为肱骨外上髁疼痛，见于网球、乒乓球等项目。本伤多因慢性劳损引起外上髁腱止末端病变、腱退行性改变及其下的软组织炎、肱桡关节局限性滑膜炎、环状韧带等退行性改变所致，少数人是直接撞击致伤。

其症状如下：

（1）肘关节外侧痛，并向上下放射；

（2）手不能提重物，有失力症状；

（3）肱骨外上髁压痛，前臂屈肌痉挛僵硬，抗阻力伸腕痛。

2. 处理

网球肘的处理方法如下：

（1）早期停止局部运动；

（2）前臂近端用弹性绷带缠绕，减少肌肉收缩牵拉刺激；

（3）采用推拿按摩等手法治疗。当伤势比较严重时，应请专科医生治疗。

## 四、运动损伤的康复训练

康复训练是指伤者通过适当的、有目的的身体练习和功能锻炼，使损伤快速愈合及促进功能恢复的过程。

1. 康复训练的意义

（1）合理安排康复训练，可保持锻炼者已获得的良好训练状态，一旦伤愈后就能立即投入正常的体育活动中，缩短伤后重新开始锻炼的时间。

（2）伤后康复训练可以改善伤部组织的营养和代谢，促进组织修复，防止肌肉萎缩，加强关节的稳定性与适应性。

（3）康复训练可以防止因伤后停止锻炼而引起身体疾病，这是因为一旦突然停止锻炼，个体在长期的体育锻炼中建立起来的各种条件反射性联系便可能被破坏，从而产生机能紊乱，如神经衰弱、胃扩张、胃肠道机能紊乱等。

2. 康复训练的原则

（1）尽量保持全身和未伤部位的训练，注意负荷量要适当，不能以加大未伤部位的训练量来代替已伤部位的负荷。

（2）对已伤部位要合理安排锻炼内容和负荷量，做到循序渐进、个别对待和分期进行。急性损伤的前期，伤区可暂不活动，以免肿胀和疼痛加重；急性症状减轻后，在不引起疼痛或疼痛明显减轻的情况下，应及早开始活动，进行功能锻炼。一般情况下，轻伤无明显肿胀者可提早开始功能锻炼，损伤较重、肿胀显著者可稍晚些，基本痊愈后才能参加正常锻炼。对慢性损伤和劳损，在安排康复训练时必须先了解损伤的性质、损伤的程度、受伤机理及局部组织的生理特点，然后决定康复训练的形式、内容和局部负荷量，从对伤情影响较轻的动作开始，循序渐进，个别对待。负荷量的大小，以练习后无明显疼痛，次日原有症状未见加重为宜，一般一周左右无不良反应，可考虑适当增加负荷量。

（3）功能锻炼主要是加强伤部肌肉力量和关节功能的练习，要把原动肌与对抗肌、大肌群与小肌群的锻炼、静力性练习与动力性练习、力量性练习与柔韧性练习密切结合。一般是先以静力性练习开始，逐渐结合动力性练习；由不负重练习，逐渐增加负重练习。

（4）要加强伤后康复训练的医务监督，每次训练都要做好准备活动。练习前、后进行按摩，密切观察伤部反应，及时调整负荷量和练习内容。

3. 康复训练的方法

（1）适量的耐力运动，建议每次15～60分钟，每周3～5次。可用健康肢体进行，如上肢伤者可做跑步、阻力自行车、登楼梯等运动，下肢伤者可做拉力器、举哑铃运动或徒手体操。

（2）恢复关节活动的方法主要是进行关节练习。除恢复关节活动度外，还要求恢复各肌肉包括多关节肌肉的伸展度，以恢复整个肢体的柔韧性。为此须做相邻关节的联合运动，以牵伸多关节肌肉。关节活动范围越大越好，可以使肌肉在全关节活动范围中拉长，这是防止再受伤的较好方法。

（3）恢复肌肉的训练方法包括自主运动和辅助运动两类：

①自主运动。这是伤者主动完成的一种训练，包括静力练习、动力练习和等动练习。

静力练习的肌肉收缩方式属于等长收缩，肌肉保持在一个固定的长度上，关节不活动。

动力练习，关节要产生活动，收缩时肌肉缩短，产生的活动属于等张运动。

等动练习是利用“等动练习器”进行的一种肌肉练习方法。练习时肌肉以最大力量做全幅度收缩运动。这种练习依靠器械的作用，将运动的速度限制在适宜的水平上，使肌肉在运动的过程中保持高度的张力，从而获得更好的锻炼效果，具备等长与等张收缩两者的优点。

②辅助运动。通过各种被动活动，痉挛的肌肉得到放松，挛缩的肌肉、韧带和关节囊受到牵拉从而伸展，增加关节活动幅度，恢复关节功能。

（4）抗阻运动。它是肌肉在克服外来阻力时进行的运动，如俯卧撑、举重等，可以增进肌肉的肌力。

# 第四节　常见运动疾病与传染病的预防

## 一、常见运动疾病的处理与预防

运动性疾病，一般多指因机体对运动刺激不适应或运动安排不当造成体内功能紊乱而出现的疾病、综合征或异常的现象。在体育活动中，运动性疾病时有发生，主要与锻炼者的身体形态、锻炼的负荷安排、锻炼的时间和环境、锻炼的方式和方法等因素有关。比较常见的运动性疾病有运动性晕厥、运动性低血糖、运动性贫血、运动性腹痛、中暑、游泳性中耳炎等。

（一）运动性晕厥

在运动中，由于脑部突然供血不足而引起的一时性知觉丧失现象，叫作运动性晕厥。

1. 原因与症状

运动性晕厥是由剧烈运动或长时间运动，使大量血液积聚在下肢，回心血量减少所致，也和剧烈运动后引起的低血糖有关。其症状有全身无力、头晕耳鸣、眼前发黑、面色苍白、失去知觉、突然昏倒、手足发凉、脉搏慢而弱、血压降低、呼吸缓慢等。

2. 处理与预防

（1）处理。应立即使患者平卧，足略高于头部，并进行由小腿向大腿、心脏方向的推摩或拍击，同时用手指点压人中、合谷等穴位。如有呕吐，应将患者头部偏向一侧；如停止呼吸，应立即进行人工呼吸。

（2）预防。平时要经常坚持体育锻炼，以增强体质；久蹲后不要突然起立；不要带病参加剧烈运动；急跑后不要立即停下来；不要在饥饿情况下参加剧烈运动。

### （二）运动性低血糖症

正常人的血糖含量为 80 ～ 120 毫克 / 升，若低于正常值的 50% ～ 60%，会出现一系列症状，称为运动性低血糖症。低血糖是在饥饿情况下，从事长跑、长距离自行车、长距离游泳等运动出现的症状。

#### 1. 原因与症状

造成低血糖的原因有以下几种：

（1）运动前（或比赛前）已处于饥饿、过分紧张或有疾病等状态。

（2）长时间运动，消耗大量血糖，使糖代谢机能出现紊乱状态。

（3）已有不同程度的糖代谢紊乱疾患，运动时诱发。

其有以下症状表现：

（1）轻者感到饥饿、疲乏、头晕、心悸、面色苍白、出冷汗等。

（2）严重者出现低血糖性休克症状，如神志不清、语言含糊、四肢发抖、烦躁至昏迷、脉搏快且弱、呼吸急促、瞳孔扩大等。

#### 2. 处理与预防

（1）处理。轻者喝浓糖水或进食含糖类食物，平卧保暖休息，短时便可恢复。重者若已昏迷，可先指掐或针刺人中、百会、涌泉、合谷等穴，并迅速静脉注射高渗葡萄糖液。

（2）预防。

①不要在饥饿的情况下参加紧张、剧烈或过长时间的运动。进行长时间或长距离的运动时，中途应当补充含糖、盐的饮料。

②有轻度症状时，应停止运动，迅速进食一些含糖食物或饮糖水。

③久病初愈（或未愈）及体质差者，应避免参加长时间的剧烈运动。

④有糖代谢疾患，应及早治疗。

### （三）运动性贫血

#### 1. 原因与症状

血液中红细胞数量与血红蛋白含量低于正常值，称为贫血。因运动引起的这种血红蛋白量减少，称为运动性贫血。运动性贫血的指数：每百毫升血液中的血红蛋白含量，男性低于 14 克，女性低于 12 克。在通常情况下，本病的发病率，女性高于男性。由于贫血常引起多种不良的生理反应，危及健康，所以贫血的人常常恐惧体育锻炼。其发病的主要原因有以下两类：

（1）运动时，肌肉对蛋白质和铁的需求量增加，一旦需求量得不到满足，便可引起运动性贫血。

（2）运动时，脾释放的溶血卵磷脂能使红细胞的脆性增加，加上剧烈运动时血流加速，易引起红细胞破裂，致使红细胞的新生与衰亡之间的平衡遭到破坏，从而导致运动性贫血。运动性贫血发病缓慢，其症状表现为头晕、恶心、呕吐、气喘、体力下降，以及运动后心悸、心率加快、脸色苍白等。

2. 处理与预防

（1）处理。如运动中（后）出现头晕、无力、恶心等现象，应适当减少运动量，必要时暂停运动，并补充富含蛋白质和铁的食物，口服硫酸亚铁等。

（2）预防。遵循循序渐进和个别对待原则，调整膳食。若运动时经常有头晕现象，应及时诊断医治，以便正常参加体育锻炼。

### (四) 运动性腹痛

1. 原因与症状

腹痛是运动过程中较为常见的一种症状，在中长跑、马拉松、竞走、自行车、篮球等运动项目中发病率较高，其中有相当一部分人的发病原因属非病理性，与运动有关。简单地说，这是因为剧烈运动会引起胸内压（胸膜腔内压）、腹内压上升而影响静脉血的回流量，进而使脏器的活动发生紊乱，使呼吸肌、胃肠道产生痉挛从而引起腹痛。另外，大量进食后马上进行剧烈运动最易引起运动性腹痛。

2. 处理与预防

（1）处理。运动中出现腹痛，应降低运动速度和强度，加深呼吸，调整呼吸和运动节奏，用手按压疼痛部位，或弯着腰跑一段距离，一般疼痛即可减轻或消失。若无效或疼痛反而加重，就应停止运动，口服解痉药物，针刺或掐点足三里、内关、三阴交等穴位或进行腹部散热，如仍无效，则需请医生诊治。

（2）预防。进行体育运动一定要遵循其科学原理和规律，要注意循序渐进，加强全面身体训练，逐步提高身体机能水平。膳食安排要合理，饭后休息 1 ～ 2 小时才可进行剧烈运动，运动前不宜过饥或过饱，也不要饮水太多；运动前要充分做好准备活动，运动中要注意呼吸节奏，中长跑时要合理分配速度；对于各种疾患引起的腹痛，应彻底治疗，疾病未愈之前不宜参加剧烈运动。

（五）中暑

1. 原因与症状

中暑是高热环境中易生的一种急性疾病，一般发生在炎热的夏天。根据发病机制和临床表现不同，通常将中暑分为热痉挛、热衰竭和热（日）射病。在湿度大、通风不良或头部缺乏保护、被烈日直接照射等情况下，更易引起体温调节功能发生障碍而导致中暑。

症状：体温由正常开始稍有升高，出现头昏、头痛、烦躁心慌、全身无力、口渴舌干、恶心、大量出汗（中暑前兆）等症状。若未及时处理，则体温继续升高，可达40℃，皮肤灼热、无汗，面色潮红，抽搐、瞳孔缩小、昏迷等，如抢救不及时，可能会因循环呼吸系统机能衰竭而导致死亡。

2. 处理与预防

对有中暑前兆者，应迅速将其带到阴凉处休息，饮低盐的清凉饮料，服用十滴水、人丹、藿香正气水或涂抹清凉油，一般很快就会恢复。对情况严重者，除采取以上方法外，还可采用物理降温法迅速降温，如扇扇子，头部冷敷，用冷水、冰水或酒精擦拭身体等，如果有条件应该及时送医院处理。对中暑的预防，平时要坚持在较热的环境中锻炼，逐步提高身体的耐热能力。在炎热的夏天进行锻炼时，应该穿浅色、单薄、宽松的衣服，并准备好清凉解暑的饮料和药物。体育锻炼的时间不宜太长，应安排适当的休息时间，运动量大的项目应放在早晨或傍晚进行。在室内锻炼要注意通风，膳食中注意水和无机盐的补充。

（六）游泳性中耳炎

1. 原因与症状

游泳性中耳炎主要是指人们在游泳时，由于不清洁的池水进入中耳，因细菌感染而引起的中耳炎症。

症状：耳道闭塞，听力减退，局部疼痛剧烈，常有发热、恶心、呕吐、食欲不佳及便秘等症状，严重者鼓膜破裂常有黄色脓液自外耳道流出。若急性炎症期间治疗不当，常可转为慢性中耳炎。

2. 处理与预防

（1）处理。卧床休息，多喝开水，吃流质食物，并及时请医生处理，如口服磺胺类药物或注射抗生素等。如鼓膜已破裂，可用3%过氧化氢清洗脓液，外用消毒剂或抗生素溶液滴耳，然后用消毒棉条填塞外耳道。此外，可在乳突部做热敷及红外线治疗等。

（2）预防。游泳池水一定要符合卫生要求，保持清洁。游泳时必须注意正确呼吸，避免呛水。游泳前应进行体检，游泳时可用凡士林棉球或橡皮耳塞将耳朵塞好，以防池水进入耳内。预防感冒是预防中耳炎的积极措施。在患有上呼吸道感染、感冒或中耳炎时，不要游泳。当外耳道进水后，不要随便挖耳，上岸后可采用同侧单足跳的方法将水倒出。还可采用吸引法，即将头偏向有水的耳朵一侧，用手掌紧压在耳孔上，屏住呼吸，然后迅速提起手掌，即可将水吸出。

## 二、常见传染病的预防

### （一）上呼吸道感染

上呼吸道感染是指鼻、咽、喉、支气管由致病微生物作用引起的病变，冬、春季发病率高。

（1）症状。常见症状有打喷嚏、鼻塞、流涕、咽部疼痛、头痛、全身肌肉酸痛等，严重时畏寒、高热、咽部及扁桃体充血、淋巴结肿大和牙痛。

（2）防治。平时要加强体育锻炼，增强体质，注意室内空气流通，避免受凉、淋雨和过度疲劳等。治疗时可使用抗病毒和抗菌药物。

### （二）支气管炎

支气管炎是由病毒和细菌感染或物理、化学因素刺激所致的急性炎症，一年四季均可发病。

（1）症状。常见症状有鼻塞、流鼻涕、喉痛、全身酸痛、咳嗽多痰，并常伴有低至中等发热。

（2）防治。平时应积极参加体育锻炼，增强身体抗病能力，避免过度疲劳、受凉，防止有害气体、烟雾和粉尘吸入。同时积极治疗慢性鼻炎、慢性咽喉炎和扁桃体炎等疾病，治疗时适当使用解热镇痛药和抗生素，剧烈咳嗽和多痰的情况可用镇咳化痰药。发热时应卧床休息，吃易消化的食物。

### （三）肺炎

肺炎多由双球菌引起，常发生在冬、春两季。

（1）症状。多数病人起病急，突然打寒战，继发高热，常伴有咳嗽、胸痛、呼吸急促等症状。

（2）防治。患者应卧床休息，多喝开水，用抗菌药消炎。提倡户外运动，提高耐寒和适应气候变化的能力；积极防治急慢性上呼吸道感染，以及容易诱发肺炎、麻疹、百日咳等的疾病。

### （四）急性扁桃体炎

扁桃体炎是由细菌感染引起的，多发于儿童和少年。

（1）症状。初发病时表现为一侧咽痛，渐渐发展到两侧，咽食时咽痛加剧，颌下淋巴结肿大，同时畏寒和发热。

（2）防治。积极锻炼身体，增强体质，预防感冒，注意口腔卫生，及时治疗急性传染病。如有上呼吸道感染和口腔炎症，要及时治疗。患病时多注意休息，多喝开水，使用抗生素和清热解毒的中草药。

### （五）慢性鼻炎

急性鼻炎反复发作或治疗不彻底可转为慢性鼻炎。引起鼻炎的原因可能是病毒、细菌或物理、化学因素的刺激。

（1）症状。患者常有间歇性或持续性鼻塞、流鼻涕、嗅觉减退甚至头痛、头晕等症状。

（2）防治。以预防为主，经常锻炼身体，增强体质，避免粉尘、冷空气和有害气体的刺激。慢性单纯性鼻炎，可在遵医嘱的前提下用1%麻黄素和喘喃西林液滴鼻，也可用封闭法和激光照射法治疗。肥厚性鼻炎和萎缩性鼻炎，可采用手术治疗。

### （六）急性胃肠炎

吃进被细菌或其他毒素污染的食物可引起中毒性胃肠炎。此外，暴饮暴食、过多食用有刺激性或粗糙不易消化的食物，也可引起急性胃肠炎。

（1）症状。主要是频繁呕吐和腹泻，患者腹部不适、腹痛。有的还有头痛、寒战、发热等全身症状，严重的有脱水和电解质平衡失调现象，出现小腿痉挛，甚至发生昏迷和虚脱。

（2）防治。注意个人卫生和饮食卫生，特别注意饮水及食品的卫生检查，勿暴饮暴食，做好灭蝇灭鼠工作。患者应隔离和卧床休息，注意保暖，必要时禁食，同时患者应适当饮水，严重者进行静脉滴注生理盐水和葡萄糖溶液。

### （七）急性阑尾炎

急性阑尾炎是常见的外科急腹症之一，多发于青壮年。

（1）症状。发病初期，腹部或肚脐周围开始疼痛，然后疼痛转移到右下腹部。患者常有恶心、呕吐、发热、腹泻等症状。

（2）防治。急性阑尾炎应及早治疗，否则会导致严重的并发症，如腹膜炎。可根据病情做保守治疗或手术切除阑尾。预防方面，平时要加强身体锻炼，饭后不宜立刻进行剧烈运动。

# 第三章 体育竞赛组织与欣赏

## 第一节 运动竞赛与组织

### 一、运动竞赛概述

运动竞赛是各种体育运动项目比赛的总称，是指参与者以争取优胜为目的，以运动项目（或某些身体活动）为内容，根据规则进行个人或集体的体力、技艺、战术、心理、智力等多方面相互较量的比赛形式。

### 二、学校运动竞赛的意义

学校开展运动竞赛具有以下重要意义：

（1）学校运动竞赛是促进体育运动普及和水平提高的重要措施，是实现我国学校体育教学目标的途径之一。

（2）学校运动竞赛不仅可以丰富和活跃学生的课余文化生活，而且能起到直接宣传和鼓励的作用。鼓舞和促进广大学生参与体育运动的积极性和自觉性，吸引更多的人参加体育活动，推动学校群众性体育活动的发展和普及。

（3）学校运动竞赛可以体现体育教学和训练工作的效果。通过竞赛，可以总结和交流经验，互相学习，互相促进。学校运动竞赛有利于提高体育教学质量，有利于提高运动训练水平，有利于发现、培养体育人才。

（4）学校运动竞赛使学生受到高尚的体育情感的熏陶，提高体育文化素养，丰富和活跃校园文化生活。

（5）学校运动竞赛有利于培养学生敢于拼搏、胜不骄、败不馁、遵守纪律、服从裁判的优秀品质和集体主义精神，培养竞争与合作精神，提高学生的抗挫折能力，培养良好的心理素质，促进学校精神文明建设。

## 三、学校运动竞赛的特点

1. 竞争性与参与性

学校运动竞赛是争取优胜的有益活动，竞争的因素符合青年人的心理特点。通过体育竞争调动参加各方的积极性，有利于培养竞争意识和提高竞争能力。学校运动竞赛有别于高水平的竞技比赛，它面向全体学生，为大部分学生提供参与竞赛和展示个人运动才能的机会，使学生从中领悟"重在参与"的内涵。

2. 集体性与教育性

学校运动竞赛一般以院系、专业或班级组成代表队参加，有集体项目，也有个人项目，每个人的表现都影响到集体的荣誉。学校竞赛是对学生进行思想品德和行为规范教育的有效手段和良好场所，参加竞赛者要表现出勇敢顽强、坚持拼搏的精神和服从裁判、尊重观众、遵守纪律的优良品德。

3. 多层次性与群众性

学校运动竞赛是面向全体学生的基层体育比赛，组织体育竞赛必须考虑到它的多层次性和群众性。比如，既要有全校性体育竞赛，又要有系部、年级、班级的体育比赛；既要有竞技项目比赛（如田径运动会等），又要有非竞技体育比赛（如拔河等）。

4. 趣味性与娱乐性

学校运动竞赛应在课余时间由学生自愿参加。因此，要做好宣传和组织工作，比赛项目必须考虑学生的兴趣与爱好，组织形式与方法应新颖、灵活、多样，以提高学生参赛的兴趣与热情。要从实际出发，项目内容应具有健身性、娱乐性、趣味性、大众性、实用性、生活性、创新性等特点，学生可通过运动竞赛愉悦身心、陶冶情操。

## 四、学校运动竞赛的组织与方法

### （一）运动竞赛的组织

组织各类体育竞赛应先确定具体项目的竞赛规程，它是组织竞赛的依据。竞赛规程内容包括竞赛名称、主办单位、竞赛日期和地点、参加单位、报名办法及人数规定、运动员资格、竞赛项目、比赛办法、采用规则、录取与奖励办法等。

根据比赛报名情况合理编排比赛日程、出场顺序等事项。在比赛前还要组织裁判员

学习有关规则和裁判方法，统一比赛实施标准。

## （二）运动竞赛的方法

运动竞赛的方法是按一定的组织形式和顺序，使参赛单位或个人能尽量机会均等地参加比赛。竞赛的主要方法有循环法、淘汰法、混合法及决定名次的方法等。

### 1. 循环法

循环法是让所有参赛队（人）相互之间都要轮流进行比赛的一种比赛方法，最后按各队（人）在全部比赛中胜负的场数、得分的多少来排定名次。这种比赛方法能使各参赛队（人）有较多比赛机会，有利于相互交流与学习，能比较客观地反映参赛队（人）的水平。但是，这种方法下的比赛场次多、赛程长。

（1）单循环。所有参赛队（人）之间相互比赛一次称为单循环。按各队（人）胜负场次和积分排列名次。

单循环比赛轮次计算方法：各参赛队（人）均进行了一场比赛，称为一轮。如参赛队（人）数为单数，比赛轮次等于参赛队（人）数；参赛队（人）数为双数时，比赛轮次等于参赛队（人）数减 1。

单循环比赛场次计算公式：

场次＝$[n\times(n-1)]/2$　（$n$ 为参赛队数或人数）

单循环比赛的编排方法：无论参赛的队（人）数是奇数还是偶数，一律按偶数安排。若是奇数，可以加上一个“0”号，使之成为偶数，遇“0”的队（人）就轮空 1 次。第二轮开始，1 号位置不变，其他号数按逆时针方向轮换一个位置即排出下一轮的比赛顺序。依此类推，排出各轮的比赛表（表 3–1、表 3–2）。

**表 3–1　6 个队（人）的比赛轮次**

| 第一轮 | 第二轮 | 第三轮 | 第四轮 | 第五轮 |
|---|---|---|---|---|
| 1—6<br>2—5<br>3—4 | 1—5<br>6—4<br>2—3 | 1—4<br>5—3<br>6—2 | 1—3<br>4—2<br>5—6 | 1—2<br>3—6<br>4—5 |

**表 3–2　5 个队（人）的比赛轮次（遇“0”为轮空）**

| 第一轮 | 第二轮 | 第三轮 | 第四轮 | 第五轮 |
|---|---|---|---|---|
| 1—0<br>2—5<br>3—4 | 1—5<br>0—4<br>2—3 | 1—4<br>5—3<br>0—2 | 1—3<br>4—2<br>5—0 | 1—2<br>3—0<br>4—5 |

（2）双循环。双循环是指参赛的队（人）先后进行两次单循环的比赛方法，一般是在参赛队（人）少、时间充足的情况下采用此法增加参赛队（人）之间的比赛机会，最后按各队在全部比赛中的胜负场数和积分排列名次。其编排方法与单循环相同，第2次循环也可以重新抽签。它的比赛轮次和场次是单循环的2倍。

（3）分组循环。分组循环是在参赛队（人）数较多而时间又有限时，为合理排出名次而常采用的一种方法。它是把参赛队（人）平均分成若干组，各组采用单循环方法排出各组名次，然后根据规程进行第二阶段比赛，再次排出名次。分组循环时为了分组合理，应设种子队，分别编在各个小组，以避免强队过于集中而失去小组出线的机会。

2. 淘汰法

淘汰法就是通过比赛逐渐淘汰成绩比较差的或失败的队（人），最后决出优胜者。采用这种方法的比赛有两种形式：一种是按照一定的顺序让参赛者一组一组地进行比赛，通过预赛、复赛和决赛淘汰掉较差的，比出优胜名次。田径、游泳、短道速度滑冰项目多采用这种比赛形式。另一种是球类和其他对抗性项目，按编排好的淘汰表一对一地进行比赛，胜者进入下一轮，直至最后决出冠亚军。

（1）单淘汰。单淘汰是指参赛的队（人）在比赛中失败一次即被淘汰，失去继续比赛的资格。它的优点是当参赛者较多时，能在较短的时间内完成比赛任务。缺点是一次失败即遭淘汰，学习锻炼的机会少，比赛名次不一定能反映出各队（人）的水平。

编排方法：根据参赛队（人）数，按2的$n$次方设号码位置数。当参赛队（人）数非2的$n$次方时，应根据参赛队（人）数选择最接近的略大于2的$n$次方的数作为号码位置数，此时需要安排轮空（轮空数等于号码位置数减去参赛队数或人数），使参加第二轮比赛的队（人）数正好是2的乘方而不再有轮空（图3–1）。参赛队（人）数稍大于2的乘方数时，若安排轮空则轮空太多，可用“抢号”的方法来解决，即以最接近的稍小于2的$n$次方的数作为号码位置数，其中一部分运动员进行“抢号”。“抢号”就是两个队（人）在一个号码位置，要先进行一场比赛，胜者留在这个位置，负者被淘汰（图3–2）。

单淘汰赛的轮次数计算方法：所选用号码位置数为2的$n$次方，轮次数即为$n$轮。

单淘汰赛的场次数计算方法：参赛队（人）数减1，即为比赛场次数。

（2）单淘汰赛中的附加赛。单淘汰赛只能确定第1名、第2名，用附加赛的方法可以确定所有比赛中各队（人）的名次。如进入前8名的运动员，每一轮的胜者与胜者、负者与负者之间进行比赛，直到排出全部名次（图3–3）。

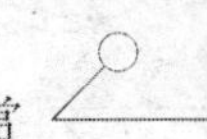

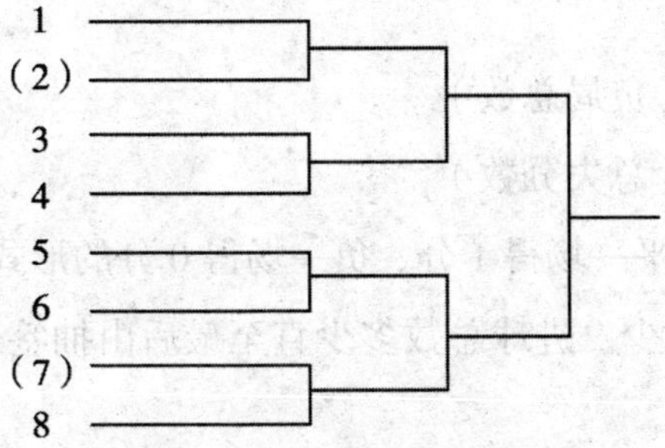

1
（2）
3
4
5
6
（7）
8

（2）、（7）为轮空位置

图 3-1　6 人参加的单淘汰赛

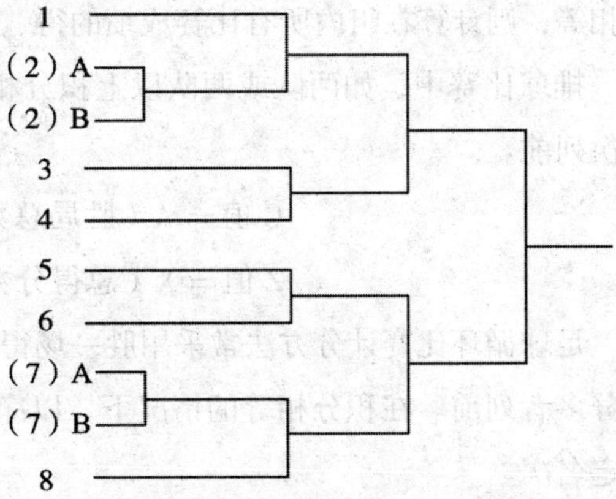

1
（2）A
（2）B
3
4
5
6
（7）A
（7）B
8

（2）A、（2）B、（7）A、（7）B 为抢号位置

图 3-2　10 人参加的单淘汰赛

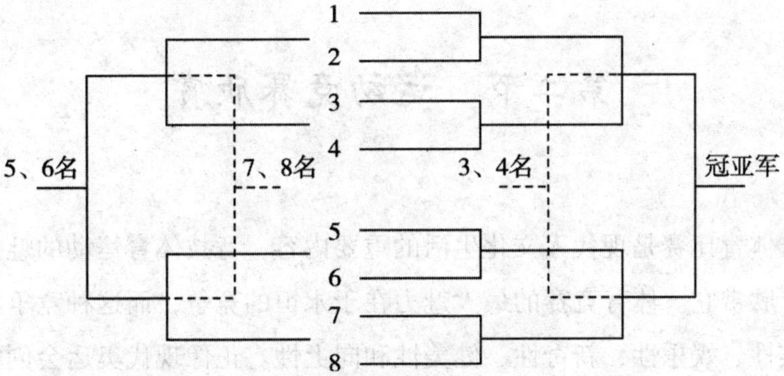

1
2
3
4
5
6
7
8
5、6名
7、8名
3、4名
冠亚军

图 3-3　淘汰附加赛

3. 混合法

混合法是指在一次比赛中采用循环赛和淘汰赛两种比赛方法。在混合法中，将比赛分为两个阶段。第一阶段如用循环赛，最好分成 2、4、8 组，以便第二阶段淘汰赛的编排。

第一阶段如分两组进行单循环比赛并排列名次后，第二阶段一般常采用交叉赛，即 A 组第 1 名对 B 组第 2 名，A 组第 2 名对 B 组第 1 名，两名胜者决出第 1、第 2 名，两名负者决出第 3、第 4 名；两个小组第 3、第 4 名可依此方法决出第 5 ~第 8 名。此外，也可在第二阶段采用同名次赛。如第一阶段分 2 个组循环比赛，那么第二阶段，两小组第 1 名进行决赛决出第 1、第 2 名，两小组第 2 名决出第 3、第 4 名，其他名次也按上述方法排出。

4. 球类竞赛决定名次方法

篮球、排球、乒乓球单循环比赛成绩计算办法，一般在规程中规定胜一场得 2 分，负一场得 1 分，弃权为 0 分，积分高者名次列前。

篮球比赛中，如两队积分相等，则以两队之间成绩排列名次；如两队以上积分相等，则计算积分相同队之间的比赛成绩；如再相等，计算积分相同队之间的得、失分率；如仍相等，则计算在组内所有比赛成绩的得、失分率。

排球比赛中，如两队或两队以上积分相等，C 值高者列前，如 C 值相等，Z 值高者名次列前。

C 值＝ A（胜局总数）/B（负局总数）

Z 值＝ X（总得分数）/Y（总失分数）

足球循环比赛计分方法常采用胜一场得 3 分、平一场得 1 分、负一场得 0 分的形式，积分多者列前。在积分相等的情况下，以净胜球多少、进球总数多少直至最后由抽签来决定名次。

计分方法与决定名次的有关条款应在竞赛规程中予以明确规定。

## 第二节　运动竞赛欣赏

观赏竞技体育比赛是现代人文化生活的重要内容，竞技体育运动的魅力吸引着数亿人去关心它、欣赏它。体育竞赛的最大魅力在于永恒的竞争，而这种竞争具有规范性、公平性、真实性、娱乐性、新奇性、健美性和向上性。正像现代奥运会创始人顾拜旦说的那样：竞技的核心，不是斗争，而是光明磊落地比赛，正是铭记了这种精神，才能更加强盛、更加雄壮、更加有勇气，从而陶冶人性。

### 一、体育欣赏的意义

#### （一）调节生活节奏，享受生活乐趣

随着现代科学技术的飞速发展，现代人的学习、工作节奏不断加快，工作任务更加繁重，人们的生活压力、工作压力也越来越大。观赏体育竞赛已逐步成为现代人文化生活中的重要内容，各种丰富有趣的运动项目具有无法抗拒的魅力，人们会不由自主地去关心它、欣赏它，并从中得到无穷的乐趣。特别是在胜负难测、观众对竞赛结果带有倾向性期望时，受不确定悬念所驱使，人们的情绪总会处于兴奋状态。因此，在紧张的学习与工作之余，观赏体育竞赛可以丰富生活、愉悦精神、满足精神需求，学习、工作和生活压力得以释放，身心得以放松。

#### （二）提高体育文化素养，陶冶道德情操

体育是一种特殊的文化现象，是人类智慧的结晶，不同的体育项目能反映出不同国

家、民族的风俗和观念。体育文化的外延是围绕体育竞赛而进行的各种文化艺术活动，如大型赛会的开幕式文艺演出、绘画展览、火炬接力、体育新闻报道、电视转播，以及发行纪念封、纪念邮票、纪念币等。这些文化活动的开展，使各种丰富多彩的体育文化得以在全世界传播。因此，通过体育竞赛，人们得以交流文化，了解世界各地的人文景观、民族风情。

体育竞赛满足了现代人的行为、情感和人格发展的需要，为塑造现代人发挥了作用。通过观赏体育竞赛，人们可以感受奥林匹克精神，加强互相了解，促进友谊、团结和公平竞争。人们为运动员遵循竞赛规则、恪守运动道德、服从裁判、公平竞争的良好行为而喝彩加油，这种情感会使人的心灵得以净化和升华，在潜移默化的影响中，陶冶道德情操。

（三）树立人生观念，振奋民族精神

体育竞赛中的竞争，是技能、体力、智力、意志和团队实力的较量与竞争。它对现实生活的启迪，是实现人生价值所应具有的信念、勇气、力量和百折不挠的精神。运动员在激烈的竞争中表现出的坚定不移、临危不惧和顽强拼搏等优秀品质，激励人们在逆境中奋起，勇往直前，实现自身价值。如我国运动员在世界大赛中，全力以赴地为国家和民族赢得尊严和荣誉，这会对观众的思想、情感、精神和意志产生巨大的影响，使民族自尊心得到满足，自信心不断增加，振奋民族精神，使爱国主义情感更加浓厚。

## 二、运动欣赏内容的选择

人的情趣爱好和审美观点是千差万别的，运动欣赏的内容也多种多样，有人喜欢看田径比赛，有人喜欢看球类争夺，有人喜欢欣赏艺术体操，有人喜欢乒乓球等我国的优势项目。观众在观赏自己喜爱的运动项目时，大部分时间是在欣赏和体会运动中内在的美感因素，如力量、速度、幅度、节奏、旋律、惊险度、创新度等。对于进行中的运动竞赛和表演本身而言，展现的却是运动员身体、动作、技术、战术和风格的综合美感效果。

（一）欣赏身体美

古希腊著名雕塑家米隆的不朽之作——《掷铁饼者》，其人物强健的肌肉、匀称的身材、有力而和谐的姿势等，充分勾勒出运动者迷人的外在美和勃勃的生命活力，这是运动者身体美的最佳表达。身体美的内容是十分丰富的，它不仅包含人体的体表、体形、体态等外在的美，也包含素质、风度等内在的美。运动员不仅表现出高超的运动技术，而且仪表端正、风度翩翩，给人以高尚、典雅的感受。

（二）欣赏动作美

人体在运动过程中，一系列形体造型所展现的美称为动作美。所谓造型，是人体静态的形体展现。而在体育比赛或表演中，运动员的一招一式是在“动”中进行的，是一种动态展现。因此，我们在观赏运动时，要对每一个动作做好适时的把握和审视，只有抓住每一个美的瞬间，大脑中才能保留运动员动态过程中的一系列美好瞬间。

（三）欣赏技术美

运动技术是充分发挥运动者身体能力，合理并有效地完成动作的方法。技术美是人体美和动作美的综合体现，体现为准确、协调、连贯、节奏感强以及平衡性、实效性高等特点。运动员优美、娴熟、惊险、新颖的技术动作，给观众带来行云流水、赏心悦目的美妙感受。马拉多纳有如神助的带球过人，申雪、赵宏博优美高雅的冰上技巧等，无不给人以心灵的震撼和美的享受。

（四）欣赏战术美

运动战术是指在竞技运动比赛中，为战胜对手或为表现出期望的比赛结果而采取的计谋和行动。其中，运动员或教练员为合理地调配力量、扬长避短、争取胜利所表现出来的战术上的变化多端、出奇制胜、胜券在握，是一种自信、果敢、从容的美感表现。战术是发挥技术的先导，是驾驭比赛的灵魂，是克敌制胜的法宝。通过观看运动员或教练员根据实际情况采取最佳战术方案和有预见性的行动，可使我们对整个比赛有一个立体的、全面的认识，也可使我们从中感受最佳战术方案实施成功后的快感。

（五）欣赏风格美

运动风格，一般分为一个运动队的团队风格和运动员个人的技术风格。运动队或运动员在体育比赛或表演中所体现出的具有个体特色的作风和品质，往往给人以别具一格、耳目一新的感觉，这种感觉即运动风格美的表达。具有积极向上、团结协作精神的参赛队，在赛场上顽强拼搏、文明守规、尊重裁判和观众，总会给人留下美好的印象。技术风格美，是运动员（队）在战术风貌和格调上的优势特殊性所表达出的美感，也会给观众带来美的享受。

## 第三节　奥林匹克运动

### 一、古代奥林匹克运动会

在人类历史长河中，古代奥林匹克运动会（以下简称古代奥运会）可以说是最为悠久的社会文化现象之一。古代奥运会可以追溯到公元前 11 世纪，但直到公元前 776 年才有正式文字记载。公元前 776 年，在人们渴望和平、自由生活的要求下，古希腊伊利斯国王与斯巴达国王等签订了“神圣休战”协定，并决定在奥林匹亚宙斯神庙前举办祭祀活动和第一届古代奥运会，以后每四年举办一届奥运会。协定规定：奥林匹亚山区是神圣的无战火区，凡是携带武器进入奥林匹亚的人都将被视为背叛了神的人，应当受到惩罚。有力量而不惩罚这种背叛神的人，也被认为是对神的背叛。公元前 8 世纪的古希腊，奴隶制城邦林立，在只有几万平方千米的土地上，建立了 200 多个城邦国家。各城邦为夺取财富和奴隶，战争不断，但各城邦不管任何时候进行战争，均不允许侵入奥林匹亚山区。如果战争发生在奥运会举办期间，作战双方都必须宣布停战，待奥运会结束后才可以继续战斗。古代奥运会召开之前，首先由特使们分赴各城邦和地区，通知开会日期和有关注意事项，宣布“神圣休战”开始。各城邦接到通知后，即着手准备参加盛会。运动会开幕前几天，人们从四面八方来到伊利斯的奥林匹亚，欢呼歌唱，为平静的奥林匹亚披上了节日的盛装，整个希腊沉浸在和平、友好、欢乐的气氛中。古代奥运会曾被誉为和平、自由的代表，是独立于战争环境之外的和平与友谊的盛会。它的盛况大大超出了竞技比赛的范围，内容丰富多彩，形式多种多样，是古希腊的综合盛会，而各项比赛的冠军均被视为英雄，有的甚至被当作神灵受到崇拜。

截至公元 394 年，古代奥运会历时 1100 多年，共举办了 293 届，是人类文明史上的一大奇迹。每届奥运会均在能容纳 5 万观众的奥林匹亚运动场上举办。最初只有短跑一项比赛，后来逐渐增加了长跑、跳远、标枪、铁饼、角力和五项全能（赛跑、跳远、标枪、铁饼和角力）、拳击、赛马等运动项目。

在古代奥运会期间，不仅进行体育比赛，而且为学者、诗人、音乐家和艺术家举办文艺会演，所以古代奥运会有力地促进了体育、艺术的交流与发展，给人类文化生活增添了优美绚丽的色彩。公元前 2 世纪，罗马征服了希腊，闻名于世的古代奥运会走向衰落。公元 4 世纪，统治了希腊的罗马皇帝狄奥多西一世宣布基督教为国教，因此把祭祀宙斯的古代奥运会当作异教活动。为了维护罗马对希腊的统治、巩固基督教的地位，公元 394 年，笃信基督教的罗马皇帝狄奥多西一世以异教之罪名废止了古代奥运会。公元 436 年，其后继者狄奥多西二世又下令烧毁奥林匹亚的大部分建筑与设施。公元 551 年和公元 552 年的特大洪水和两次强烈地震，将奥林匹亚毁灭殆尽。象征古希腊文明的灿烂文化，就这样被人祸与天灾彻底地埋葬了。

## 二、现代奥运会

### （一）现代奥运会起源

现代奥林匹克运动创始人是法国人皮埃尔·德·顾拜旦。顾拜旦热衷于教育和体育事业，擅长曲棍球和足球运动，自青年时代就关心法国教育，决心推动法国教育改革，把体育竞赛引入学校教育。1892 年，他遍访欧洲各国，宣传奥林匹克理念。1892 年 11 月 25 日，他发表了“复兴奥林匹克运动”的著名演说。1893 年，顾拜旦建议举办类似古代奥运会的比赛，但不照搬模式，把过去只限希腊人参加的古代奥运会扩大到世界范围，他为恢复奥运会而召开了第一次国际体育会议。1894 年 1 月，他草拟了恢复奥运会的技术细节，致函各国征求意见，顾拜旦和他的支持者们还通过各国驻巴黎使馆，同国际社会上的政治家和社会活动家广泛联系。1894 年 6 月 16 日至 24 日，国际体育运动代表大会在巴黎索邦神学院举行。顾拜旦的精心设计和主持，唤起了与会者对古代奥运会的向往，与会代表一致同意顾拜旦的主张，决定复兴奥林匹克运动，并通过了复兴奥运会的决议。6 月 23 日，大会通过了成立国际奥委会的决议，顾拜旦从 79 名正式代表中挑选 15 人担任第一届国际奥林匹克委员会委员。大会还决定由奥运会举办国的国际奥委会委员担任国际奥委会主席。首届奥运会于 1896 年在希腊首都雅典举办，希腊委员维凯拉斯当选第一任主席，顾拜旦为秘书长。大会规定沿袭古代奥运会传统，每四年举办一届，还通过了遵循“业余运动”的决议。大会规定在奥运会上只授予优胜者荣誉奖，不得以任何形式给运动员发金钱或其他物质奖励。大会还规定了奥运会的比赛项目为田径、水上运动、游泳、划船、帆船、击剑、摔跤、拳击、马术、射击、体操、球类运动等。现代奥运会继承和发展了点燃圣火、火炬接力、运动员和裁判员宣誓及授奖仪式，并创立了开幕式、闭幕式、运动员入场式、升降和交接会旗等仪式。

### （二）夏季奥运会

自 1896 年举办第一届夏季奥运会至今，现代奥运会尽管经历了不少坎坷，但仍然发展成为全世界人民最热爱、最关注、最有影响的体育竞赛。截止到 2016 年里约奥运会，按四年一届计算，夏季奥运会已举办了 31 届，但实际举办过 28 届，两次世界大战使得第六届、第十二届和第十三届奥运会停开。以 2016 年里约奥运会为例，其共设有 28 个大项、306 个小项的比赛项目。竞赛时间包括开幕式在内不得超过 16 天。根据国际奥委会的规定，得到国际奥委会承认的各国家单项体育组织及其所管辖的运动项目，才能列入奥运会比赛。同时，列入奥运会比赛的男子项目至少要在三大洲 40 个国家和地区广泛开展，女子项目至少要在两大洲 25 个国家和地区广泛开展。

（三）冬季奥运会

1992 年以前，在举办夏季奥运会的同一年，也举办冬季奥运会。这一做法始于 1908 年的第四届奥运会，当时的比赛项目只有花样滑冰和冰球。后因一些国家和地区奥委会的反对，使冬季奥运会中断近 20 年。经顾拜旦主席的多方工作和努力，在 1925 年的国际奥委会会议上，重新讨论恢复冬季奥运会的问题，会上正式决定举办冬季奥运会，并规定在夏季奥运会的同一年举办，每四年一届。但届数按实际举办的次数计算，并决定把 1924 年在法国夏蒙尼举办的第八届奥林匹亚国际体育周的冰上运动会作为第一届冬季奥运会。1986 年，国际奥委会决定从 1994 年起，将冬季奥运会和夏季奥运会分开，每两年间隔举行。截止到 2014 年，冬季奥运会已实际举办了 22 届。冬季奥运会的主要比赛项目有现代冬季两项（滑雪和射击）、滑雪（高山滑雪、越野滑雪、跳台滑雪、自由式滑雪）、冰球、滑冰（速度滑冰、花样滑冰、短道速滑）、雪橇（有舵雪橇、无舵雪橇）、雪板和冰壶等。赛期包括开幕式在内不超过 16 天。根据国际奥委会的规定，要列入冬季奥运会比赛的男子项目至少需要在两大洲 25 个国家和地区广泛开展，女子项目至少需要在两大洲 20 个国家和地区广泛开展。

（四）残奥会

残疾人奥林匹克运动会（简称“残奥会”），始办于 1960 年，由国际奥委会和国际残疾人奥林匹克委员会主办。1988 年，国际奥委会决定，夏季奥运会和残奥会必须在同一城市举行。2000 年，国际奥委会和国际残奥委会签署协议规定，申办奥运会的城市必须同时申办残奥会；奥运会后一个月内，在奥运会举办城市的奥运场地举行残疾人奥运会。截至 2016 年，已举办了 15 届夏季残奥会。冬季残奥会自 1976 年以来，截至 2016 年已举办了 11 届。

## 三、神圣的奥林匹克运动

（一）国际奥林匹克委员会

国际奥林匹克委员会（简称“国际奥委会”），是世界上最有影响力的国际体育组织，它是于 1894 年 6 月由法国人顾拜旦发起并在巴黎成立的，总部设在瑞士洛桑。它是一个有法律地位和永久继承权的法人团体，它对奥林匹克运动会拥有一切权力，只有它有权选择和决定举办奥运会的城市，管辖奥林匹克运动。其宗旨是：在奥林匹克理想指导下，鼓励组织和发展体育运动、体育竞赛；促进和加强各国运动员之间的友谊；保证按期举办奥运会；反对奥林匹克运动会中的任何歧视；领导反对运动中使用兴奋剂的斗争；反对从政治上、商业上滥用运动和运动员的行为；支持国际奥林匹克学会和它致力于奥林匹克教育的机构。国际奥委会挑选它认为有资格的人担任委员。委员必须懂英语或法语，其居住国应有被国际奥委会承认的国家奥委会，委员应是该国公民。一个国家只能有一名委员，但是国际奥委会认为那些积极开展奥林匹克运动和举办过奥运会的国家可拥有两名委员。另外，不是每一个国家奥委会都可以有一名国际奥委会委员。国际奥委会与各国际单项体育组织之间也属承认与被承认关系，只有被国际奥委会承认的单项体育组织，其所管辖的运动项目才能列为奥运会比赛项目。

（二）奥林匹克运动

奥林匹克运动是以促进人的生理、心理和社会道德全面发展，沟通各国人民之间的感情，在全世界普及奥林匹克主义，维护世界和平为目标的国际社会运动。它以《奥林匹克宪章》为依据，以体育运动和四年一度的奥林匹克盛典为主要活动内容。它包括三大体系，即以奥林匹克主义为核心的思想体系，以国际奥委会、国际单项体育联合会和各国或地区奥委会三大支柱为骨干的组织体系，以及以奥运会为周期性盛典的活动内容体系。

（三）奥运会火炬

1912 年顾拜旦提出燃烧圣火的建议，1928 年在荷兰举办的第九届奥运会的开幕式上，第一次点燃了象征团结、和平、友谊的圣火。以后无论哪个国家举办奥运会，都要进行隆重的火炬点燃仪式。每届奥运会前夕，在奥运会发源地奥林匹亚希腊女神赫拉庙前举行点火仪式，然后火种由各个国家和地区的运动员一程一程地向东道国传递（2009 年 3 月，国际奥委会决定从 2010 年温哥华冬奥会开始，火炬传递在主办国的境内进行）。传递的火炬于奥运会开幕前一天到达举办城市，开幕式时进入会场，一般由东道国的著名运动员接最后一棒，火炬进入主会场绕场一周，最后点燃高大雄伟的火炬塔圣火，一直燃烧到运动会闭幕时。

（四）奥运会会徽

奥运会的会徽由 5 个从左向右颜色依次为蓝、黄、黑、绿、红的相套圆环组成，是奥运会最具权威的形象标志。无论是夏季奥运会，还是冬季奥运会，举办国都以奥运会五色环会徽为基础来设计自己所举办奥运会的会徽。根据《奥林匹克宪章》规定，各主办国设计的会徽，未经奥运会组委会同意，不得用于广告和商业服务。这一规定保证了奥运会会徽的严肃性和权威性。奥运会的会徽已逐渐成为一种精巧的艺术品和宣传品。

（五）奥运会会旗

1914 年 6 月，国际奥委会在巴黎召开第 16 届全会，会议于 6 月 23 日闭幕，而这一天正是国际奥委会成立 20 周年纪念日。国际奥委会主席顾拜旦向与会委员们献上了自

己的杰作——国际奥委会会旗，它由洁白的底色和蓝、黄、黑、绿、红五个相套的圆环组成。顾拜旦阐述了这面会旗的象征意义：蓝、黄、黑、绿、红五环代表以奥林匹克精神参赛和五大洲。此外，这 6 种颜色（包括白的底色）毫无例外地包含了世界各国的国旗颜色，它显然是一种国际性的标志。这面旗帜所代表的奥林匹克精神和奥林匹克运动，给世界文化带来了新的生命力和新的内涵，给这个被困惑与挑战所充斥的世界带来了崭新的希望。这面庄严的五环旗体现了人类对自身局限性的超越和对美好未来的追求，它使不同理想、不同信念的人们聚集在奥林匹克运动中，并促使奥林匹克运动发展成未来最伟大的社会力量之一。1979 年，国际奥委会强调，五个圆环的含义象征五大洲的团结，全世界的运动员以公正、坦率的比赛和友好的精神在奥运会上相见。

### （六）奥林匹克主义

奥林匹克主义是奥林匹克运动和奥林匹克运动会的指导思想，是一种将身心和精神方面的各种品质均衡地结合起来，并使之得到提高的人生哲学。其主要内容如下：

（1）奥林匹克主义的中心思想是人的和谐发展；

（2）奥林匹克主义强调人的和谐发展的关键是生活方式的改善；

（3）奥林匹克将体育运动作为人的和谐发展的途径；

（4）为达到人的和谐发展目的，体育运动必须与教育、文化相结合；

（5）奥林匹克主义强调奥运选手的榜样作用。

### （七）奥林匹克运动的精神和主要内容

互相了解、友谊、团结和公平竞争是奥林匹克的精神。它强调对文化差异的包容和理解，强调相互了解、友谊和团结，强调竞技运动的公平与公正。

### （八）奥林匹克格言

奥林匹克格言是“更快、更高、更强”。它充分表达了奥林匹克运动不断进取、永不满足的奋斗精神和不畏艰险、勇攀高峰的拼搏精神。对自己永不满足，不断战胜自己、超越自己，实现新的目标，达到新的境界。

### （九）奥林匹克运动宗旨

《奥林匹克宪章》中的“基本原则”部分指出，奥林匹克运动的宗旨是通过没有任何歧视、具有奥林匹克精神的体育活动来教育青年，从而为建立一个和平的、更美好的世界作出贡献。

### （十）奥林匹克会歌

1896 年，在雅典第一届奥运会的开幕式上，希腊国王乔治一世宣布奥运会开幕后，合唱队唱起了一首庄严而动听的歌曲——《奥林匹克圣歌》。这是一首古希腊歌曲，由希腊人萨马拉斯作词、帕拉玛斯谱曲，但当时未确定其为奥运会会歌。此后的历届奥运会均由东道主确定会歌，未明确统一的会歌。国际奥委会于1958年在日本东京举行的第55次全会上，确定将《奥林匹克圣歌》作为奥林匹克会歌，其乐谱存放于国际奥委会总部。

（十一）勋章

国际奥委会除了给运动员颁发金、银、铜三种奖牌外，还颁发奥林匹克勋章。奥林匹克勋章于1974年开始设立，也分为金、银、铜质三种，授予对发展奥林匹克思想、在世界体育运动中取得显著成就或对奥林匹克事业有显著贡献的人，但国际奥委会现任成员不在此列。金质勋章一般只授予为发展体育运动、宣传奥林匹克理想作出重要贡献的国家领导人、已退休的国际奥委会领导人；银质勋章授予在奥林匹克运动中建立了功绩的奥林匹克优秀选手，国家或地区奥委会与体育界领导人，以及其他知名人士；铜质勋章授予在奥运会或体育工作中取得显著成绩的运动员或体育工作者。

（十二）国际奥委会总部

国际奥委会总部设在瑞士洛桑。1894年国际奥委会成立时，其总部设在法国巴黎。1914年第一次世界大战爆发后，为避免战火洗劫，总部于1915年4月10日从法国巴黎迁往中立国瑞士的洛桑。现总部大楼白色大门用希腊大理石修建，门楣上镶嵌着奥林匹克五环标志。

（十三）奥林匹克名言

“参与比取胜更重要”是奥林匹克运动广为流传的名言，这是顾拜旦于1908年7月24日在第四届伦敦奥运会上提出的。“参与”是奥林匹克运动的基础，没有大量民众参与奥林匹克运动，就谈不上奥林匹克思想、原则、理想的实现。而“参与”就是要怀着“更快、更高、更强”的目标去奋进，这才是真正的参与，才真正符合奥林匹克精神。

## 四、中国与奥运会

（一）旧中国与奥运会

1932年，第十届奥运会在美国洛杉矶举办。中国现代竞技体育的先驱者、东北大学学生刘长春代表4.5亿中国人首次参加奥运会，这是让世界了解中国体育和让中国了解世界体育的开端。刘长春参加了100米和200米比赛，由于经过了20多天的长途跋涉，体力消耗很大，未能进入下一轮比赛。之后，中国又参加了第十一、第十四届奥运会，都没有取得好成绩。旧中国的体育事业落后，运动技术水平低，在三届奥运会上均未获得名次。

### （二）新中国与奥运会

#### 1. 恢复中国在国际奥委会的合法席位

中华人民共和国成立后，1952 年在芬兰召开的国际奥委会会议，以多数票同意邀请中国运动员参加第十五届奥运会。中国代表团到达赫尔辛基时，距奥运会闭幕仅有 5 天时间，只有游泳选手吴传玉赶上了 100 米仰泳比赛，他成为新中国第一个正式参加奥运会比赛的运动员。1954 年，在希腊雅典举行的国际奥委会第 49 届全会，再次讨论了中国代表权问题，并最终以 21 票对 3 票通过了决议，承认“中华全国体育总会”为中国国家奥委会。1956 年，国际奥委会在邀请中国参加第十六届奥运会的同时，也邀请了中国台湾以所谓的“中华民国”的名义参加。在当时的国际政治大环境中，中国无法改变国际体坛的不合理状况。为了坚决抵制“两个中国”的阴谋，为了维护国家的神圣主权，1958 年 8 月 19 日，中华全国体育总会（中国奥委会）发表关于同国际奥林匹克委员会中断关系的声明。该声明指出，国际奥委会在少数人的操纵下，蓄意违反了自己的宪章，图谋在体育界制造“两个中国”的局面。中国奥委会严正声明不再承认国际奥委会，并中断同它的一切关系。1979 年 10 月 25 日，国际奥委会在日本名古屋市举行执委会会议，会上一致通过了恢复中国在国际奥委会合法席位的决议，会议确认中华人民共和国奥委会为中国全国性奥委会，正式名称为“中国奥林匹克委员会”，会址在北京，使用中华人民共和国的国旗和国歌。设在中国台北的奥委会将作为中国的一个地方性机构留在国际奥委会内，正式名称为“中国台北奥林匹克委员会”，会址在中国台北，不得使用原来的歌、旗和徽记，其新的会旗、会歌和会徽均须经国际奥委会执委会的批准。时任中国奥委会主席的钟师统宣布，中国奥委会接受国际奥委会决议，并将参加 1980 年奥运会（后因故没有参加）。中国在国际奥委会的合法席位最终得到公正、圆满地解决，中国与国际奥委会的正常联系得到恢复。1981 年 3 月 23 日，中国台北奥委会根据与国际奥委会的协议，同意改名、改旗、改徽。

#### 2.“零”的突破

第二十三届奥林匹克运动会于 1984 年 7 月 28 日至 8 月 12 日在美国洛杉矶市举办。中国派出强大阵容参加了这届奥运会，中国体育代表团一行 353 人，其中 225 名运动员参加了田径、游泳等 16 个项目的比赛，中国台北奥委会也派出 67 名运动员参加了田径、游泳、举重等项目的比赛，这是海峡两岸儿女首次在夏季奥运会上相逢。1984 年 7 月 29 日，这是中国人民永远难忘的一天，是中国体育史上值得庆贺的一天，中国射击选手许海峰在男子自选手枪比赛中以 566 环的成绩获得冠军，在中国奥运史上写下了新的一页，为中国夺得自 1932 年参加奥运会以来的第一枚金牌，实现了中国奥运史上金牌榜“零”

的突破，让中国的五星红旗第一次在奥运赛场上升起，奏响了中华人民共和国国歌；第一个为出征夏季奥运会的中国体育代表团赢得了荣誉。时任国际奥委会主席萨马兰奇闻讯赶来，主持颁奖仪式。中国另一名运动员王义夫获该项目铜牌。由于射击场只为中国队准备了一面国旗，不得不临时再去取一面，这样颁奖仪式推迟了40分钟。萨马兰奇宣布："中国人获得本届奥运会第一枚金牌。这是中国体育史上伟大的一天，我为能亲自把这枚金牌授给中国运动员而感到荣幸。"奥运会后，许海峰将这枚金牌献给国家，陈列在中国革命博物馆（现中国国家博物馆）。

3. 折戟汉城

1988年9月17日至10月2日，第二十四届奥运会在韩国汉城（现中文名为首尔）举办。来自161个国家和地区的运动员参加了本届奥运会，中国派出540人参加了除曲棍球、马术以外的21个大项比赛，准备在1988年汉城奥运会上再展雄风。舆论界也发表了大量的评论，赞扬之声多于理智的分析，认为中国运动员在该届奥运会上能夺得更多的金牌。在此背景下，中国代表团带着上一届奥运会夺得15枚金牌的荣耀和包袱，走向了奥运会21个项目的竞技场。本届奥运会，中国代表团只获得5枚金牌、11枚银牌、12枚铜牌。

4. 再创历史辉煌

1992年7月，第二十五届奥运会在西班牙巴塞罗那举办。中国运动员共获得16枚金牌、22枚银牌、16枚铜牌的优异成绩，金牌总数名列第四位。1996年7月19日至8月4日，第二十六届奥运会在美国亚特兰大举办，中国代表团团结拼搏，获得了16枚金牌、22枚银牌、12枚铜牌的可喜成绩，金牌榜、奖牌榜均列第四位，实现了冲击第二集团首位的预定目标。2000年第二十七届悉尼奥运会，中国奥运代表团在所参加的24个项目中，获28枚金牌、16枚银牌、15枚铜牌，列金牌榜第三位。2004年第二十八届雅典奥运会，中国代表团获得了32枚金牌、17枚银牌、14枚铜牌，列金牌榜第二位。特别是男子110米栏运动员刘翔，创造了亚洲人在该项比赛获金牌的历史，为中国增光添彩，受到全世界的瞩目，同时唤起了人们强烈的民族自豪感，激励了中华民族自强不息的进取精神。2008年8月8日至24日，第二十九届夏季奥运会在北京举办，中国奥运代表团实现了历史性突破，奥运会结束时以51枚金牌的成绩居金牌榜榜首，并获得21枚银牌、28枚铜牌。2012年，在第三十届伦敦奥运会上，中国代表团共获得38枚金牌、27枚银牌、23枚铜牌，获金牌榜第二位和奖牌榜第二位的好成绩，并创6项世界纪录、6项奥运会纪录。2016年，第三十一届夏季奥运会在巴西里约热内卢举办，中国代表团共获得26枚金牌、18枚银牌、26枚铜牌，奖牌总数70枚，列金牌榜第三位和奖牌榜第二位。

# 第四章 职业分类与体育锻炼

## 第一节 体育与职业人的发展

### 一、体育塑造职业人的健康体魄

现代科学技术在社会生活中的应用，使人们的生产和生活方式都发生了极大的变化，繁重的体力劳动大大减少，脑力劳动的比重逐步增加。在动作技能上，过去那种大幅度、高强度的劳动动作，被由小肌肉群参加的小动作所取代；劳动过程中，要求人们灵活、准确、协调地控制生产，快速而准确地判断和处理许多仪表的数据，有时还要求屏住呼吸，注视屏幕或凝神细看。这些都使劳动者的大脑在生产过程中长时间地高度集中，而这种集中要比单纯的肌肉活动对人体的要求更高，更容易使人疲劳，更需要进行生理上和心理上的调节。

体育对人的身心发展发挥着重要作用。第一，体育锻炼能促进人脑清醒、思维敏捷。长时间脑力劳动，会使人感到头昏脑涨，这是由于大脑供血不足和缺氧所致。而进行体育锻炼可使疲劳的大脑获得积极休息，改善大脑的供血情况，使大脑保持正常的工作能力。另外，随着人的年龄增长，脑细胞会逐渐衰亡，大脑功能下降，致使人脑变得越来越迟钝，但从事体育运动可以延缓这种衰老的过程。美国斯坦福大学的医学专家对 24 ～ 50 岁经常跑步的人进行了调查，发现随着年龄的增长，他们大脑迟钝的现象并不明显，这从一定程度上反映了体育锻炼能使年龄增加的人继续保持大脑的清醒、思维的敏捷。第二，体育锻炼能促进血液循环，提高心脏功能。实践证明，经常从事有氧运动，能使心脏产生运动性肥大，心肌增厚，收缩有力，心搏徐缓，血容量增大，这就大大减轻了心脏的负担，从而减少了冠心病、脑中风等现代“文明病”发生的概率。第三，体育锻炼能调节心理，使人朝气蓬勃，充满活力。从事体育活动，特别是从事那些自己感兴趣的运动项目，能使人产生一种非常美妙的情感体验，使人心情舒畅、精神愉快。运动的激励还可以增强自尊心、自信心和自豪感，增添生活情趣。运动还能调整某些不健康的心理和不良情绪，缓解现代社会所带来的精神压力，消除紧张情绪。最后，参加体育锻炼还能提高人体对外界的适应能力、应变能力，使人善于应对各种复杂多变的环境。

## 二、体育培养职业人的竞争意识

竞争意识是现代职业人必备的心理品质。美国普林斯顿大学在一份研究报告中指出：现代的生产及生活方式，更接近于体育中的比赛，在机会相等的条件下，谁的节奏更快些、竞争意识更强些，谁就更有可能占据优势。英国生物学家达尔文证实了生物的进化过程遵循着适者生存、不适者淘汰的自然规律，这是社会和自然界发展变化的基本法则。体育的竞争持续性恰恰体现了这一法则，只有竞争才有发展，只有竞争才有进步。

随着我国市场经济的建立，人们的生活方式、行为方式和价值观念等都发生了巨大的变化，安于现状的行为难以适应社会的这些变化。要在竞争中取胜，就必须敢于面对竞争、参与竞争。积极的竞争意识是成功者必备的素质。体育竞赛强调规则的完整性和准确性，一旦认可，任何人必须遵守，并据此竞争和创新。体育竞赛强调机会均等，大家站在同一“起跑线”上，要求每个人尽自己最大努力去争取、去把握，从而增强了参加者的竞争意识。体育竞赛摒弃了论资排辈、门第世袭等封建专制的遗毒，给人带来特有的健康向上的竞争意识，成为不可替代的现代化的精神动力。

## 三、学校体育与职业岗位体能的关系

学校体育作为教育的有机组成部分，同样肩负着培养21世纪竞争人才的重任。为了适应激烈复杂的人才竞争，除了具备扎实的专业知识和正确的价值观、人生观外，还必须具备较强的抗挫折能力、遭到失败打击后的心理承受能力、吃苦耐劳的抗疲劳能力、广泛合作的交际能力。只有具备了以上各方面的能力，才能在激烈的人才竞争中立于不败之地，才能在高效率、快节奏的社会工作和生活中求得生存。学校体育以其自身固有的价值和属性，在物质生活不断丰富的今天，越来越显现出无与伦比的特殊作用。当今社会，环境污染日益严重，生态平衡不断遭到破坏，无情地吞噬着人类日益消退的原始能力，致使人们的健康水平受到威胁。因此，为了提高人们对现代生活的适应能力，防止因运动不足导致各种“文明病”的发生，要重视学校体育的作用。

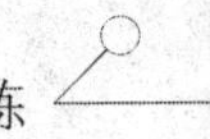



作为高等教育的一个重要类型，高等职业教育人才培养模式的基本特点是：以培养高等技术应用型专门人才为根本任务，以适应社会需要为服务目标，以培养技术为主线，强调学生应具有适度的基础理论知识、较强的技术应用能力、较宽的知识面和较高的综合素质。

（一）未来职业劳动的工作特点

高职学生今后工作的特点是脑力劳动和体力劳动的相结合。根据职业特点，其身体姿态相对固定。不同类型和工种的职业之间，劳动强度存在很大差异。因劳动环境的关系，其往往会受到一些空气或环境污染。此外，一些工作岗位需要某些身体部位进行重复性活动，很容易造成这些部位负荷过重，产生过度疲劳，甚至诱发职业病。

（二）职业劳动不能代替体育锻炼

人们往往把职业劳动和体育锻炼相提并论，认为职业劳动可以代替体育锻炼，这是非常错误的看法。职业劳动和体育锻炼有很多本质性的不同。

1. 目的不同

体育锻炼的主要目的是增进身体健康；职业劳动的主要目的是发展生产，创造劳动财富。

2. 心态不同

体育锻炼愉悦身心，累并快乐着；职业劳动要赶时间、赶进度完成工作任务，易累得疲惫。

3. 环境不同

体育锻炼一般在户外自然环境中进行，可以呼吸新鲜空气，可以沐浴阳光；职业劳动大多在室内，空气不流通，甚至经常受到一定污染。

4. 负荷不同

体育锻炼的负荷可以根据不同个体的年龄、性别、体质状况、季节、天气等因素而灵活掌握，职业劳动的负荷根据不同职业的特点而有不同要求。

5. 活动部位不同

体育锻炼可以全面锻炼身体，对人体各器官系统都产生良好作用，而且锻炼形式多种多样；职业劳动往往工作单一，从事某一职业，长期进行某些部位的重复劳动，很容易造成该部位负荷过重、过度疲劳，甚至诱发职业疾病。因此，我们要清醒地认识到，职业劳动不能代替体育锻炼，职业劳动者要积极参加体育锻炼，以提高健康水平，预防职业病。

## 第二节　职业体能分类与训练手段

### 一、开展职业岗位体能训练的作用

职业岗位体能训练是指以身体练习为基本手段，根据职业人在从事职业工作和活动时对一般身体素质和基本活动能力的特殊需要而开展的旨在保障身体活动水平、工作水平和社会适应能力的专门性教育途径和手段。开展职业实用性体能训练，可以充实和完善对职业活动有益的基本活动能力和身体素质储备，强化发展与职业相关的身体能力及相关能力，并在此基础上保障身体活动水平的稳定性，提高机体对不良劳动环境条件的耐受力和适应能力，以此保持和增进未来劳动者的健康。

### 二、职业岗位体能训练的途径与运用

（一）职业岗位体能训练的途径

第一，一般实用性练习。借助它可以形成在一般职业活动条件下和可能出现的极端情况下使用的运动技能。

第二，职业实用性体操和职业实用性运动项目。职业实用性体操，不仅要符合职业活动的要求，而且必须预防职业活动对身体状况和姿势所造成的不良影响。职业实用性运动项目则无论是在操作方式还是在身体能力方面，均需与职业特点相适应。

第三，自然环境的锻炼。自然环境的锻炼，对提高机体适应力水平和抵抗职业活动特殊条件的不良影响是十分必要的。

第四，辅助性或针对性练习。根据职业活动对身体素质和技能的特殊要求，加强不同职业活动中身体活动方式的辅助性或针对性练习，可以提高职业活动时的身体素质与心理素质。

（二）职业岗位体能训练的运用

职业岗位体能训练的手段，主要采用一般体育运动和竞技运动中各种各样的身体练习动作，以及根据职业活动的特点进行改造和专门设计的练习动作。许多劳动类型是采用细小的动作、局部性的动作和区域性的动作，其本身无论如何都不能有效地发展身体运动能力。当然，职业实用性身体训练并不是一味地排斥模仿劳动活动的某些特点。但是，

模仿并不是简单地在形式上对劳动动作的照搬，而主要是有针对性地练习对于职业而言必要的身体机能能力、运动能力及其他相关能力。这些练习直接决定着具体职业活动的效果。

## 三、职业岗位体能训练的基本内容

### （一）根据职业岗位工作的身体姿势进行分类

根据职业岗位工作身体姿势的不同，可将职业划分为伏案型、站立型和综合型（表4–1）。以伏案型为例，其包括文秘、金融、家电维修等职业，大多以脑力活动为主，在室内坐着进行较长时间的活动。若没有充沛的体力、精力和注意力，长时间的伏案工作容易导致精神紧张、身体酸痛等不良反应。对此，可进行颈部旋转运动、手臂旋转运动等定位运动，以及俯卧撑、对墙倒立等活动性练习，予以缓解。

**表 4–1　　按身体姿势进行分类的职业体能训练内容**

| 职业类型 | 职业示例 | 工作特征 | 体能的特殊要求及不良影响 | 体能训练的主要手段 |
| --- | --- | --- | --- | --- |
| 伏案型 | 文秘、金融、家电维修、计算机信息、财务会计、管理等 | 大多在室内较长时间坐着进行职业活动，以脑力劳动为主 | 能较长时间保持充沛的体力、精力和注意力，敏捷地进行相对静止状态的脑力劳动<br>长时间工作容易导致精神紧张、体力不支、代谢水平降低，眼睛、脖子、背部酸痛，反应迟钝，肠胃功能降低等不良反应 | 定位运动：（1）颈部旋转运动，（2）手臂旋转运动，（3）双臂背后拉伸，（4）耸肩运动，（5）扩胸运动，（6）体侧运动，（7）体转运动，（8）扭髋运动<br>活动性练习：（1）俯卧撑，（2）对墙倒立，（3）仰卧举腿，（4）健身跑 |
| 站立型 | 警察、烹饪、机械制造、纺织、化工、建筑等 | 在特殊环境中工作，以站立或行走为主要身体姿势 | 需具有较强的体魄、充沛的体力、良好的心理素质以及在不利环境中保持职业性工作的能力<br>长时间工作容易患静脉曲张、关节炎、髌骨和腰肌劳损、腰椎间盘突出症，甚至出现驼背、塌腰、屈膝等职业病 | 定位运动：（1）伸展运动，（2）体前屈运动，（3）抱膝运动，（4）旋转运动，（5）捶击双臂，（6）拍打双腿运动，（7）合脚掌压膝<br>活动性练习：（1）长跑，（2）仰卧起坐，（3）登山，（4）健身练习，（5）站立起踵，（6）拔背行走，（7）向后行走 |
| 综合型 | 地质、海洋、交通运输、营销、护理等 | 无固定身体姿势 | 具有充沛的体力以适应连续工作的要求，对身体各部位的协调性和灵活性要求较高<br>长时间工作对身体的影响是多方面的，其疲劳多为全身性的 | 定位运动：（1）上肢运动，（2）下蹲运动，（3）体侧运动，（4）体转运动，（5）腹背运动，（6）全身运动<br>活动性练习：（1）立卧撑，（2）仰卧举腿，（3）游泳，（4）健身运动，（5）定向越野 |

资料来源于胡振浩、张溪、田翔：《职业体能训练》，北京：高等教育出版社，2008 年。

### （二）根据职业体能的任务进行分类

不同职业活动的体能的需求各不相同，因此其训练任务和内容也就各不相同。以发展体能的体能需求为例，可采取有氧运动的相应训练手段，如游泳、慢跑、骑自行车等，最大心率控制在 150 ～ 160 次 / 分钟。其他各种特殊体能训练需求的训练手段、活动方式与作用，详见表 4–2。

**表 4–2　按职业体能任务进行分类的职业体能训练内容**

| 特殊体能需求 | 训练手段 | 活动方式与作用 |
| --- | --- | --- |
| 塑造健美形体、发展腰背肌力量、发展颈部肌力量 | 健身运动、健美运动 | 健身与健美运动是根据职业工作中特殊身体素质的需求，利用器械设备，为发展身体腰背肌肉力量和颈部肌肉力量而进行的身体锻炼或训练<br>女性以有氧运动（平衡操、健美操、仰卧起坐等项目）为首选，并可考虑自身的体型，如瘦高者多做投掷、器械操等，矮胖者多练习跳远、短跑、单杠、引体向上等 |
| 发展手指灵巧性，上肢动、静力耐力，躯干肌力量 | 综合运动 | 两手耍网球，篮球运球、投篮，哑铃、实心球、橡皮减震器、体操凳和肋木练习，杠铃、壶铃练习，举重和搬运重物，投掷小球、推铅球等球类运动动作，运动准确性和灵活性练习，注意力游戏，体操、击木游戏、冰球 |
| 反应速度、动作速度、防卫能力 | 跆拳道、防身术、安全教育 | 培养由外来暴力或自然因素引起的，在国家财产受到侵害或人身安全受到威胁时具有的迅速反应能力、应急能力、随机应变能力、安全防卫能力以及擒拿格斗技能，较熟练地掌握格斗技术 |
| 发展体能 | 有氧运动 | 运用身体大肌肉的有氧运动，如游泳、慢跑、骑自行车等，最大心率控制在 150 ～ 160 次 / 分钟。这类运动较不激烈，但对体能的提升很有帮助，最好每个星期至少 3 天，每次至少做 20 ～ 30 分钟，建议骑自行车上下班 |
| 抗眼疲劳 | 运动按摩 | 将无名指的指尖放在太阳穴上，轻轻地使力按压 5 次。然后合上双眼，将无名指及中指的指尖放在上眼的眼睑处，由眼头位置开始轻轻按压至眼尾，重复动作 7 ～ 8 次，从而促进眼部血液循环，加快消除生理性疲劳。建议每隔 1 小时做一次 |
| 发展体能 | 非隔网球类项目 | 通过非隔网性球类项目（如篮球、足球等），在充分发展体能的同时，对培养团结协作精神、提高竞争能力和遵守行为规范的意识有积极作用，建议每周活动一次 |
| 工作耐力、运动减肥 | 跳绳运动 | 跳绳能增强人体心血管、呼吸和神经系统的功能，可以预防诸如糖尿病、关节炎、肥胖症、骨质疏松、高血压、肌肉萎缩、高血脂、失眠症、抑郁症、更年期综合征等多种病症，也有利于女性的心理健康<br>从运动量来说，持续跳绳 10 分钟，与慢跑 30 分钟或跳健身舞 20 分钟相差无几，可谓耗时少、耗能大的有氧运动。在业余休闲时间，初学时，在原地跳 1 分钟，3 天后即可连续跳 3 分钟，3 个月后可连续跳 10 分钟，半年后每天可实行“系列跳”（如每次连跳 3 分钟，共 5 次），直到一次连续跳半小时。一次跳半小时，就相当于慢跑 90 分钟的运动量，已是标准的有氧健身运动 |

资料来源于胡振浩、张溪、田翔：《职业体能训练》，北京：高等教育出版社，2008 年。

# 第三节　职业岗位体能训练的主要练习方法

## 一、一般身体素质练习

结合职业活动中力量素质、速度素质、耐力素质、柔韧素质和协调素质的练习方法，提高学生一般身体素质的主要练习方法有以下四种。

1. 发展上肢、肩带肌群力量的练习

（1）俯卧撑

动作方法：俯卧，两足跟并拢，脚前掌着地，两手撑地与肩同宽，四指向前，收臀紧腹，连续臂屈伸。

（2）斜身引体

动作方法：仰卧，两臂与肩同宽，手正握低单杠，收腹挺胸，屈两臂引体使胸部贴单杠，然后伸直两臂还原成仰卧开始姿势，如此重复进行。

（3）坐撑举腿

动作方法：坐立，两手体后撑，两腿屈膝并拢，向上交替或同时举两腿。

（4）立卧撑

动作方法：由直立姿势开始，下蹲两手撑地，伸直腿成俯撑，然后收腿呈蹲撑姿势，再还原成直立。

2. 灵敏性练习

（1）各种游戏；（2）各种不同方向的变向跑；（3）进行篮球、足球或手球比赛；（4）垫上前滚翻、后滚翻、横滚、向左右侧滚、跪跳起等；（5）各种跳绳；（6）各种越障碍跑、跳、钻活动；（7）两人一组，面对面站立，互相摸对方的背部，要求积极主动摸对方，同时尽量不让对方摸着自己；（8）两人一组，一人连续做各种动作，另一人模仿做同样动作。

3. 柔韧性练习

（1）两手手掌相对，手指接触并互相压振；（2）手腕绕环，脚腕绕环，腰及肩绕环；（3）两臂上下摆振；（4）直体体前屈，手摸脚尖或摸地；（5）手扶肋木做各种压肩、压腿等；（6）跪坐在脚跟上，压踝关节；（7）坐在地上做各种压伸动作。

4. 协调性练习

（1）各种身体练习的组合练习，（2）专项技术的组合练习。

## 二、力量素质练习

1. 发展上肢、肩带肌群力量

发展上肢、肩带肌群力量，可做如下练习：（1）各种方式俯卧撑及俯卧撑移动，（2）横梯悬垂移行、双杠支撑移行、双杠上下追逐跑，（3）各种方式推举哑铃，（4）双杠支撑摆动臂屈伸，（5）单杠引体向上、只用手或手脚并用爬绳（杆），（6）利用肋木做各种拉引动作，（7）绕腕练习——手持哑铃于体前或体侧做绕“8”字练习，（8）哑铃快速推举、头后举、前平举、绕肩、前臂屈伸、手腕屈伸，（9）转臂练习——手持哑铃于体侧做旋内、旋外练习。

2. 发展腹、背肌群力量

发展腹、背肌群力量，可做如下练习：（1）徒手或利用器械做各种方式的仰卧起坐；（2）仰卧两头起、仰卧起坐；（3）利用各种器械做各种方式的收腹举腿；（4）各种方式提拉重物；（5）传接球练习——两人背靠背分腿站立，其中一人手拿实心球，两人同时向一个方向转体，将球传给另一个人，轮换做；（6）屈伸练习——肩负杠铃分腿站立做屈伸练习；（7）俯卧挺身练习——俯卧于垫上，两手相握放于背后，头部和上体后仰；（8）负重转体——肩负杠铃分腿站立，身体向左右旋转。

3. 发展下肢肌群力量

发展下肢肌群力量，可做如下练习：（1）立定跳远、跨步跳、多级跳、纵跳摸高；（2）各种方式跳绳；（3）徒手或越过障碍物的各种方式单、双脚跳；（4）负重深蹲起，下蹲较慢，起立加快；（5）负重半蹲提踵；（6）负重跨步走；（7）负重半蹲跳；（8）跳台阶练习。

4. 发展全身肌群力量

发展全身肌群力量，可做如下练习：（1）立卧撑；（2）举重物女生 12.5 千克，男生 20 千克；（3）各种方式投掷沙袋、实心球，女生 1.5 千克，男生 2 千克；（4）低单杠和高单杠连续翻身上。

## 三、速度素质练习

1. 反应速度

提升反应速度，可做如下练习：（1）听口令、看信号的各种起跑，如站立、蹲式、背向跳起落下后马上起动；（2）听哨音变速跑，快速冲跑 10 ～ 15 米；（3）听口令变向跑——在快速移动中听信号后突然变向冲跑 10 米；（4）听口令快速转身跑，反复几次；（5）听口令、看信号后突然做出相应的动作，如教练员喊 1、2、3、4 中某一个数字时，运动员应及时做出事先规定的相应动作。

2. 动作速度

提升动作速度，可做如下练习：（1）小跑步、高抬腿跑；（2）高频率跑楼梯台阶；（3）快速立卧撑；（4）高频率跨越障碍物，如可将 10 个羽毛球一字排开，两球相距 1.2 ～ 1.5 米；（5）单、双摇跳绳，两脚交替跳绳。

3. 移动速度

提升移动速度，可做如下练习：（1）各种距离（30 米、50 米、60 米、100 米、200 米）的快速跑；（2）10 ～ 15 米往返折回跑（要求快速转身）；（3）越过障碍的速度练习——以最快速度迂回 20 米中的若干个障碍物；（4）前后跑——向前跑 8 米，后退跑 8 米；（5）四角跑——边长约 6 米，要求在拐角处变换方向；（6）接力跑。

## 四、耐力素质练习

做耐力素质练习有如下方式：（1）跑走交替，（2）越野跑和自然地形跑，（3）定时跑，（4）规定距离与速度的重复跑，（5）一分钟立卧撑，（6）连续半蹲跑，（7）连续跑台阶，（8）原地间歇高抬腿跑，（9）长距离多级跳，（10）连续跳深，（11）连续跳起投篮，（12）连续跳栏架，（13）变速跑，（14）两人追逐跑。

## 五、灵敏素质练习

1. 原地或走动中的练习

做原地或走动中的练习有如下方式：（1）带有附加动作的抛球练习，（2）带有附加动作的体操棒练习，（3）带有附加动作的其他器械练习，（4）带有附加动作的前进、后退练习。

2. 在跑动中的练习

做在跑动中的练习有如下方式：（1）在跑动中突然变向跑，（2）在一定范围内的躲闪跑，（3）各种方向的疾跑、急停，（4）10 米往返跑，（5）带有附加动作的前进、后退练习，（6）跳绳跑，（7）触球跑，（8）跑过摇动的长绳，（9）踢毽子。

3. 在跳动中的练习

做跳动中的练习有如下方式：（1）左、右跳转，（2）十字交叉跳，（3）跳起后各种方式转身，（4）屈腿俯撑蛙跳，（5）跳绳或跳皮筋。

4. 在滚动中的练习

做滚动中的练习有如下方式：（1）分腿坐滚动，（2）肘、膝撑向侧滚动，（3）其他方式滚动。

### 六、柔韧素质练习

做柔韧素质练习有如下方式：（1）柔韧体操；（2）各种拉长韧带的练习，压肩、拉肩，正、侧、后压腿，快速正、侧、后踢腿；（3）各部位关节的转动和屈、伸练习，如快速前后绕肩、原地左右快速转体、腹背屈伸、腰部大绕环；（4）利用器械做增加身体各关节活动范围的练习。

## 第四节　职业岗位体能训练的运动处方

### 一、制定运动处方的原则

运动处方是指针对个人的身体状况而采用一种科学的、定量化的体育健身锻炼方法。这种方法类似医生给病人开的处方，故得此名。为了保证运动处方的安全性和有效性，提高锻炼效果，达到增进健康与防病治病的目的，在制定运动处方时应遵循以下基本原则。

1. 安全有效性原则

制定运动处方，首先必须考虑的是安全，其次是锻炼的有效性。要保证安全，除了解病史、家庭史和医学检查外，制定的运动处方必须达到改善心血管和呼吸功能的有效强度，其上限是安全范围，下限是有效范围。

运动处方主要由运动种类、运动强度、运动时间、运动次数四要素组成。身体条件差的人受运动条件的限制多一些，制定运动处方时必须严格规定运动内容；身体条件好的人，自由度比较大，运动内容也广泛得多。

2. 区别对待原则

由于每个人的基本情况和身体条件不尽相同，所以运动处方的内容必须根据每个人的具体情况，因人而异，区别对待。

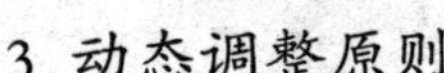

3. 动态调整原则

一般书刊上介绍的运动处方，是一种原则性的介绍，并非适合所有人。即使是运动医学专家根据检查结果制定的运动处方，也不一定适合于一个人的任何情况。对于初定的运动处方，要经过运动实践及多次调整后，才能成为适合自身条件的有效运动处方。

## 二、健身运动处方

运动处方要因人而异，对“症”下“药”，避免因进行不合理的运动而损害身体等情况的发生，更好地达到健身和防治疾病的目的。同时，可以吸引更多的人进行锻炼，促进体育的普及和科学化。

### （一）运动项目

运动项目主要根据运动者所要达到的目的而设定。一般健身或为改善心血管及代谢功能，预防冠心病、肥胖症等，可以练习耐力性（有氧训练）项目，如走、慢跑、骑自行车、游泳、爬山及原地跑、跳绳、上下楼梯等；为改善心情、消除身体疲劳或防止高血压和神经衰弱等，可选择运动负荷较小的放松练习，如太极拳、散步、放松操或保健按摩等。针对某些疾病进行专门性治疗，必须选择有关疾病的医疗体操，如慢性支气管炎、肺气肿患者应做专门的呼吸体操，内脏下垂者应做腹肌锻炼，脊柱畸形、扁平足者应做矫正体操等。如果想长高，必须多做一些跳跃、伸展性练习，如打篮球、跳绳、跳跃、引体向上等。

### （二）运动强度（运动量）

运动强度对运动效果与安全有直接的影响。坚持适宜强度的运动是执行运动处方、保证达到锻炼效果、预防意外事故发生的保障之一。运动强度可分为三级：较大、较小和小。反映运动强度的生理指标通常采用测定心率，运动处方中应规定运动应达到而不应超过的心率指标，其标准应根据锻炼者的实际情况而有所不同。运动时常用计脉搏跳动的次数来掌握运动强度（即测 10 秒脉搏次数，再乘以 6，为 1 分钟脉搏次数），心率标准则根据年龄、特点等而有所不同。

### （三）每次运动的持续时间

耐力性运动（有氧练习）可进行 15 ～ 60 分钟的练习，其中达到适宜心率的时间在 5 ～ 10 分钟以上，医疗体操持续的时间视具体情况而定。运动中应常有短暂的休息，计算运动负荷时注意运动的密度，并扣除休息的时间。运动强度和运动持续时间决定运动负荷，运动负荷确定后，运动强度大时应相应缩短练习的持续时间。

（四）运动次数

最好每天都安排锻炼，这样可调节每天的生活节奏。也可以安排每周 3 ～ 4 次练习，即隔日锻炼 1 次。不论采用哪种方式，都应该注意：负荷量较大时，休息间隔要长一些，反之短一些。总之，以上一次锻炼的疲劳感消除后，再进行下一次锻炼为宜。

## 三、个人锻炼计划

一个完整的锻炼计划包括锻炼的目的、内容、方法、时间等。每个人在制订个人锻炼计划时，应该注意锻炼内容、时间、次数的合理搭配。

1. 锻炼内容的合理搭配

在选配锻炼内容时，应注意以下几点：

（1）把课外锻炼的内容和体育课的学习内容结合起来，注意复习、巩固和提高体育课所学的内容。

（2）把个人兴趣与实际需要相结合，既要发展提高自己有兴趣或擅长的项目，又要努力克服自己的弱项和不足。

（3）不同的身体素质之间，以及身体素质练习与其他活动应有机结合。在一般情况下，每次锻炼时应安排一项活动性游戏（或球类活动），再配以 1 ～ 2 项身体素质练习。

2. 周锻炼次数和时间的安排

高职学生在制订锻炼计划时，一般以一年或一学期为锻炼周期，以此来确定每周早操、课外活动的锻炼次数及每次锻炼的时间。

3. 周锻炼计划

这种计划简便易行，很适合高职学生掌握和实施。以一年级男生为例，以全面发展身体和复习、巩固体育课内容为目标，其周锻炼计划如下：周一，晨跑 1200 米，一般体操练习；周二，耐力跑 2000 米，球类活动 20 分钟，引体向上或腰腹肌力量练习；周三，晨跑 1600 米，一般体操练习；周四，晨跑 1600 米，一般体操练习；周五，30 ～ 50 米跑 3 ～ 5 次，立定跳远或跨跳练习，复习体育课内容，球类活动 20 分钟；周六，晨跑 1600 米，一般体操练习；周日，室外活动或球类活动。

## 四、提高心肺功能适应水平的运动处方

心肺功能适应水平高的最明显益处就是降低患心脏病的危险性，延年益寿。心肺功能适应水平越高，精力就越充沛，不仅能完成更多的工作，而且不易疲劳。另外，心肺功能适应水平高者，睡眠质量也会更好。

（一）准备活动

准备活动的目的是加快心率、升高体温，并增加肌肉的血流量。准备活动通常是进行5～15分钟的舒缓运动，这可使机体逐渐适应剧烈的运动。选择不同的锻炼方式时，准备活动的具体内容有所不同。

如选择步行作为锻炼方式，可按以下步骤进行准备活动：（1）1～3分钟轻松的健身操（或类似的活动）练习；（2）1～3分钟的步行，心率控制在高水平时的20%～30%；（3）2～4分钟的拉伸练习（可任意选择）；（4）2～5分钟慢跑，并逐渐加速。

如果选择其他的锻炼方式，在按照以上步骤活动的同时，以相应的锻炼方式替代上述步骤中的（2）和（4）即可。

（二）锻炼模式

锻炼模式是运动处方中最主要的组成部分，它包括锻炼方式、频率、强度和持续时间等。

1. 锻炼方式

增强心肺适应能力的常见锻炼方式有步行、慢跑、骑自行车和游泳等，凡是有大肌肉群参与的慢节奏运动都可以作为锻炼方式。

首先，在选择锻炼方式时，应选择自己喜欢的运动。只有从事喜欢的运动，才容易坚持下去。其次，要考虑可行性和安全性。冲击力强的运动比冲击力小的运动（如游泳、骑自行车）更易造成锻炼者受伤。对于容易受伤的人来说，最好选择冲击力小的锻炼方式，而很少受伤的人可以适当选择其他锻炼方式。

2. 锻炼频率

一周进行两次锻炼就可增强心肺适应能力，锻炼3～5次可使心肺达到最大适应水平，且受伤的可能性减小。但一周锻炼超过5次，并不能使心肺适应水平得到进一步提高。

3. 运动强度

运动强度接近50%$VO_2max$（最大摄氧量的50%）时，即可增强心肺适应能力，故常把这一强度称为锻炼阈。目前，推荐的运动强度范围为最大摄氧量的50%～85%。

在确定运动强度时，心率指标比最大摄氧量指标更实用，因此常用心率间接地表示运动强度。只有超过一定强度的运动才能有效地提高机体的适应能力，而该强度所对应的心率就称为目标心率。目标心率常以最大心率的百分比表示。50%和85%最大摄氧量的运动强度所对应的心率比分别为70%和90%最大心率，因此目标心率是70%～90%

最大心率。需要注意的是，目标心率是一个范围，有时也称目标心率带。

4. 持续时间

提高心肺适应能力的最有效的锻炼时间是一次 20 ～ 60 分钟（不包括准备活动和整理活动时间）。起初，每个人的适应水平和运动强度不同，所以锻炼持续的时间应有区别。对于一个适应水平较低的锻炼者而言，20 ～ 30 分钟的锻炼就可提高其心肺适应水平，而适应水平高的锻炼者可能需要 40 ～ 60 分钟。低强度的锻炼要求的练习时间长于高强度的锻炼要求的练习时间。例如，以 50%$VO_2max$ 的强度进行锻炼，需要 40 ～ 50 分钟才能有效地提高心肺功能适应水平；而以 70%$VO_2max$ 的强度进行锻炼，仅需 20 ～ 30 分钟即可。

### （三）整理活动

每一次完整的锻炼都应包括整理活动。整理活动的主要目的是促进血液回流至心脏，以避免血液过多分布在上肢和下肢而造成头晕和昏厥。整理活动还可减轻剧烈运动后的肌肉酸痛感和心律失常。整理活动应至少包括 5 分钟的小强度练习（如步行、柔韧性练习）。

## 五、增强肌肉力量、耐力的运动处方

### （一）肌肉力量、耐力练习的原则

1. 渐增阻力原则

渐增阻力原则是超负荷原则在肌肉力量、耐力练习中的应用。尽管超负荷原则与渐增阻力原则可以相互替换，但在力量练习中，常用渐增阻力原则。渐增阻力原则指肌肉力量、耐力因超负荷训练而得以提高，那么由于力量、耐力的增长，原来的超负荷变成了非超负荷或低负荷，此时如果不继续增加负荷，力量、耐力就不能继续提高。因此，力量练习必须遵循渐增阻力原则。

2. 专门性原则

力量、耐力练习要充分考虑不同的运动项目或专项的力量、耐力需求程度。首先，得到锻炼的肌肉应该是在力量和耐力方面需要改善的肌肉，如腰痛就应该增强腰部肌肉力量，若锻炼上肢力量则对腰痛的缓解没有多大益处。其次，提高肌肉的力量和耐力应采用不同的运动强度。大强度的运动（举重物时仅能重复 4 ～ 6 次）能增加肌肉的力量和体积，但不能增加肌肉的耐力。采用低强度、重复次数多的练习（能举轻的负荷 15 次或者更多）可提高肌肉的耐力，而肌肉力量的增加并不明显。

3. 系统性原则

根据“用进废退”的原理，力量练习应全年系统地安排。研究表明，练习频率高、肌肉力量增长快者，停止练习后，其力量消退得也快；而练习频率较低、训练时间较长、肌肉力量增长速度缓慢者，其力量保持的时间则相对较长。许多研究结果显示，每周进行 3 ~ 4 次的力量练习，可使肌肉力量获得明显增强。

（二）制订发展肌肉及其耐力的计划

负重练习应有短期和长期目标，确定目标对保持锻炼的兴趣和热情非常重要。关键在于设置的短期目标应在最初几周的练习中能够达到，这可以激励自己继续进行实现长期目标的训练。

1. 制定运动处方

力量练习的运动处方分为三个阶段：开始阶段、慢速增长阶段和保持阶段。力量练习的运动处方如表 4–3 所示。

**表 4–3　　力量练习的运动处方表**

| 周 | 阶段 | 频率 | 组 | 最高重复次数 | 负荷 |
|---|---|---|---|---|---|
| 1 ~ 3 | 开始 | 2 次 / 周 | 2 | 15 | 15RM |
| 4 ~ 20 | 慢速增长 | 2 ~ 3 次 / 周 | 3 | 6 | 6RM |
| 20 + | 保持 | 1 ~ 2 次 / 周 | 3 | 6 | 6RM |

注：RM 是 Repetition Maximum 的缩写，意为“最大重复次数”。RM 与它前面的数字相结合，表示“能够重复练习多少次的最大重量”。它是一个相对单位，用于描述训练时应选择的重量是怎样一个度。

（1）开始阶段。在计划的开始阶段应避免举最大重量。过大的重量会增加肌肉和关节损伤的危险性，而采用较轻的重量（最高重复次数为 12 ~ 15 次的负荷），不会使肌肉产生过度疲劳。如果能将原来选定的重量轻松自如地重复 12 次，则可以增加重量。如果练习者不能重复举起 12 次，则说明重量过大。根据练习者最初的力量水平来确定开始阶段持续的时间，一般为 1 ~ 3 周。初练者的开始阶段可能需要 3 周，有训练经历的人只需 1 ~ 2 周。

（2）慢速增长阶段。经过开始阶段的力量练习，如果肌肉已经适应了练习动作，就可以增加重量，并能重复举起 6 ~ 8 次。当肌肉力量进一步增强时，可再增加重量，直至达到练习者预定的目标。此阶段的练习频率一般为每周 3 次。

（3）保持阶段。根据“用进废退”的原理，如果停止练习，已经获得的力量会自然消退。保持阶段的力量练习强度应比获得阶段的力量练习强度小。研究表明，力量增强后，每周做 1 次练习即可保持原增强水平；若不训练，30 周后原增强水平就会完全消退。

2. 力量练习的注意事项

（1）力量练习的安全要诀。

当运用杠铃进行力量练习时，必须有同伴帮助你完成练习，以防在不能完成练习的情况下，同伴可以保护你。固定练习用的杠铃，以防其滑落砸伤身体。在进行负重练习之前，应充分做好准备活动，防止练习中受伤。在进行负重练习时，如果感觉到任何尖锐的刺痛，应立即停止练习。在进行负重练习时，应尽量避免憋气。举起阶段呼气，放下时吸气，可采用口和鼻呼吸。

在采取快速还是慢速举起重量能获得更大力量的问题上，仍存在争议，但慢速举起重量可以降低受伤的可能性，而且慢速举起重量既可增加肌肉体积，也可增强其力量。

（2）准备活动和放松活动。

人体就像大多数机器一样，刚启动时无法达到最高的效率。要使肌肉充分发挥功能，并避免造成伤害，就需要热身。即使是体质状况良好的人，如果猛然迫使肌肉拉伸或收缩，也有可能受伤。负重练习的准备活动一般包括 4 ～ 5 分钟的慢跑、6 ～ 8 分钟的拉伸活动和 3 组 15 ～ 20 次重复负重。如果练习者打算举起最大重量，还应增加准备活动的组数。

放松活动常包括走动和伸展运动，旨在让身体在几分钟内逐渐冷却下来。适当的放松活动，可以使血液持续地流经肌肉，并将肌肉细胞内堆积的乳酸通过血液循环流到肝脏后分解。如果突然中断运动，留在肌肉内的乳酸可能会引起身体肌肉痉挛，也可能会使肌肉在以后的几天中更加疼痛。放松活动一般持续 4 ～ 5 分钟即可。

（3）完成动作的速度。

在进行负重练习时，动作还原阶段的速度应比主动用力阶段慢一半。以卧推为例，如果举起的动作用 1 秒钟，放下还原阶段就要用 2 秒钟，这样可使一次负重练习得到两次（举起和放下）肌肉锻炼。如果还原阶段简单轻松地放下重量，肌肉就不能在还原阶段又一次得到有效的锻炼。

（4）练习时的呼吸。

在主动用力阶段呼气，在还原阶段吸气。如果练习时呼吸频率太快，就会破坏呼气、吸气的节律性。应避免在主动用力阶段屏住呼吸，屏气会导致回心血量和注入大脑的血流量减少，从而产生头昏眼花的现象。

（5）安排练习顺序。

合理安排练习的顺序，可以防止疲劳的发生。应先安排大肌群的练习，再安排小肌群的练习，其原因是小肌群比大肌群较早产生疲劳。典型的力量练习模式（顺序）为：

大腿、腰部肌肉，腿部（股四头肌、大腿后部肌群、小腿三头肌），躯干部（背、肩、胸），上臂（肱三头肌、肱二头肌、前臂肌肉），腹部，颈部。

此外，还应注意不要在两个相继的练习中使用同一肌群，以保证肌肉在每次负荷后有足够的恢复时间。

（6）了解你的极限。

运动要安全，很重要的一点就是留意所出现的警告信号。警告信号往往是运动量过大或身体某部分受伤的反应。有些人为了急于奏效而竭尽全力，反而遭受伤害，即使运动员也会因过度训练而受到意外伤害。

力量练习的警告信号，一般是指锻炼结束后，肌肉有酸痛僵硬感，直到下次锻炼前这种感觉仍未消失。针对性的处理方法为，延长锻炼间隔时间，让肌肉充分恢复。此外，还要做好热身和练习后的放松活动。

## 六、柔韧性锻炼计划

柔韧性练习应是每次锻炼准备活动的一部分。我们经常看到，有人并没有在活动开始前先慢跑 5 ～ 8 分钟直至冒汗，而是错误地先拉伸未经活动的肌肉群，或者是错误地未经伸展肌肉而直接进行剧烈运动，这是很危险的。如果事先做了热身运动，体温可以上升 2 ～ 4℃，这时再伸展肌肉就比较安全。

在身体锻炼结束前的整理活动中，进行柔韧性练习也是明智的。它不仅可以帮助肌肉恢复到正常放松状态，而且在锻炼结束时做伸展运动，肌肉组织的温度较高，可以有效扩大关节伸展幅度，减少锻炼后产生肌肉酸痛的可能性。

### （一）柔韧性练习的适度性

柔韧性练习应采用缓慢、放松、有节制和无痛的练习，只有通过适当的努力才会提高身体的柔韧性。肌肉的伸展会有酸胀的感觉，但不应过分伸展而引起不适，拉伸的强度应随关节活动范围的增加而有所改变。随着柔韧性在锻炼过程中的不断提高，练习强度应逐渐加大，并做到“酸加、痛减、麻停”。

### （二）柔韧性练习的时间和次数

柔韧性练习的时间由采用的伸展方式决定，并主要取决于重复的次数和在伸展位置上停留的时间。每个姿势持续的时间和次数是逐渐增加的，应从最初的 10 秒，经过一段时间的练习后增加至 30 秒，重复次数为 3 次以上。如果是平时体育锻炼时的柔韧性练习，5 ～ 10 分钟的时间就足够了；如果是专门为了提高柔韧性的练习或运动员的训练，则必须要有 15 ～ 30 分钟的时间安排（详见表 4–4）。

表 4–4　　柔韧性练习的时间、次数安排样例

| 周次 | 阶段 | 肌肉伸展持续时间（秒） | 每种练习重复次数（次） | 每周锻炼次数（次） |
|---|---|---|---|---|
| 1 | 起始、逐渐进步、保持 | 15 | 1 | 1 |
| 2 | | 20 | 2 | 2 |
| 3 | | 25 | 3 | 3 |
| 4 | | 30 | 4 | 3 |
| 5 | | 30 | 4 | 3 ～ 4 |
| 6 | | 30 | 4 | 4 ～ 5 |
| 7 周以上 | | 30 | 4 | 4 ～＞5 |

（三）柔韧性练习的注意事项

1. 循序渐进，持之以恒

柔韧性的发展需要意志力。进行柔韧性练习时，锻炼者易产生酸痛感，但若停止训练，柔韧性就会有所消退。初次练习易见效，第二次练习就有痛感，而且此时第一次练习获得的效果会全部消退并差于第一次练习前的效果，这是由肌肉被拉长，回缩力增加等原因所致。因此，应继续将其慢慢拉开，这样才能消除痛感。经过一个时期的练习，身体已适应该长度的伸展，应进一步拉长肌肉，牵拉肌腱，使柔韧性上升到一个新的水平。如果柔韧性练习停止一段时期，已获得的效果就会有所消退。因此，柔韧性练习要持之以恒才能见效。

2. 柔韧性练习要全面

不管是准备活动中的伸展练习，还是专门发展某些关节柔韧性的练习，都要兼顾身体各关节柔韧性的全面发展。在身体活动中，完成动作不仅局限于一个关节或某个身体部位，而是牵涉几个相互关联的部位甚至全身。如果柔韧性练习只集中在部分关节而忽视其他部位，则完成动作会受阻甚至有受伤的可能。因此，如果发现某一关节的柔韧性稍差，就应采取针对性措施使其得到改善。

3. 柔韧性练习要因人因项而异

柔韧性练习必须根据所参加锻炼项目的特点和锻炼者的具体情况进行安排，在全面发展身体各部位柔韧性的基础上，重点练习特定项目所需要的专门柔韧素质。例如，跳跃项目对腿部和髂部的柔韧性要求较高，游泳项目要求肩关节和踝关节柔韧性要好等。另外，锻炼者应根据自己的情况，进行适合自己的柔韧性练习。

4. 柔韧性的发展应与力量发展相适应

力量练习是发展肌肉的收缩能力，柔韧性练习则是发展肌肉的伸展能力。因此，力

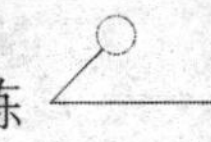



量练习结合柔韧性练习对提高肌肉质量最为有效，既能使力量得到增强，又能保证关节灵活性的提高。这就是说，肌肉的增长绝不能因体积的增加而影响关节活动幅度。

5. 柔韧性练习要注意外界的温度和时间

外界温度过高或过低，都会影响肌肉的状态和伸展能力。外界温度高，轻微的热身运动后即可做伸展练习；外界温度低，则应做充分的热身运动至冒汗后方可进行柔韧性练习。一般地说，外界温度为 18℃，有利于柔韧性的发展，因为肌肉在这个温度下的伸展能力较好。

6. 柔韧性练习后应结合放松练习

每次伸展练习之后，应做些反向的练习，使供血供能机能加强，这有助于伸展肌肉群的放松和恢复。如压腿后做几次屈膝下蹲动作，体前屈练习之后做几次挺腹、挺髂动作等。

7. 安全告诫

为争取良好的锻炼效果，并防止受伤，进行柔韧性练习时必须遵循以下几点：

（1）在进行大强度的肌肉伸展之前必须做充分的热身运动，使身体出汗。

（2）肌肉、韧带等软组织只有通过略超正常范围的伸展练习，其柔韧性才能得到提高，但练习不能太剧烈，防止疼痛和拉伤。

（3）肌肉拉伸产生了紧绷感或感到不舒服时应该停止练习，伸展练习不应让人感到疼痛。

（4）任何一个被伸展的关节只有感到动作幅度加大，才说明练习已见效。

（5）伸展疼痛关节周围的肌肉时要小心，注意轻柔一些。

（6）伸展紧绷的、不柔韧的肌肉时要小心，注意轻柔一些。

（7）进行伸展练习时要保持正常的呼吸状态，不要屏气。

（8）本体感受神经肌肉伸展法（PNF 法）是效果最好的肌肉伸展法，静态伸展法也是一种简单易行、安全有效的常用方法。

（9）进行静态伸展后才能进行弹性伸展，关节柔韧性好的人或习惯于伸展练习的人才能进行弹性伸展。

（10）如果想要关节柔韧性有提高，至少每周做 3 次伸展练习，每周 5 ～ 6 次练习则能产生明显的变化。

人在一生中，应当不间断地进行柔韧性练习，这不仅能保持肌肉的放松和柔韧，加大关节活动幅度，提高灵活性，增强运动能力，还能防止关节僵硬，消除受伤后的疼痛，降低运动后肌肉酸痛的可能性，过一种积极、健康、有质量的生活。要保持关节柔韧性，需要不间断地进行有规律的伸展练习。同其他的体能锻炼一样，科学合理地制订短期和长期的柔韧性锻炼计划，对提高关节柔韧性十分重要。值得注意的是，柔韧性练习是体能锻炼中最易被忽视但又是最简单易行、最易见效的方法。它不需要任何特殊器材，可以在任何时间、任何地点进行。因此，合理地制订每周 3 ～ 5 次的柔韧性锻炼计划，按练习时间表锻炼，并记录下每次的练习情况，就能促使自己养成坚持锻炼的习惯，并终身受益。

# 第五章　田径运动

## 第一节　田径运动的起源

原始社会，人们为了获得生活资料，在与大自然和飞禽走兽的斗争中，不得不奔跑相当的距离，越过各种障碍，投掷石块和使用各种捕猎工具。在劳动中不断地重复这些动作，便形成了走、跑、跳跃和投掷等各种技能。随着社会的发展，人们有意识地把走、跑、跳跃和投掷作为练习与比赛形式。田径运动作为各项运动的基础，包括走、跑、跳跃、投掷等40多个单项，以及由跑、跳跃、投掷等部分项目组成的全能运动。所有运动项目都以田径运动为基础练习，因而田径运动被人们誉为“运动之母”。田径运动分为径赛和田赛。田赛是跳跃和投掷项目的总称，以距离为成绩的计算单位；径赛是竞走和赛跑项目的总称，以时间为成绩的计算单位。公元前776年，在古希腊奥林匹克举办了第一届古代奥运会。从那时起，田径运动成为正式比赛项目之一。1896年，在希腊举办的第一届现代奥运会上，田径中的走、跑、跳跃、投掷等一些项目被列为大会的主要项目。在至今已举办的各届奥运会上，田径运动都是主要比赛项目之一。在现代竞技体育大家庭中，田径项目比赛是全球影响力最大的竞技活动之一。这不仅因为田径运动是各项运动的基础，赛事规模大、项目多、运动水平高、竞争激烈，更重要的是它可以让观众真实地感受到运动场上人类生命的无限激情与无尽活力，现场体验“更快、更高、更强”的体育运动的瞬间精彩与永恒魅力。作为“金牌大户”的田径比赛因其特有的欣赏价值及轰动效应，永远吸引着世人的目光。

田径运动包含非常齐全的身体训练项目，同时又具有场地设备简单，练习时不受人数、时间、季节、气候限制等特点，因而易于普及。田径运动可以有效地锻炼和提高走、跑、跳跃、投掷等基本活动能力，练习田径运动能够全面地发展力量、速度、耐力、柔韧、灵敏等身体素质，同时可以培养人的勇敢、果断、坚韧、顽强的意志品质，而这些素质和品质正是当代大学生不可缺少的。

## 第二节 短跑

短跑是体育史上最古老的竞赛项目，是田径运动的基础，也是其他运动项目的基础。短跑比赛项目有 60 米跑、100 米跑、200 米跑和 400 米跑。短跑是人体运动器官和内脏器官在大量缺氧的条件下完成的大强度的工作，属于极限强度运动。短跑的全程技术一般可分为起跑、起跑后的加速跑、途中跑和终点跑四个部分。

### 一、100 米跑的技术特点

1. 起跑

起跑的目的是使两脚有牢固的支撑，形成良好的预备姿势，便于获得较快的起跑速度。田径规则规定，400 米及 400 米以下项目，包括接力跑第一棒运动员，必须使用起跑器。起跑器的安装角度应根据身高、腿长、力量及习惯而定，应便于用力，并且不会导致身体过分拘束和紧张。蹲踞式起跑包括“各就位”“预备”“鸣枪”（或“跑”）三个连贯动作。运动员听到“各就位”口令后，走或慢跑到起跑器前，俯身用两手撑地，两脚依次踏在前后起跑器抵足板上。有力腿放在前面，后膝跪地，两手四指并拢与拇指呈“人”字形撑在起跑线后沿。两臂伸直与肩同宽或稍宽于肩，身体重心前移，肩约与起跑线平齐或稍后，整个躯干微弓而不紧张，颈部自然放松，两眼看前下方。运动员听到“预备”口令后，吸一口气，抬起臀部，高度稍高于肩，同时身体重心适当前移，使两肩超出起跑线，身体重量主要落在两臂和前腿上，两脚要压紧抵足板。做好“预备”姿势后，注意听枪声。听到鸣枪或“跑”的口令时，两手迅速推离地面，两臂屈肘有力地前后大幅

图 5-1 100 米跑起跑

度摆动，两腿迅速蹬起跑器，以很大的前倾姿势把身体推向前方。后腿蹬离起跑器后，很快地以膝领先向前摆出，同时前腿快速有力地蹬伸髋、膝、踝三个关节。当前腿蹬离起跑器时，后腿已积极前摆下压着地，完成第一步动作（图 5–1）。

2. 起跑后的加速跑

起跑后立即转入加速跑。加速跑时，应充分利用起跑时获得的初速度，在较短的距离内尽快获得较高的速度。加速跑的距离一般在 20 ～ 25 米，用 11 ～ 13 步完成。起跑出发后的第一步不宜过大，一般为三脚半到四脚长，以后逐渐增大。随着跑速的加快，两脚的着地点逐渐靠拢人体中线，形成一条直线。在加速跑时，上下肢协调配合，以迅速获得速度。在开始阶段，上体前倾很大，随着步长和速度的增加，上体逐渐抬起，直到正常姿势转入途中跑（图 5–2）。

图 5–2　100 米跑起跑后的加速跑

3. 途中跑

途中跑阶段是全程中最长的一段距离。在途中跑时，运动员头部正直，微收下颌，上体基本正直或稍前倾，含胸收腹，两臂以肩关节为轴前后用力摆动。前摆时手稍向内收，手的高度稍超过下颌，并伴随同侧肩前送和异侧肩后引的动作。后摆时，肘关节稍向外。正确的摆臂动作，不仅能保持身体平衡，而且有助于加快两腿动作的频率和增大步幅。在整个途中跑过程中，用力与放松协调配合，动作轻松自然，充分发挥肌肉力量（图 5–3）。

4. 终点跑

终点跑阶段是全程的最后一段，包括终点冲刺和撞线两个部分，技术和途中跑基本相同。终点跑应力求在疲劳情况下保持途中跑的正确技术，以最快的速度跑过终点，当运动员的躯干触及终点线的垂直面时即跑完全程。到终点最后一步时，上体迅速前倾，用胸部或肩部撞终点线。跑过终点线后才逐渐减慢跑的速度，但不要突然停止，以防跌倒受伤。

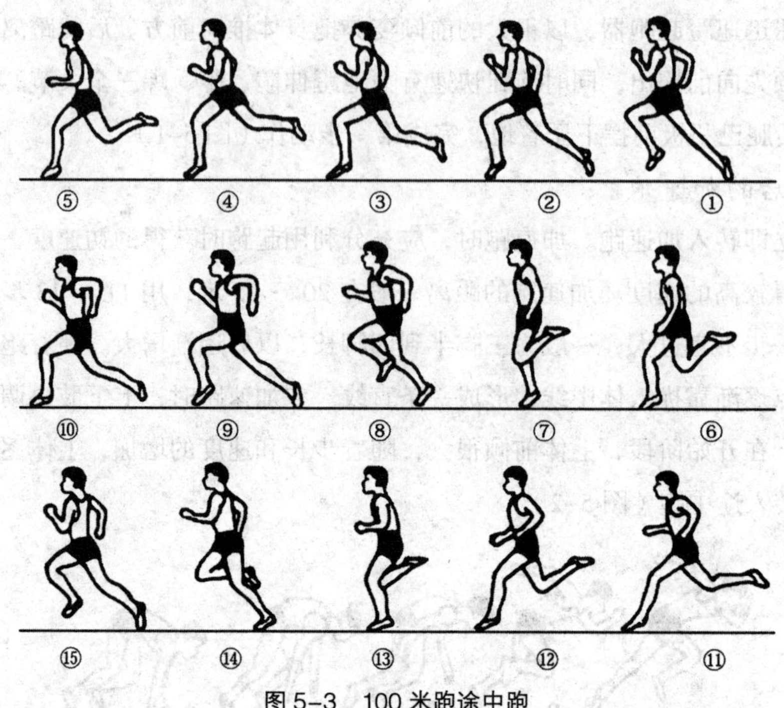


图 5-3　100 米跑途中跑

## 二、200 米跑和 400 米跑的技术特点

200 米跑和 400 米跑有一半以上的距离是在弯道上进行的，为了适应弯道跑，必须改变跑的身体姿势、后蹬与摆动的方向。弯道跑技术正确与否，对全程跑的成绩有一定的影响。为了便于在弯道起跑之后，能有一段直线距离进行加速跑，起跑器应安装在跑道的右侧，正对弯道的切点。起跑时，左手撑在起跑线后 5 ～ 10 厘米处。从直道进入弯道，身体应有意识地向内倾斜（图 5-4），运动员必须改变身体姿势、后蹬与摆动的方向以产生向心力，使自己能沿着弯道跑进。后蹬时，右脚用前脚掌内侧、左脚用前脚掌的外侧着地。两臂摆动时，右臂摆动的幅度和力量应大于左臂。弯道跑的蹬地与摆动方向都应与身体向圆心方向的倾斜相适应（图 5-4）。从弯道跑进直道，为了消除弯道跑带来的紧张，应有几步放松地自然跑进，身体逐渐减小内倾角度进入直道跑。

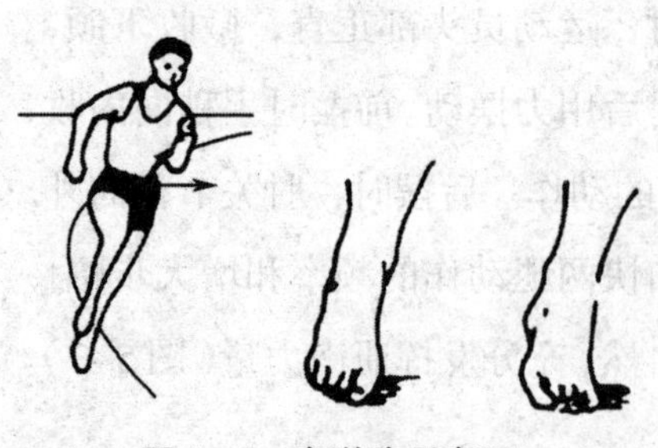

图 5-4　弯道跑示意图

### 三、接力跑

接力跑项目的起跑都是从弯道开始的。第一棒运动员通常用右手的中指、无名指和小指握住棒的末端，用大拇指和食指分开撑地，并且接力棒不得触及起跑线和起跑线前的地面（图 5–5）。第二、第三、第四棒运动员采用站立式或一手撑地的半蹲踞式起跑姿势（图 5–6）。起动的时间，需要依据自身的感觉并判断同伴的能力决定。采用半蹲踞式起跑姿势，应转身目视同伴的跑进情况，以决定自己起动的时机，这就是接棒队员起跑的特点。传接棒的方法一般有上挑式、下压式和混合式三种。上挑式接棒的手臂自然向后伸出，掌心向后，虎口张开朝下，传棒人将棒由下向前上方送入接棒人手中（图 5–7）。下压式接棒的手臂后伸，掌心向上，虎口张开朝后，拇指向内，其余四指并拢向外，传棒人将棒的前端由上向前下方放入接棒人手中（图 5–8）。混合式是第一棒队员传给第二棒时用上挑式，第二棒传给第三棒用下压式，第三棒队员传给第四棒用上挑式，综合了上挑式与下压式两种方法的优点。

图 5–5　接力跑起跑撑地姿势

图 5–6　半蹲踞式起跑姿势

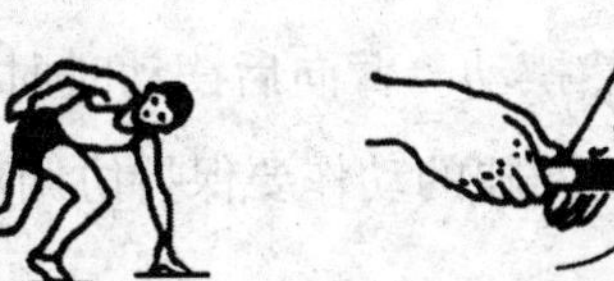

图 5–7　上挑式传接棒

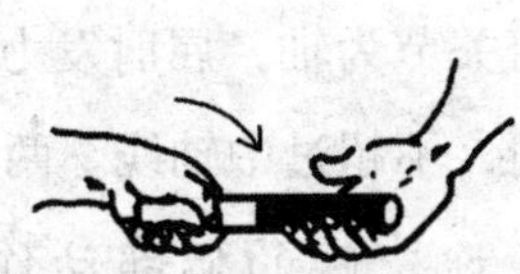

图 5–8　下压式传接棒

## 第三节　中长跑

中长距离跑是中距离跑和长距离跑的总称，是发展耐久力的项目。长时间的肌肉活动是这个项目的特点，既要有耐力，又要有速度。中长跑的比赛项目有 800 米跑、1500 米跑、3000 米跑、5000 米跑和 10000 米跑等。

### 一、起跑和起跑后的加速跑

中距离跑一般采用半蹲踞式起跑或站立式起跑，长距离跑采用站立式起跑。以站立式起跑为例，听到“各就位”口令后，先做一两次深呼吸，然后慢跑到起跑线后，两脚前后开立，有力脚在前，脚尖紧靠起跑线后沿，身体重心在前腿上，后脚用前脚掌支撑站立。两腿弯曲，上体前倾，身体保持稳定姿势。前脚的异侧臂在体前，同侧臂在体侧，也可两臂在体前自然下垂。听到枪声时，两腿用力蹬地，后腿蹬地后迅速前摆，前腿充分蹬直，两臂快速用力摆动配合两腿动作，使身体向前冲出，在短时间内获得较快的速度。

起跑后的加速跑，是指从起跑第一步落地到发挥出预计的速度或跑到战术位置的阶段。加速跑时上体逐渐抬起，迅速有力地摆臂，起跑后要对准跑动方向与弯道的切点，跑成直线，迅速提升速度。当已经发挥个人的速度或进入战术需要的位置时，进入途中跑。

## 二、途中跑

1. 上体姿势和摆臂动作

在中长跑的途中跑过程中，运动员上体保持稍前倾或正直姿势，身体前倾角度在5°左右，这种姿势可以更好地发挥蹬、摆效果。

摆臂动作能保持身体的平衡，增加腿部蹬的效果，调节步长和步频的作用。摆动时，要以肩关节为轴，屈肘发力做前后自然摆动。臂向后摆动时肘关节稍向外，向前摆动时稍向内，不超过中轴线。两臂的摆动与两腿的动作要保持协调一致，摆臂要放松。

2. 途中跑的腿部动作

当摆动腿通过身体垂直部位向前摆动时，支撑腿的各个关节要迅速伸直。后蹬时各关节几乎是同时伸直的，从伸展髋关节开始，当身体重心离垂直面较远时，要迅速有力地伸直膝关节和踝关节，使后蹬的力量和运动方向相符合，推动身体更快地向前移动。蹬地时，腿部肌肉和脚掌的肌肉都要积极参加。后蹬腿蹬离地面时，人体进入腾空阶段。蹬地腿的小腿应迅速向大腿折叠，形成以大腿为半径的摆动过程。这时应立即放松小腿和大腿后群肌肉，利用腾空时机正确地放松肌肉，减少能量消耗。还应注意跑的节奏性，跑的节奏好，也能推迟疲劳的出现。

3. 终点跑

终点跑是全程跑结束前一段的加速跑，进入最后的直道时应用尽全力冲刺跑。终点跑的距离应根据比赛项目、个人特点和战术来确定。一般情况下，800米跑可在最后200～250米开始冲刺，1500米跑可在最后300～400米进行冲刺，3000米以上项目可在最后400～900米冲刺。在终点跑时，要选好时机，用尽全部力量，以顽强的意志跑向终点。

# 第四节　跨栏跑

## 一、过栏技术

过栏技术通常又被称为“跨栏步”技术，是腾空过程的一步。从起跨脚着地并起跨开始，到摆动脚过栏后为止，这是跨栏跑中最关键、最重要的技术。它由起跨、腾空过栏和下栏着地三个动作阶段组成。起跨，是指起跨腿踏上起跨点到起跨腿蹬离地面的瞬间支撑过程。在起跨时，保持较高的速度和较高的身体重心，有利于迅速、顺利地跨越栏架。当起跨脚踏上起跨点时，上体保持一定前倾，摆动腿的大小腿折叠以膝关节领先，大腿带动小腿向前摆动。同时，起跨腿积极蹬伸，躯干随之前倾，摆动腿异侧臂向前上方摆出，另一臂在体侧，使身体向栏架进攻。

扫一扫，观看3D动画“跨栏跑”

## 二、栏间跑

从摆动腿下栏着地，起跨腿提拉至胸前的瞬间，就进入了栏间跑。栏间跑的第一步主要是保持速度，调整身体姿势，把跨栏时下降的速度补回来。因此，应依靠增加步长来提高速度，而增加步长靠过栏的摆动腿的固定支撑和起跨腿高抬、前送，带动骨盆前移来实现。栏间跑的第二步是栏间三步中最长的一步，这是第二步的后蹬有力、摆腿迅速、跑的技术能合理发挥的结果。由于过栏的需要，栏间跑的第三步是上栏以前的一个“短步”，身体重心不能降低或后移。摆动腿积极前摆下压，放脚积极、迅速，保持较高的身体重心，快步向栏架进攻。

## 三、全程跑和终点跑

全程跑就是把合理的过栏技术与快速的栏间跑结合起来，保持动作的直线性、节奏性和协调性。总体上看，跨栏跑在途中设有10个栏架，每个栏间的距离相同。这一特点就决定了跨栏跑的途中跑技术的关键，就是通过提高过栏技术和提高栏间步频的办法来提高途中跑的速度。在跨越最后一栏时，下栏动作要更加积极，摆动腿着地后起跨腿前抬与髋齐高即可，迅速转入终点跑。终点跑应加强腿的蹬摆，加大上体前倾，加强摆臂动作，奋力冲向终点，做好冲刺动作。

## 第五节　跳　跃

### 一、背越式跳高

背越式跳高的完整动作由助跑、起跳、过杆和落地等部分组成。

1. 助跑

扫一扫，观看录像视频“背越式跳高”

助跑的步点和助跑线是用走步丈量法丈量的。首先，确定起跳点，起跳点一般在离近侧跳高架的立柱 1 米、离横杆投影点 50 ～ 80 厘米处。其次，从起跳点向助跑一侧的方向，沿横杆平行线向前自然走 4 步，再垂直横杆向助跑方向走 6 步，画一个标记就是直线与弧线助跑的交界点。从这个标记点继续向前走 7 步画一个标志，就是助跑的起跑点。画好助跑线后，要反复练习才能最后确定。练习时直线助跑 4 步，弧线助跑 4 步。助跑的前段是直线加速跑，转入弧线跑时，身体向圆心方向倾斜，重心不能起伏过大。应注意大腿高抬，以膝关节带动摆动腿同侧髋积极向前迈步。助跑过程要用前脚掌着地并富有弹性，这种助跑方法有利于起跳。

2. 起跳

起跳脚以脚跟外侧先着地，然后迅速地过渡到全脚掌。起跳脚落地时，摆动腿蹬离地面开始摆动，同时重心快跟，上体积极前移，使起跳腿缓冲。

图 5–9　起跳

当身体重心移到支撑点上方时，身体由倾斜迅速转为正直，摆动腿和两臂快速有力地向上摆，同时起跳腿积极蹬伸，完成起跳动作（图 5–9）。

3. 过杆和落地

在起跳动作中，借助于起跳腿蹬伸和摆动腿摆动的力量，在腾空中身体背向横杆。身体向上腾越，肩超过横杆时，仰头、倒肩，顺惯性沿横杆腾越，身体呈弓形。待髋部超越横杆后，收腹含胸，用髋发力带动大腿向上，小腿甩动使身体越过横杆，顺势以背部落在海绵垫上（图 5–10）。

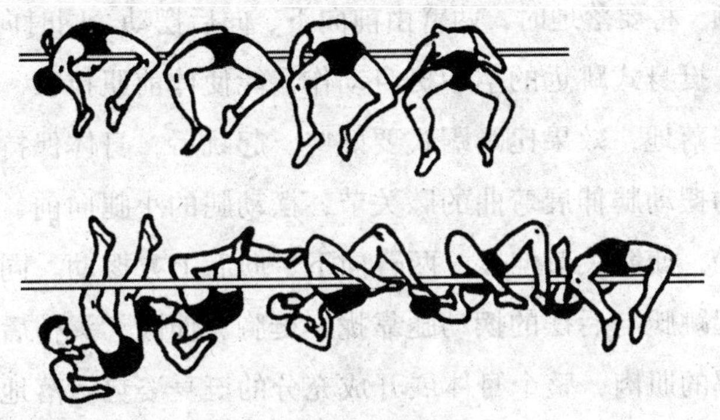

图 5–10　过杆和落地

## 二、跳远

跳远的完整动作由助跑、起跳、腾空和落地四个部分组成。

1. 助跑

助跑是为了获得一定的水平速度和做好起跳的准备。助跑的距离根据运动员的水平和技术特点而决定，男子一般为 18 ～ 24 步（36 ～ 48 米），女子一般为 16 ～ 22 步（32 ～ 44 米）。

2. 起跳

运动员在快速助跑的情况下，通过起跳获得必要的垂直速度，并尽量保持水平速度使身体腾起。助跑的倒数第二步，在摆动腿着地时，膝关节迅速前移，加快蹬地速度，使身体快速向起跳板推进，上体保持正直，起跳腿自然地积极前摆。助跑最后一步，起跳腿的大腿前摆时要抬得低些，要积极下压，用全脚掌快速有力地踏板，起跳脚踏在跳板时腿是直的。当整个身体重心落在支撑腿上的时候，起跳腿微屈。在身体重心刚移过支撑点上方的一刹那，迅速伸直踝、膝、髋关节，摆动腿积极前摆，两肩带动两臂配合下肢动作向前上方摆动。

3. 腾空

扫一扫，观看录像视频“蹲踞式跳远”

腾空动作是为了维持身体的平衡，并为落地创造有利的条件。起跳腾空后，摆动腿屈膝前摆，大腿高抬保持水平姿势，起跳腿自然放松在后面，呈腾空姿势。空中姿势一般有蹲踞式、挺身式、走步式三种。

蹲踞式跳远比较简单，容易掌握。起跳呈腾空步姿势后，上体仍保持正直，摆动腿的大腿继续抬高，两臂向前挥摆，起跳腿开始向前上方提举，逐渐与摆动腿靠拢，形成空中蹲踞姿势。然后两腿向上收，上体前倾。将要落地时，两臂由前向下、向后摆动，同时向前伸出小腿落地。

挺身式跳远的空中挺身动作，能使体前肌拉长，有利于收腹举腿和收腿落地，效果比蹲踞式要好些。起跳后，身体保持腾空姿势，处在体前的摆动腿伸展弯曲的膝关节，摆动腿的小腿向前、向下、向后做弧形摆动，使髋关节伸展，两臂向下、向后上方摆动。同时，处在身体后面的起跳腿与后摆的摆动腿靠拢，挺胸、伸髋、头稍后倾，充分伸展躯干前部的肌肉，整个身体展开成充分的挺身姿势。落地前，两臂由后上方向前、向下、向后方摆动，两腿向前摆，收腹举大腿。小腿前伸，上体前倾准备落地（图 5-11）。

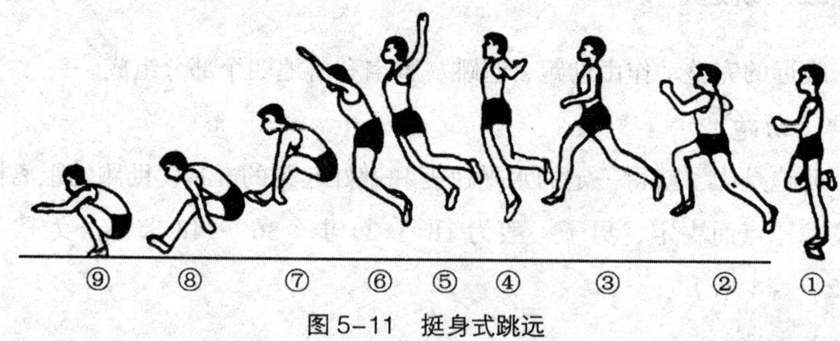


图 5-11　挺身式跳远

走步式跳远动作比较自然，好像在空中继续走步一样，容易维持腾空时的身体平衡，落地动作的效果也较好。但是，走步式跳远动作较复杂，要求运动员有很好的身体素质和较高的运动水平。

4. 落地

正确的落地技术有利于成绩的提高，并能防止伤害事故的发生。落地前，上体不要过于前倾，大腿要向前提举，小腿前伸，准备落地。落地时，膝关节伸直，脚尖勾起，同时两臂向后摆。脚接触沙面时，两腿迅速屈膝，髋部前移，两臂屈肘积极前摆，使身体迅速移过支撑点。

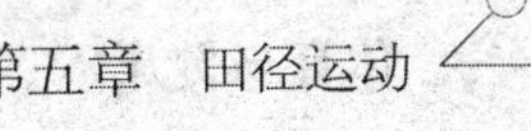

## 三、三级跳远

三级跳远的完整动作由助跑、第一跳、第二跳和第三跳等部分组成。

1. 助跑

三级跳远的助跑基本上与跳远的助跑相似，开始助跑的姿势、助跑的技术也与跳远的相同。开始助跑时，躯干可以保持较大前倾幅度，两脚的蹬、摆积极有力，两臂用力积极摆动，两脚着地要富有弹性，助跑速度逐渐加快。助跑的最后几步不能改变跑的节奏，步长不能有明显的变化，倒数第二步摆动腿支撑时不能下蹲，身体重心应较平稳地向前移动。

扫一扫，观看录像视频“三级跳远”

2. 第一跳（单脚跳）

三级跳远的第一跳是用有力腿起跳，跳起后经过空中交换腿的动作，再用起跳脚落地。第一跳起跳时要尽量保持水平速度，当起跳脚踏上起跳板时，身体重心平稳地移落在起跳脚上，起跳腿缓冲后迅速蹬伸髋、膝、踝关节，两臂积极摆动维持身体平衡和增加起跳力量。起跳腿蹬地的感觉是偏后下方，使身体重心沿着长而较平的轨迹腾起。起跳腾空后完成腾空步的动作，上体保持正直，起跳腿处于身体后面，摆动腿继续屈腿前摆，然后摆动腿自然地由上向下伸并向后摆。同时，起跳腿自后屈膝向前上方提摆，并带动同侧的髋部前移，做积极的换步动作，两臂配合腿的动作由体前经下向体后方摆动，以保持身体平衡。换步结束后，起跳腿又换到身体前面，起跳腿的大腿带动小腿积极下放，快速、有力地用全脚掌着地，落地点尽量靠近身体重心投影点，完成第一跳动作。

3. 第二跳（跨步跳）

第二跳起跳时，上体稍前倾，处在体后的摆动腿继续以髋关节为轴，大腿带动小腿屈腿前摆，两臂则配合两腿动作，从侧后方向前摆动，在空中形成跨步姿势，并尽量保持较长的腾空时间。开始做落地和准备第三次起跳的动作。

4. 第三跳（跳跃）

用第二跳的摆动腿起跳，当第二跳落地后，经过短暂的缓冲后迅速蹬伸，另一腿屈膝积极向前上方摆起，同时两臂配合向上摆。起跳腾空后，仍保持腾空步姿势，动作与跳远的腾空和落地的动作相同，可以采用蹲踞式、挺身式和走步式的方法。

# 第六节　投　掷

## 一、推铅球

1. 握球和持球（以右手为例）

握球时五指自然分开，把球放在食指、中指和无名指的指根上，大拇指和小指自然地扶在球的两侧，手腕微屈，防止铅球滑动，便于控制出球方向。手腕和手指力量较强的人，可以把铅球放在第一指骨上，更好地发挥手指推球的力量；手指力量较弱的人，可把铅球放在靠近指根处（图 5-12）。握好球后，把球放在肩上锁骨窝处，并贴紧颈部，手稍外转，掌心向前，右臂屈肘并低于肩部，身体肌肉放松（图 5-13）。

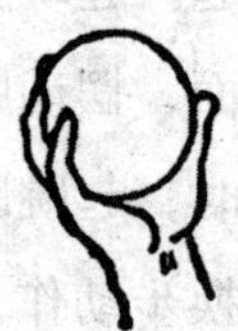

图 5-12　握球

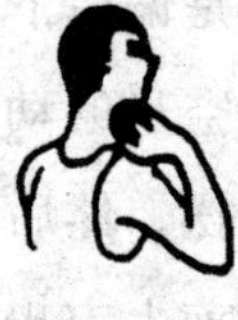

图 5-13　持球

2. 侧向滑步推铅球（以右手为例）

扫一扫，观看 3D 动画“侧向滑步推铅球”

（1）准备姿势。身体应侧对投掷方向，右脚站在投掷圈后沿处，左脚与右脚平行稍后，以足尖或前脚掌着地，重心落在右腿上，准备滑步。

（2）滑步。滑步时，左腿侧摆，同时右脚用力蹬地，左腿快收小腿，右脚沿地面滑行至投掷圈圆心附近，左脚掌落在抵趾板内侧。滑步结束后，进入最后用力阶段。

（3）最后用力。随着右腿蹬转，右髋向左前挺出，带动躯干转向投掷方向，使重心向左腿移动。然后，在左肩制动和左脚蹬伸形成的左侧支撑下，右臂快速用力，通过伸臂、屈腕和手指拨球等连贯动作将铅球从肩部推出。

扫一扫，观看 3D 动画“背向滑步推铅球”

3. 背向滑步推铅球（以右手为例）

（1）准备姿势。持球后，背对投掷方向，站在投掷圈内靠近后沿处。

两脚前后开立，相距约一脚半长。右脚尖靠近圈内沿，脚跟正对投掷方向。左腿在后并自然弯曲，前脚掌着地或脚尖着地，脚跟提起。持球臂的肘略低于肩或与肩齐平，左臂自然上举稍向内，上体直立放松，体重落在右腿上。

（2）滑步。滑步前先做一两次预摆，待身体平稳后，回收左腿，同时右腿逐渐弯曲。当左腿回收到接近右腿时，臀部稍向后移，使身体重心移离支撑点。当臀部后移时，左腿向投掷方向迅速而有力地摆出，右腿用力蹬伸。右腿蹬离地面后，迅速拉收小腿。在拉收小腿的过程中，右脚向内转动，用前脚掌着地，落在圆心附近。这时，左脚要积极下落，将前脚掌内侧落在靠近抵趾板处。两脚依次落地的动作要连贯、加速地过渡到最后用力阶段。

（3）最后用力。从左脚积极着地的一刹那开始，在拉收小腿的过程中，右膝和右脚向投掷方向转动。右脚着地后还要不停地蹬转，推动右髋向投掷方向转动，推动上体迅速向投掷方向抬起。身体几乎是左侧对投掷方向，上体向右倾斜，左肩高于右肩，形成推铅球前最有利的姿势。头和胸部转至投掷方向，身体重心逐渐移至左腿，左臂从上摆至体侧制动，右臂迅速有力地将铅球推出。铅球出手时，手腕稍向内转，充分利用手指力量使铅球离开手指。铅球出手后，两腿弯曲或交换，降低重心，维持身体平衡。

图 5–14　背向滑步推铅球

## 二、掷铁饼

### 1. 握法

握铁饼时，五指自然分开，拇指和手掌平靠铁饼，其他四指自然分开，用最末指节扣住铁饼边沿。铁饼的重心在食指和中指之间。手腕微屈，铁饼的上沿靠在前臂上。握好铁饼后，投掷臂放松下垂于体侧（图 5–15）。

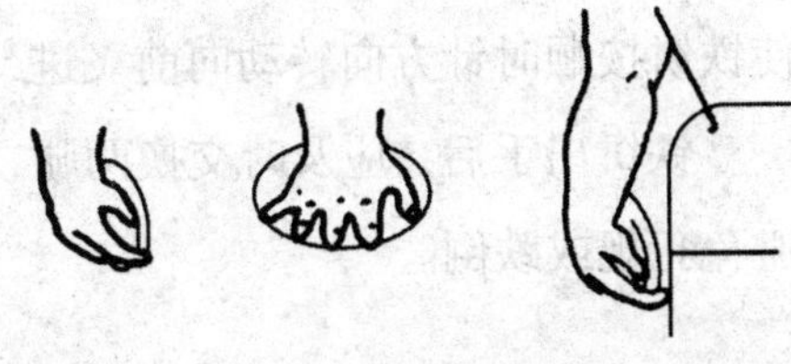

图 5–15　铁饼握法

### 2. 预备姿势和预摆

（1）预备姿势。背对投掷方向，站在圈内靠后内沿处投掷中线的两侧。两脚左右开立，稍宽于肩，两脚平行或左脚稍后。持饼臂自然放松，下垂于体侧。眼平视。

（2）预摆。预摆是为了摆脱身体和铁饼的静止状态，以有利的姿势进入旋转。预摆分为左向上右向后和体前左右预摆两种。这两种预摆，最后都有一个“制动”动作，而制动点就是旋转动作的开始。

3. 旋转

当右臂充分后摆结束时，弯曲的右腿蹬地，上体向左转动。同时，左膝外展，身体重心由右向边屈边转的左腿移动，身体重心略有下降，身体要稍前倾并稍收腹。当左肩转动移到左腿支撑点的垂直线上时，左腿屈膝向投掷方向移动，同时整个身体向左转动，形成以左侧为轴的旋转状态。这时，右腿的大腿带动小腿，弯曲成弧线，绕过支撑的左腿进行稍内扣的旋转，整个身体形成大扇面旋转。当身体重心通过左腿时，左脚蹬地，身体向投掷圈的圆心移动。在旋转过程中，投掷臂和右肩放松，被滞留在旋转身体的后面，右侧身体的肌肉也被拉长，形成了超越器械。旋转时，腿和髋起主要作用。旋转时，要延长旋转半径，加大旋转惯性，给右髋加速向前转扣创造有利条件；左膝向右膝靠拢，加快转动速度，有助于髋轴超越肩轴，更好地完成超越器械动作。预摆时，铁饼摆向体后，身体以右侧为轴；旋转时，髋向逆时针方向转动；随着重心向左腿移动，转为左侧为轴；从左脚蹬离地面，到右脚着地后，身体又转为右侧为轴；左脚着地后，重心左移，又转为左侧为轴，直到最后用力。

4. 最后用力和维持平衡

最后用力动作就是左脚着地时，右脚要继续蹬转，使右髋积极向投掷方向转动和前送。右脚边转动边向投掷方向蹬伸，带动投掷臂进行扩大弧度运动，形成一个以胸带动臂向前鞭打的甩臂动作。头向投掷方向转动，左肩向前牵引，左臂微屈于胸前，胸部向前挺出，使肌肉充分拉长。此时，左腿向上蹬伸，左肩制动，形成有利的左侧支撑。在上下肢和左右侧协调配合下，使全身各部位的用力都集中在铁饼上，以爆发式的快速用力向前挺胸挥饼，身体处在较高位置。铁饼出手的一刹那，由小指到食指依次用力拨饼，使铁饼按顺时针方向转动向前飞进，投出的角度为30° ～ 35°。

铁饼出手后，应及时交换两腿，并顺惯性向左转体，降低身体重心，维持身体平衡，避免犯规或跌倒。

## 三、掷标枪

1. 标枪的握法与持枪

常见掷标枪的握法有两种：一种是现代式握法，另一种是普通式握法。现代式握法是将标枪斜放在掌心上，拇指和中指握在标枪缠绳把手末端第一圈的上沿，食指自然弯曲斜握在枪杆上，无名指和小指自然地握在缠绳把手上（图 5-16 ①）。普通式握法是将标枪斜放在掌心上，拇指和食指握在标枪缠绳把手末端第一圈的上沿，其余的手指按顺序握在缠绳把手上（图 5-16 ②）。

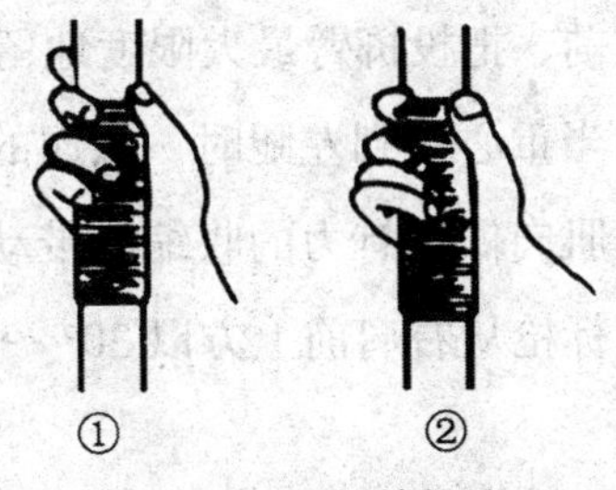

图 5-16　标枪握法

正确的持枪技术应有利于发挥持枪助跑速度，有利于引枪并控制标枪的位置和角度，有利于放松肩部和持枪臂。现在，多数运动员采用肩上持枪法。肩上持枪法大体可分为三种：一种是枪略高于头，枪尖略低于枪尾；另一种是持枪于右肩上方右耳旁边，枪身与地面平行；还有一种是持枪于头右侧，枪尖略向上，枪尖略高于枪尾（图 5-17）。

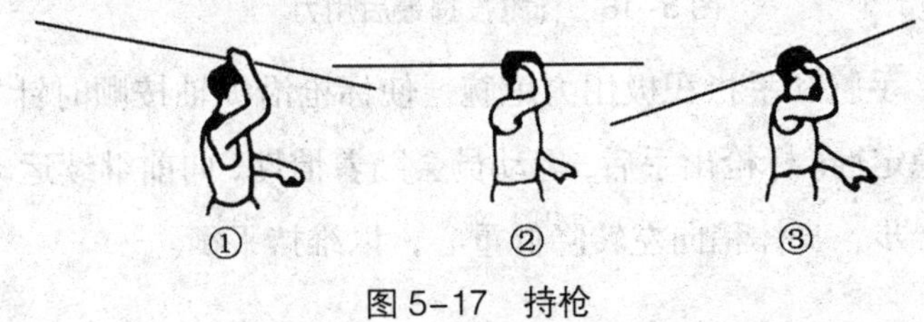

图 5-17　持枪

2. 助跑

助跑的距离一般为 25 ～ 35 米，由预跑阶段和投掷步阶段组成。在预跑阶段，投掷臂持枪，上体稍前倾，用前脚掌着地，高抬大腿。蹬伸动作要有力，节奏性要强，富有弹性，两臂与两腿协调配合，头部自然抬起目视前方。投掷步阶段就是在加速的情况下，做好投掷前的预备姿势。一般采用五步投掷步：第一步从右脚前迈开始，同时开始引枪；第二步迈左脚，继续引枪；第三步是交叉步，要加快两腿向前运动速度，迅速超越上体和髋部，使标枪和投掷臂落在身体的后面；第四步是最后用力掷枪动作，是从助跑到最后用力的衔接步，要控制好标枪在高速中充分发挥力量；第五步是缓冲步，注意控制出枪后的身体平衡。

3. 最后用力和缓冲

当投掷步的第三步右脚落地时，髋部向前随惯性继续运动，身体重心也随之向前运动。当重心越过右腿支撑点、左脚落地之前，就进入了最后用力阶段。右脚首先用力蹬伸，推动髋部前移。左腿主动前摆并前伸小腿，脚迅速着地支撑身体，形成稳固的左侧支撑。右腿继续用力，把髋向前推移超过肩部。投掷臂在原来的路线上随躯干转动而转肩并翻肘朝向投掷方向，形成肘向前、比肩高的“满弓”姿势。此时，投掷臂处于身后，与躯干几乎呈直角，标枪控制在身后几乎与肩同高。形成“满弓”姿势后，胸部继续向前，把投掷臂最大限度地留在身后，并以左脚为支撑，与右肩、右臂连成杠杆向前用力。当重心移到左腿时，微屈的左腿迅速有弹性地蹬伸，同时胸部尽量前送。被拉长的胸腹肌肉做强有力的收缩，带动上臂迅速向前，带动前臂向前做爆发式的“鞭打”动作，使标枪从右肩前上方以 30° ～ 35° 角飞出（图 5–18）。

图 5–18　标枪投掷最后用力

标枪出手时，手腕和手指积极用力甩腕，使标枪沿纵轴按顺时针方向转动，保持标枪在空中飞行的稳定性。标枪出手后，运动员会随着惯性，向前继续运动，为了防止犯规，可向前跨出 1 ～ 2 步，身体稍向左转降低重心，以维持平衡。

# 第六章　篮球运动

## 第一节　篮球运动概述

### 一、篮球运动的起源

1891年，美国马萨诸塞州普林菲尔德市基督教青年会国际训练学校的体育教师詹姆斯·奈史密斯博士发明了篮球运动。当时，他从当地儿童喜欢用球投向桃子筐（当地盛产桃子）的游戏中得到启发，发明了投篮游戏，这就是篮球运动的雏形。

### 二、篮球运动的发展

现代篮球运动从游戏演变为竞技篮球运动，经过了一个漫长的实践过程，即构思设计—初始尝试—建章完善—推广宣传—立项入世—普及提高—创新发展等几个阶段。若以其活动方式和规则完善的过程划分，可将其发展历史分成五个时期：

（1）初创试行时期（19世纪90年代至20世纪20年代）；

（2）完善传播时期（20世纪30年代至40年代末）；

（3）普及发展期（20世纪50年代至60年代末）；

（4）全面提高时期（20世纪70年代至80年代末）；

（5）创新发展时期（1990年至今）。

国际奥委会和国际业余篮球联合会于20世纪90年代同意了职业篮球运动员参加奥运会比赛，世界篮球运动进入了一个全新的发展时期。1992年，美国篮球“梦之队”在西班牙巴塞罗那夏季奥运会上展现了世界最高水平的篮球运动技艺，引起了国际篮球界的高度关注。世界篮球运动由此向融科技化、竞技化、智谋化、职业化、记忆化、凶悍化、多变化、产业化于一体的当代篮球运动方向发展，掀起了篮球运动的发展高潮。同时，篮球运动的技术动作不断创新，战术日益精湛，更加力求实效，阵型多变，运动员内外攻守区域分位趋向模糊，高空争夺更趋凶悍，竞技艺术更显观赏性。篮球规则对比赛、高空争抢、场地区域及攻守技术、战术的合理运用，乃至全场比赛时间、方式等都进行了新的规定（如改上下半时为 4 节，每节 10 分钟，实行 3 人裁判制，比赛双方交替拥有球权，进攻时间为 24 秒等）。

## 三、篮球运动的基本规律

1. 集体协同规律

篮球运动是集体协同作战的一项运动，要取得比赛的胜利，必须依靠集体的力量。

2. 凶悍对抗规律

篮球运动的对抗具有凶悍性，比赛一方要采用合乎规则要求的手段（身体动作与技术、战术）在地面与空间上制约另一方。

3. 攻守平衡规律

篮球比赛是由两个队在规则规定的时间内不断地进行攻守转换完成的。在竞赛过程中，双方在同一时间段里非攻即守，交替转换，一次进攻结束后就是另一次防守的开始，周而复始。

## 四、篮球运动的基本特点

1. 集体性

篮球运动比赛是以同队成员相互协同、两队成员攻守对抗的形式进行的竞技过程。只有发挥集体的智慧和技能，发挥团队精神，协同配合，才能达到最佳的比赛状态。

2. 对抗性

篮球运动是一项高强度的激烈对抗的运动。攻与守，限制与反限制，均在凶悍近身的环境下完成，不仅要斗智，还要有充沛的体能和顽强的作风。

3. 综合性

篮球运动包含跑、跳、投等身体活动，是一项综合性的体育运动。篮球运动竞技本身涉及社会学、生物学、军事学、管理学、体育学、教育学、竞技学等多种学科。

## 第二节　篮球基本技术

篮球技术是在篮球比赛中，球员为了达到一定目的而采用的专门动作方法的总称，包括进攻技术与防守技术两部分。进攻技术有传接球、运球、持球突破、投篮等，防守技术有防守对手、抢断球、封盖技术等。在进攻和防守中，还有移动、抢篮板球技术等。

### 一、移动技术

移动是篮球多项技术的基础，其关键是控制身体重心的平衡和变化。现将几种常用的移动方法简述如下。

#### （一）起动、急停

##### 1. 起动

起动是球员改变静止状态的一种方法。在进攻中，突然快速地起动是摆脱防守的有效手段。防守时，迅速地起动是保持抢占有利位置、防住对手的首要环节。

动作要领：起动前，两脚开立，腿有一定的弯曲，上体稍前倾。起动时，以后脚或异侧脚的前脚掌短促有力地蹬地，同时上体迅速前倾或侧转，向跑动方向移动重心，在最短的距离内把速度发挥出来（图 6–1）。

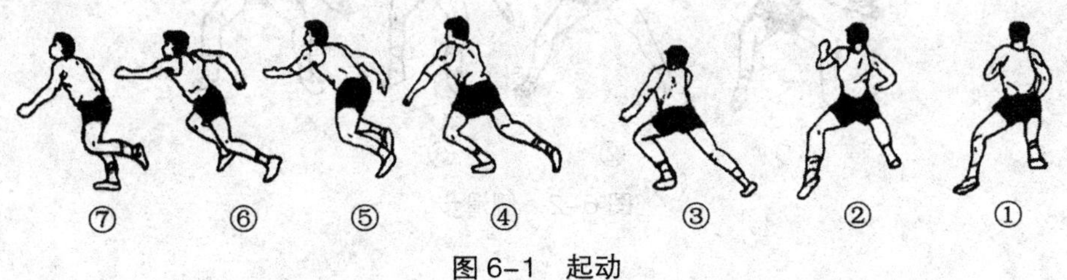


图 6–1　起动

##### 2. 急停

球员在移动中突然制动脚部的动作叫急停，可分为跨步急停与跳步急停两种。

跨步急停（两步急停）及动作要领：先向前跨出一大步，由脚跟着地过渡到全脚掌抵住地面，迅速屈膝并使上体后仰。第二步着地时，身体侧转，脚尖内旋，用前脚掌内侧蹬撑地面保持身体平衡，重心落在两脚之间。

跳步急停（一步急停）及动作要领：在跑动中，用单脚或双脚起跳，上体后仰，两脚同时平行落地，用前脚掌内侧有力撑地，两膝微屈，降低重心，保持身体平衡。

（二）侧身跑

侧身跑是球员在移动时为了更好地观察场上情况，多在快攻和防守快攻时采用的一种跑动方法。

动作要领：向前快跑的同时，头部和上体自然地向有球方向扭转，以便观察场上情况。

（三）变向跑

变向跑是球员在跑动中利用方向的变化完成攻守任务的一种方法。

动作要领（以从左向右变向跑为例）：顺步变向跑时，左脚落地制动，屈膝降低身体重心，用前脚掌内侧蹬地，同时扭腰转胯，右脚迅速向右跨步加速。交叉步变向跑时，左脚落地制动，腰胯向右转动，同时左脚前脚掌内侧蹬地向右跨步，继续加速跑动前进。

（四）滑步

滑步是防守动作的一项重要移动方法。它易于保持身体平衡，可向任何方向移动。滑步可分为侧滑步（横滑步）、前滑步和后滑步。

动作要领（以侧滑步为例）：滑步前，两脚左右开立，两膝微屈，上体稍前倾，手臂向两侧张开。向左滑步时，右脚前脚掌内侧蹬地，左脚向左跨出一步，落地的同时，右脚迅速随同滑行，然后依次重复上述动作，眼要注视对手（图 6–2）；向右滑步时，动作相反。

图 6–2　侧滑步

（五）转身

转身是指球员以一脚为中轴脚进行旋转，另一脚蹬地向前（后）跨出，从而改变原来身体方向的一种动作方法。它与急停、跨步、持球突破结合使用，能有效摆脱防守，创造传球、投篮的机会。转身分为前转身和后转身。

动作要领（以前转身为例）：转身时，中轴脚前掌用力碾地，移动脚向中轴脚脚尖方向跨出，移动脚蹬地并迅速跨步，从而改变身体方向，同时转腰转肩并保持身体平衡。

## 二、传、接球技术

篮球传、接球技术是在比赛中，同队球员相互移动产生的配合，或个人移动创造出战机时，及时获得球和供给球的一种方法。传、接球技术最直接地反映了球员的观察与判断能力，是进攻球员在场上相互联系和组织进攻的纽带，是实现战术配合的具体手段。

### （一）传球

传球有双手胸前传球、双手低手传球、双手低手向后传球、双手头上传球、单手肩上传球、单手胸前传球、单手低手传球、单手低手向后传球、单手肩上向后传球、单手背后传球、单手体侧传球和勾手传球等。下面主要介绍两种最常用的传球方法。

#### 1. 双手胸前传球

双手胸前传球是最基本、最常用的传球方法。这种方法快速有力，可在不同距离的情况中使用，而且便于和投篮突破等动作相结合。

扫一扫，观看3D 动画“双手胸前传球”

动作要领：双手持球于胸前，两手五指自然分开，两拇指呈“八”字形（两拇指间的距离随手的大小可变远近），持球的侧后方。手指指根以上部位触球，手心空出。两肘自然下垂，上体稍前倾，两腿自然弯曲地前后站立。传球时，前臂急促地向传球方向伸出，拇指用力下压，食指、中指外翻，抖腕拨球将球传出（图 6–3）。

图 6–3　双手胸前传球及持球手势

#### 2. 单手肩上传球

单手肩上传球是一种常用的中、远距离传球方法，特别是在抢到后场篮板球并发动长传快攻时运用得较多。

动作方法：持球方法与双手胸前传球相同，两脚平行开立，右手传球时，左脚向传球方向跨出。同时，双手将球引到右肩侧上方，右手大臂充分后引，左肩对传球方向，重心落在右脚上。传球时，右脚蹬地，同时转体并迅速向前挥臂，手腕前扣，最后通过食指、中指、无名指的弹拨将球传出（图 6–4）。

图 6–4 单手肩上传球

（二）接球

接球是篮球运动中的主要技术之一，是获得球的动作，也是抢篮板球和断球的基础。

1. 双手接球

扫一扫，观看 3D 动画“双手胸前接球”

双手接球有双手接胸部高度的球、双手接头部高度的球、双手接腰部高度的球、双手接反弹球、双手接地滚球等。

动作要领（以双手接胸部高度的球为例）：接球前，手臂可自然前伸，手指自然分开，两拇指呈“八”字形，手指向前上方伸出，两手呈半圆形。手指在触球的同时，随球后引，屈肘缓冲来球的力量，两手握球，保持身体平衡，做好传球、投篮或突破的准备。

2. 单手接球

单手接球能接到不同方向和位置的来球，非常有利于快速进攻。其缺点是不如双手接球稳定。

动作要领（以右手接球为例）：两眼注视来球，右臂微屈，手掌呈勺形，手指自然分开，迎着来球的方向伸出。当手指触球时，手臂顺势向后下引球，另一手立即帮助将球握于胸腹之间。

## 三、投篮技术

投篮技术是进攻球员为将球投入篮筐而采用的各种专门动作的总称，是篮球比赛中的主要进攻技术，也是唯一的一种得分手段。

（一）单手肩上投篮

单手肩上投篮是篮球比赛中应用比较广泛的一种投篮球动作，有出手点高、球出手快、便于结合其他技术动作等优点。

扫一扫，观看3D动画“单手肩上投篮”

动作要领（以右手投篮为例）：左手扶球的左侧，右臂屈肘持球于头右侧上方，大臂与肩关节平行，大小臂约呈90°，肘关节不要外展。两脚前后或左右开立，两膝微屈，重心落在两脚之间。投篮时，下肢蹬地发力，右臂向前上方举球，将要伸直时，手腕前屈，食指、中指用力拨球，通过指端将球投出，身体随之向前上方伸展。

## （二）双手胸前投篮

双手胸前投篮是使用较早的投篮方法，虽然其出手点低，但易于保持投篮前持球的稳定性，便于和传球突破相结合。远距离投篮的情况，适于运用这种投篮方法。女生的上肢力量较男生弱，比较适合学习这种投篮方法。

动作要领：投篮的准备姿势与双手胸前传球的准备姿势基本一致，投篮前将球置于胸前，目视球篮，两肘关节自然下垂。两脚前后或左右开立，两膝微屈，重心落在两脚之间。投篮时，两脚蹬地，两臂向前上方伸出，两手腕同时外翻，拇指稍用力压球，使球通过拇指、食指、中指指端投出（图 6–5）。

## （三）行进间投篮

行进间投篮是进攻或突破防守切入篮下时最常用的投篮方式，俗称

图 6–5 双手胸前投篮

跑篮、“三大步”上篮。下面介绍较常用的两种行进间投篮技术。

扫一扫，观看录像视频“行进间单手肩上投篮”

### 1. 行进间单手肩上投篮

动作要领（以右手投篮为例）：在运球行进或跑动行进中，接球的同时右脚向前跨一大步，落地后，左脚向前跨一小步蹬地跳起，右腿提

膝高抬，双手迅速举球于右肩上方。右手托球且掌心向上，左手扶球，当身体腾空到最高点时，将球投出。

2. 行进间单手低手投篮

动作要领（以右手投篮为例）：在运球行进或跑动行进中，接球的同时右脚向前跨一大步，落地后，左脚向前跨一小步蹬地跳起，右腿提膝高抬。右手掌心向上托球，并充分向球篮方向伸展，抖腕，食指、中指用力拨球，通过指端将球投出（图 6–6）。

图 6–6　行进间单手低手投篮

### （四）跳起投篮

跳起投篮（简称"跳投"），具有突然性强、出手点高和不易防守的优点，可在原地、行进中急停或结合转身一起使用。

动作要领（以原地跳起右手投篮为例）：准备动作与单手投篮基本一样。起跳时，起跳和举球动作同时完成。垂直起跳时，用腰腹力量保持身体平衡。当身体跳起至最高点或接近最高点时，迅速伸臂，用手腕和手指的合力将球投出（图 6–7）。

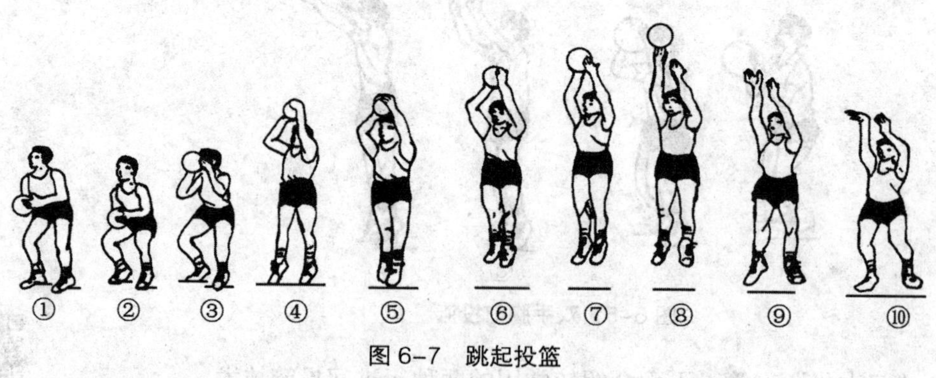


图 6–7　跳起投篮

### （五）运球（或接球）急停跳起投篮

运球（或接球）急停跳起投篮要求全身力量的配合，对腰腹部、腿部等部位的力量及协调性的要求较高。

动作要领：在快速运球中，运用跳步或跨步急停，突然向上起跳，同时，两手持球上举。当身体接近最高点时，前臂向前上方伸直，手腕前屈，食指、中指用力拨球，通过指端将球投出。

## 四、运球技术

运球是球员在比赛中携带球移动的唯一方法，是控制球、支配球、组织战术配合和突破防守的重要手段。但是，盲目地过多运球，则会贻误战机，影响集体作用的发挥，造成被动局面。运球技术包括高运球，低运球，运球急停、急起，体前变向换手运球，体前变向运球，背后运球，运球转身，胯下运球等。

1. 高运球

使用高运球方法时，身体重心较高，速度快，便于观察场上情况。

动作要领：运球时，两腿微屈，目平视，以肘关节为轴，前臂自然伸屈，用手腕、手指柔和而有力地按拍球的后上方。球的落点控制在运球手臂同侧脚的外侧前方，使球反弹的高度在腰腹之间，手脚协调配合，使球有节奏地向前运行（图 6–8）。

图 6–8　高运球

2. 低运球

当受到对手紧逼防守时，常采用低运球方法。

动作要领：两腿弯曲，重心下降，上体前倾。在用上体和腿保护球的同时，用手短促地按拍球，使球从地面向上反弹的高度在膝部以下（图 6–9）。

图 6–9　低运球

3. 运球急停、急起

运球急停、急起是运球时利用速度的突然变化来摆脱防守的一种常用方法。

动作要领：在快速运球中突然急停时，采用两步急停，使身体重心降低，手按拍球的前上部，使球停止向前运行。运球急起时，两脚用力后蹬，上体急剧前倾，迅速起动，同时，按拍球的后上部，人、球同步快速前进（图 6-10）。

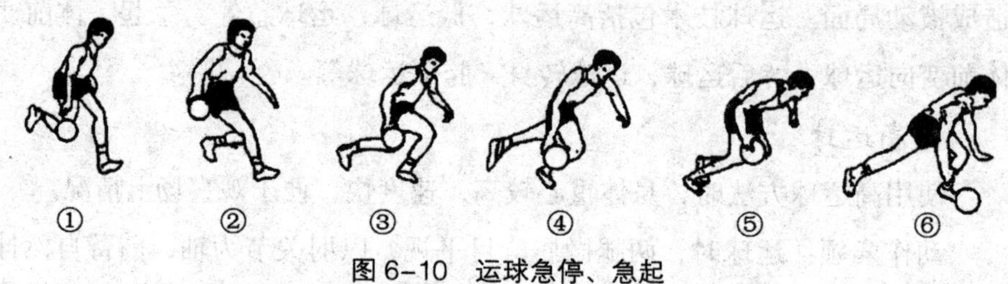


图 6-10　运球急停、急起

4. 体前变向换手运球

扫一扫，观看录像视频“体前变向换手运球”

体前变向换手运球是运球球员利用突然改变运球方向来突破防守的一种运球方法。

动作要领（以右手运球为例）：运球球员从对手右侧突破时，先向对手左侧做变向运球假动作，然后突然改变方向向右侧运球。变向时，右手按拍球的右后上部，把球从自己的右侧按拍到左侧前方。同时，右脚向左前方跨出，上体左转，用肩保护球，然后换手运球加速前进。

## 五、个人防守技术

防守技术是球员在防守时为了阻挠和破坏对手进攻，达到夺球反攻的目的所采取的各种专门动作方法的总称。

1. 防守无球球员

防守者应与球、被防守者内侧保持三角形站位。防守者到靠近球的区域，面对人，侧对球；到远离球的区域，面对球，侧对人。

防守姿势：防守者两脚开立，两腿弯曲，身体重心下降，上体稍前倾，积极移动脚步，手臂配合，阻挠对手接球和摆脱。

2. 防守有球球员

防守者应站在对手与球篮之间。根据持球球员的位置，落位时要截

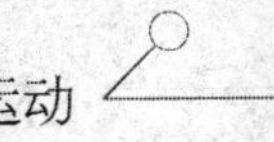

击对手，往边线逼防，阻止变向和超越。防守动作与防守无球球员大体相同，只是注意与对手要保持适当的有利距离。离球篮远时，防突破和传球；离球篮近时，除防突破、传球外，还要防投篮，要两臂上举挥摆干扰。

3. 抢球技术

抢球是从进攻球员手中夺取球的方法。抢球时，防守者看准持球者的持球空隙部位，迅速用双手抓住球向后突然拉转，将球抢过来，也可以双手抓住球的同时，双手向前下方转动，将球从持球者手中抢出。

4. 打球技术

打持球：防守者利用突然上步，用单手由上向下或由下向上以快速准确的动作将对方球打掉。打运球：在进攻者运球时，当球刚从地面弹起时，防守者突然上步，用靠近球的手将球迅速打掉。

## 六、抢篮板球技术

篮板球是获得控制球权的重要来源之一。进攻篮板球的优势，不仅可以增加进攻次数和篮下直接得分的机会，还可以增强本队投篮的信心，同时减少对方发动快攻的机会。防守篮板的优势，不仅能为发动快攻创造有利条件，还能给进攻球员投篮造成心理压力。因此，一个球队抢篮板球的能力，对争取比赛主动和比赛胜利都起着重要作用。下面讲述抢篮板球的技术分析及动作方法。

1. 抢占有利位置

抢占有利位置是抢篮板球技术的关键。无论是抢进攻篮板球还是抢防守篮板球，都应抢占对手与球篮之间的有利位置，力争把对手挡在身后。抢占位置时，应根据对手和投篮球员所处的位置，正确判断篮板球的反弹方向、距离，运用快速的脚步动作，抢占有利的位置。

2. 转身挡人抢位

转身挡人抢位多用于抢防守篮板球，在防守者靠近对手时运用。当对手投篮后，根据对手移动的方向决定转身的方法，转身后把双手挡在身后并贴、靠对手，挡住其移动路线。如果对手距离较远时，则可先上一步，贴近对手再做转身，把对手挡在身后。

# 第三节　篮球基本战术

篮球基本战术可分为进攻战术和防守战术两种。基础配合是 2 ～ 3 人之间有目的、有组织的攻守合作行动方法，是组成全队战术的基础，也是培养运动员篮球意识的重要手段。

## 一、进攻战术的基础配合

进攻战术的基础配合是进攻球员之间，为了创造攻击机会，合理运用技术而组成的合作方法。

### 1. 传切配合

传切配合是进攻球员之间利用传球和切入技术所组成的简单配合。

传切配合过程中，球员配合的距离要拉开，切入路线要合理；切入球员要利用假动作迷惑对手，或趁对手注意球的瞬间，掌握好摆脱时机，切入时紧贴对手，动作要快速；传球球员动作要隐蔽，要及时、准确、快速地将球传给切入球员。如图 6-11 所示。

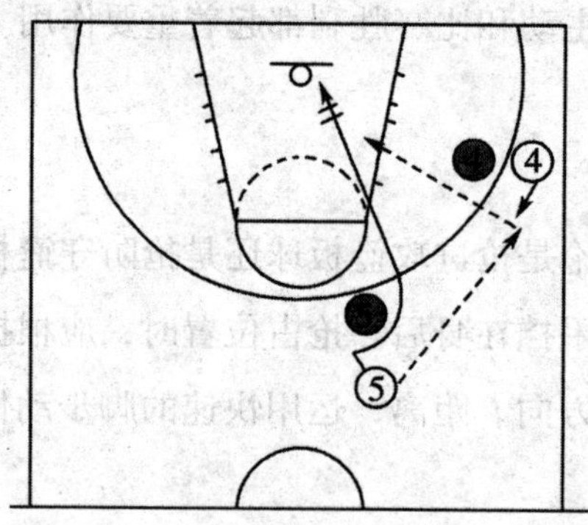

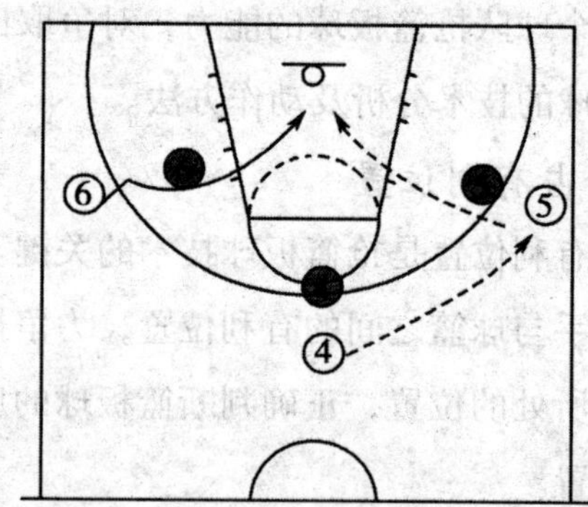


图 6-11　传切配合

### 2. 突分配和

突分配合是指持球者突破后利用传球与同伴配合的方法。如图 6-12 所示。

### 3. 策应配合

策应配合是指进攻球员背对篮筐或侧对篮筐接球，以他为枢纽，与同伴空切配合而形成的一种里应外合的配合方法。

配合球员要根据策应者的位置，及时传球给策应者远离防守方的一侧，做到“人到球到”，或设法摆脱防守后切入，绕出接球。如图 6-13 所示。

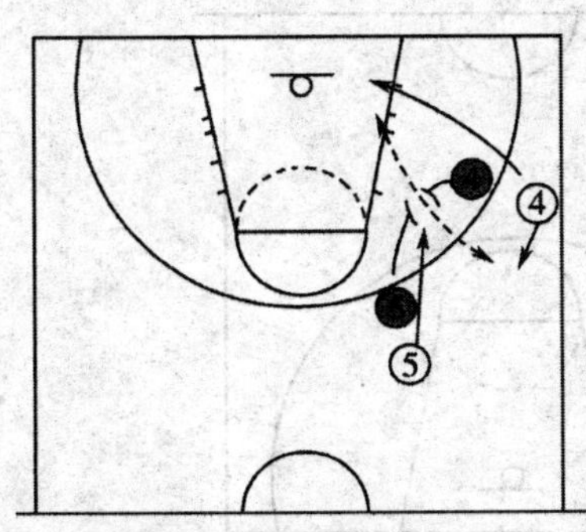


图 6-12 突分配合

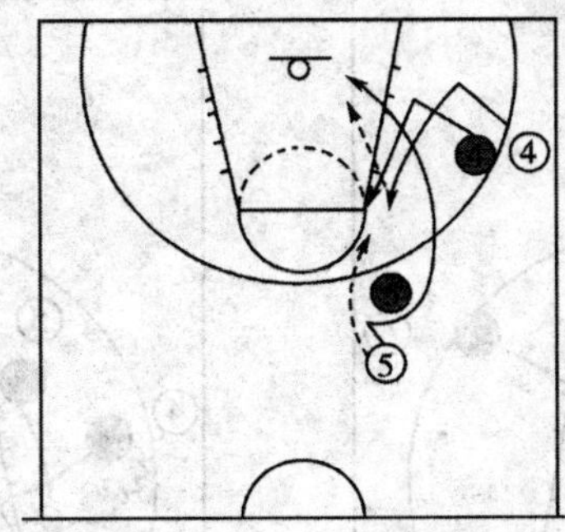


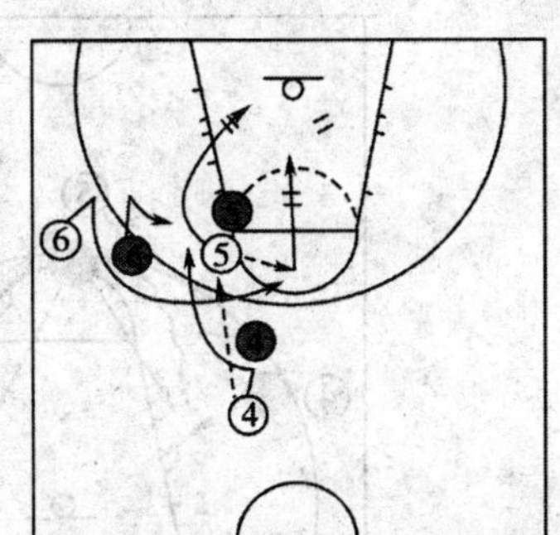


图 6-13 策应配合

4. 掩护配合

掩护配合是掩护球员采用合理的行动，用自己的身体挡住同伴的防守者的移动路线，使同伴借以摆脱防守，或利用同伴的身体和位置使自己摆脱防守的一种配合方法。

掩护配合是篮球比赛中常用的一种配合方法，我们经常可以在电视上看到比赛双方球员利用各种掩护配合摆脱防守球员。如图 6-14 所示。

图 6-14 掩护配合

## 二、防守战术的基础配合

防守战术的基础配合是指防守球员之间，为了破坏对方进攻而配合，或当同伴防守出现困难时，及时互相协作和帮助的行动方法。

1. 关门配合

“关门”是两名防守球员靠拢协同防守突破的配合方法。如图 6-15 所示。

2. 夹击配合

夹击配合是两名防守球员积极防守一名进攻球员的配合方法。如图 6-16 所示。

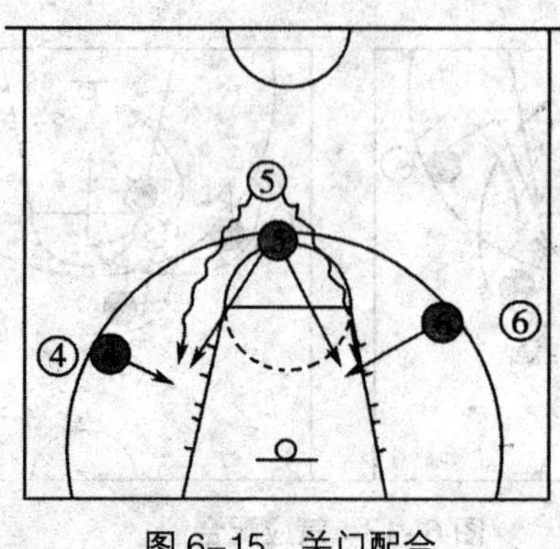


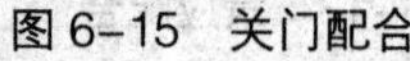
图 6-15　关门配合

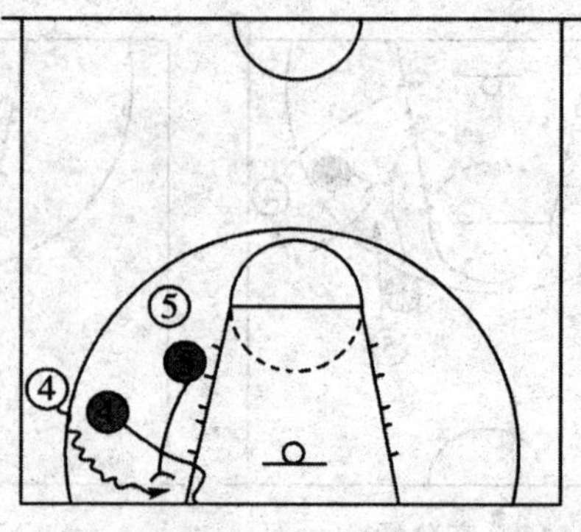


图 6-16　夹击配合

3. 补防配合

补防配合是指防守球员在同伴漏防时，立即放弃自己的对手，去补防那个威胁最大的进攻者，而漏人的防守球员及时换防的一种协同防守方法。如图 6-17 所示。

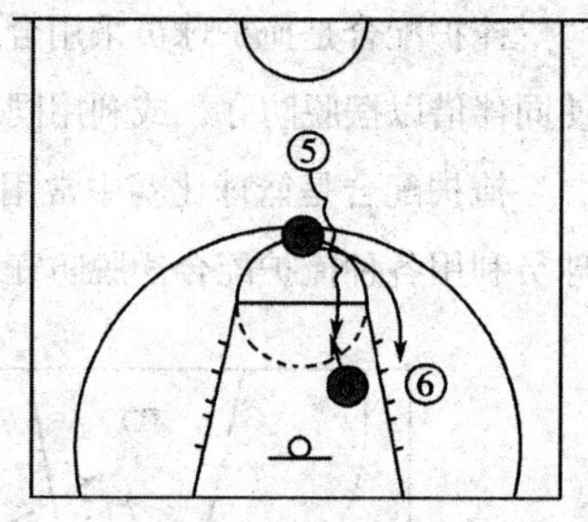


图 6-17　补防配合

有了以上的基本战术作为保障，球队就可以根据实战需要，安排全队攻防战术。全队攻防战术种类繁多，但都要以基本的攻防战术为基础。我们只有熟练掌握了这些最基本的攻防战术，才能学习并真正掌握全队的攻防战术。

## 第四节　篮球运动竞赛规则简介

篮球规则指篮球比赛中应用的各种规则。基于适用范围，篮球规则可分为 FIBA 规则、NBA 规则、NCAA 规则等。在世界上通用的篮球规则是国际篮球联合会指定的 FIBA 官方篮球规则。

篮球运动在全世界范围内得到了广泛的普及和深入的发展，为使该项运动保持持久的吸引力和生命力，并在发展中得到统一和规范，国际篮球联合会近年来不断对《篮球规则》进行完善，以四年为间隔对规则进行较大的修订。

国际篮球联合会中央局会议通过的 2014 年《篮球规则》，已于 2014 年 10 月 1 日起在世界范围内正式执行。

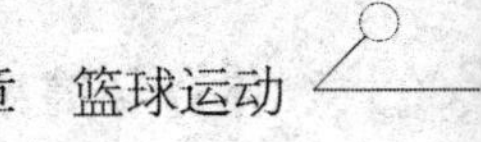



## 一、竞赛场地

1. 场地

篮球场是一个长方形的坚实平面，无障碍物。国际篮联主要的正式比赛，比如奥运会比赛，世界男、女锦标赛，世界男、女青少年锦标赛和世界男子22岁以下年龄组锦标赛，洲际男、女锦标赛等，球场长28米、宽15米。球场的丈量从界线的内沿量起。

2. 界线

球场必须有明显的界线，界线外至少2米以内不得有任何障碍物。长边的界线叫边线，短边的界线叫端线。线宽均为0.05米。

3. 中圈

中圈要画在球场的中央，半径为1.80米，从圆周的外沿丈量。

4. 中线

从边线的中点画一条平行于端线的横线叫中线，中线要向两侧边线各延长0.15米。对方篮球、篮板的界内部分以及对方篮球后面的端线、边线和距对方篮球最近的中线边缘围成的场区构成了某队的前场。球场的另一部分，包括中线和本方场区，以及篮板的界内部分，是该队的后场。

5. 3分投篮区

3分投篮区是由场上以篮筐投影点为圆心，以6.25米为半径的两条拱形线限制出的地面区域。

## 二、比赛规则

1. 篮球比赛

一场篮球比赛由两个队参加，每队出场5名球员。每队的目标是在对方球篮得分，并阻止对方队得分。篮球比赛由裁判员、记录台人员和技术代表（如到场）管理。

2. 球篮：本方 / 对方

被某队进攻的球篮是对方的球篮，由某队防守的球篮是本方的球篮。

3. 比赛的胜者

在比赛时间结束时得分较多的队，将是比赛的胜者。

4. 比赛时间

比赛分成两个半时，每个半时20分钟；两个半时之间休息10分钟或15分钟。比赛又可细分为四节，每节10分钟；第一节和第二节、第三节和第四节之间的休息时间分别为 2 分钟。

5. 比赛开始

比赛要在中圈内跳球开始，当主裁判持球步入中圈执行跳球时，比赛正式开始。如某队在场上准备比赛的球员不满 5 名，则比赛不能开始。所有比赛的下半时，双方要交换球篮。

## 三、违例

比赛中发生的违例有球出界、带球走、非法运球、携带球、球回后场、故意角球、拳击球和掷界外球，时间（3 秒、5 秒、8 秒、10 秒、24 秒）上违例，罚球时违例。

## 四、犯规

犯规是违反规则的行为，含有与对方球员的身体接触或违反体育道德的举止。对犯规球员要进行登记，随后按规则的有关条款进行处罚。

侵人犯规，是在活球和死球时涉及与对方球员接触的犯规，球员不准通过伸展臂、肩、髋、膝、脚或弯曲身体呈不正常姿势，以阻挡、拉、推、撞、绊等动作来阻碍对方行进，也不准使用任何粗野动作。侵人犯规的情况有阻挡、撞人、拉人、非法用手、推人、非法掩护等。规则中定义了以下几种侵人犯规：

（1）挡，是阻止对方球员行进的身体接触。

（2）撞人，是持球或不持球的球员推动或移动到对方球员躯干上的身体接触。

（3）从背后防守，是防守球员从对方球员内的背后与其发生的身体接触。

（4）用手拦阻，是防守球员在防守状态中用手接触对方球员，或是阻碍其行动或帮助他来防守对手。

（5）拉人，是干扰对方球员移动自由而发生的身体接触。

（6）非法用手，发生在球员试图用手抢球接触了对方球员时。如果仅仅接触了对方球员持球的手，则被认为是附带的接触。

（7）推人，是用身体的任何部位强行移动或试图移动已经或没有控制球的对方球员时发生的身体接触。

（8）非法掩护，是试图非法拖延或阻止非控制球的对手到达希望到达的场上位置。

侵人犯规罚则是，在所有情况下都要登记犯规球员 1 次侵人犯规。

# 第七章　排球运动

## 第一节　排球运动概述

### 一、排球运动的起源和发展

排球运动是美国马萨诸塞州霍利约克城基督教青年会干事威廉·摩根于1895年发明的，是由一项球类游戏演变而来的。1896年，首次排球比赛在美国斯普林费尔特体育专科学校举行。当时的比赛出场人数由双方共同商定，不限多少，但必须相等。1918年，每队上场人数被规定为6人。排球运动首先在美洲流行起来，1900年、1917年，排球运动相继传入亚洲和欧洲。排球运动几经演变，先后改为16人制、12人制、9人制，最后改为6人制。

我国的排球运动始于1905年，当时广州、香港的一些学校最先有了排球运动，以后逐渐发展到上海、天津、福建、江西和其他地区。最早的排球比赛每队上场16人，前后站成4排，1923年改为3排12人，1927年改为3排9人。1913年，我国男子排球队参加了首届远东运动会的排球比赛。我国的女子排球运动始于1920年。1949年前，由于排球运动得不到广泛开展，因而技术水平很低。新中国成立以后，排球运动迅速发展。1962年，我国男、女排球队在世界排球锦标赛上均获第9名。1981年，我国女排以全胜成绩夺得第三届世界杯赛的冠军，打响了三大球“冲出亚洲，走向世界”的第一炮。我国男排在第四届世界杯赛中也取得第5名的成绩。我国女排自1981年起，连续在世界杯赛、世界锦标赛和奥运会排球赛获得5次冠军，被誉为“五连冠”。2003年世界杯、2004年雅典奥运会，中国女排重夺冠军。

## 二、排球运动的特点

1. 运动的广泛性和群众性

排球运动的场地可变性较强，可以是地板、草地、雪地、沙地甚至水中，参加的人数也可多可少，不同年龄、性别、训练程度和水平的人都可以参加。因而该运动具有广泛性、群众性的特点。

2. 激烈的对抗性和安全性

排球比赛中双方的攻防转换始终是在激烈的对抗中进行的，特别是在每球得分制的新规则下，失球即失分。现代排球的对抗从发球时开始，传、扣、防每一个环节都充满着激烈的竞争，因而排球运动体现出激烈的竞争性。但排球运动的这种激烈对抗性，有别于其他具有身体直接接触的运动，排球运动员即使是在激烈对抗中也是安全的，体现出排球运动高度安全性的特点，因此排球运动也被称为一种激烈的文雅运动。

## 三、当前排球运动的形式

1. 6 人制排球

世界排球锦标赛、世界杯排球赛、奥运会排球赛，这些比赛已经列为传统的每两年或四年举行一次并延续至今的国际排球三大重要赛事。这三大赛事均是 6 人制排球赛事。

2. 沙滩排球

20 世纪 20 年代，法国南部地中海沿岸的度假胜地兴起在沙滩上玩排球的娱乐活动。由于从事该项活动的人越来越多又受到商家的重视，逐渐由娱乐活动变成一项新兴的竞技体育项目。1996 年，沙滩排球作为排球运动的一个正式比赛项目列入了亚特兰大奥运会。

3. 软式排球

软式排球是 20 世纪 80 年代在日本首先开展的。它使用的球重量轻、质地软、气压小、反弹力低，所以球速慢、难度小，增加了该项运动的趣味性，适合青少年和中老年参与。它融娱乐性与竞技性于一体，是一项极有发展前景的群众性体育项目。现已由高校把该项目作为专项课进行教学实践。全国大学生排球联合会每年也举办一次大学生软式排球比赛。

4. 残疾人排球

该项目已被列为残奥会的正式比赛项目。

5. 其他

其他形式的排球运动包括雪地排球、水中排球、泥地排球等。

## 第二节　排球基本技术与基本战术

### 一、排球基本技术

（一）准备姿势和移动

1. 准备姿势

（1）脚。左右脚分开，距离大于肩宽（图 7–1）。脚尖向前，并稍向内，双脚稍前后错开，一般有力的脚放在后面，也可根据自身所处球场的不同位置决定哪只脚在前，脚跟适当离地。

（2）膝关节。弯曲至便于用力的角度，一般以 135° 为宜（图 7–2）。

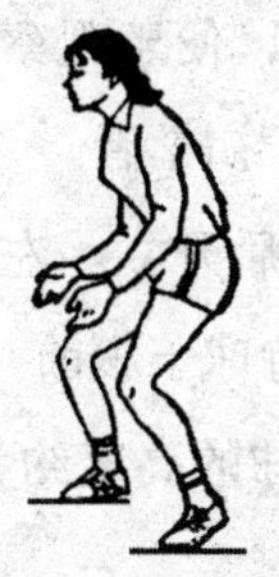

图 7–1　脚部准备姿势

图 7–2　膝关节准备姿势

（3）手。双手置于腹前或左右，自然放松，肘关节呈 90°，使之可以用最快的速度做任何反应动作。

（4）身体。身体略为前倾，全身肌肉放松，切记身体肌肉紧张而僵硬会造成动作反应迟钝。

（5）身体重心。身体重心的投影点在两脚间的支撑面偏前的地方，身体处于微动中，重心微微移动，便于以最快的速度对球场的需要做出相应的反应。

2. 移动

（1）跨步。当来球较低、距离身体 2 米左右时，采用跨步移动。采用跨步移动时，如向前移动，则后脚用力蹬地，前脚向前跨出一大步，膝部弯曲，上体前倾，身体重心移至前腿上（图 7–3）。跨步可以向前、向斜前或向侧方。

（2）交叉步。当来球在体侧约 3 米时，可采用交叉步移动。采用向右侧交叉步移动时，上体稍向右转，左脚从右脚前面向右交叉迈出一步，然后右脚再向右跨出一大步，同时身体转向来球方向，保持击球前的姿势（图 7–4）。

图 7–3 跨步　　图 7–4 交叉步

（二）发球

发球分为正面下手发球和侧面下手发球。发球的技术动作（均以右手发球为例）如下：

1. 正面下手发球

这种发球动作简单易学。发球球员面对场内，便于观察对方，容易发得准，但球速慢、力量小、攻击性不强，适用于初学者。

扫一扫，观看 3D 动画“正面下手发球”

（1）准备姿势。发球球员面对球网，两脚前后开立。左脚在前，两膝微屈，上体稍前倾，重心偏落在右脚上，左手持球于腹前。

（2）抛球。左手将球向体前右侧轻轻抛起，球的高度约为 20 厘米。在抛球之前，右臂伸直，以肩为轴向后摆动。

（3）击球。借右脚蹬地的力量，身体重心随着右手向前摆动击球而移至左脚上，在腹前以全手掌击球的后下方。手触球时，手指和手腕要紧张，手呈勺形吻合球。击球后，身体重心前移，迅速进入场地比赛。

2. 侧面下手发球

这种发球，可借助于转体力量带动手臂挥动击球，较省力，但攻击性不强。

（1）准备姿势。发球前，左肩对网，两脚左右开立，与肩同宽。两膝微屈，上体稍前倾，重心落在两脚之间（或稍偏右脚），左手持球于腹前。

（2）抛球。左手将球平稳抛送于胸前，距离身体约一臂远，离手高约 30 厘米。

（3）击球。在抛球的同时，右臂摆至右侧后下方。接着利用右脚蹬地向左转体的力量，带动右臂向前上方摆动，在腹前用全手掌击球的右下方。要注意控制击球出手的角度和路线。击球后，随击球动作立即入场。

3. 正面上手发球

这种发球需要发球者面对球网站立，便于观察对方，发球的准确性大，易于控制落点，并能充分利用转体、收腹动作带动手臂加速挥动，以及运用手腕的推压动作，加大力量和速度。

扫一扫，观看 3D 动画“正面上手发球”

（1）准备姿势。面对球网，两脚自然开立，左脚在前，左手持球于体前。

（2）抛球。用抬臂和手掌的平托上送，将球平稳地垂直抛于右肩的前上方，高度适中。

（3）挥臂击球。在左手抛球的同时，右臂抬起，上体稍向右侧转动。击球时，利用蹬地，使上体向左转动，同时收腹，带动手臂挥动。在右肩上方伸直手臂的最高点，用全手掌击球的中下部。击球时，手指自然张开吻合球，手腕要迅速主动地做推压动作，使击出的球进行上旋飞行。击球后，随着重心前移，迅速进场比赛。

（三）传球

传球是排球运动的基本技术之一，是组织战术的基础，主要用于衔接防守和进攻。传球的种类很多，按其动作，可分为正面传、背传和侧传；按传球方式，可分为原地传（不跳）和跳传；此外，还有双手传和单手传之分。

正面双手传球是传球中最基本的传球方法，它控制球面积大，手和全身动作容易协调配合，传球的准确性和稳定性也较高，是掌握其他各种传球方法的基础。

扫一扫，观看 3D 动画“正面双手传球”

1. 准备姿势

判断好来球的方向和落点后，应迅速移动到接球位置。身体对准来球，做好传球准备姿势，一般以稍蹲式为最佳。双手自然抬起，放松至于脸前。

2. 迎球

当来球接近额前时，开始蹬地，伸膝，伸臂，两手微张，从脸前上方迎球。

3. 击球

击球点在额前上方约一球远的距离，这样既便于观察来球，又可控制传球方向。

4. 手形

正确的手形是两手呈半球形，手腕稍后仰。拇指相对呈“八”字形，或平行相对呈“一”字形（多用于背传或低于面部以下的球）。十指要全部与球体吻合。触球一般是触在球体后下方（图 7–5）。

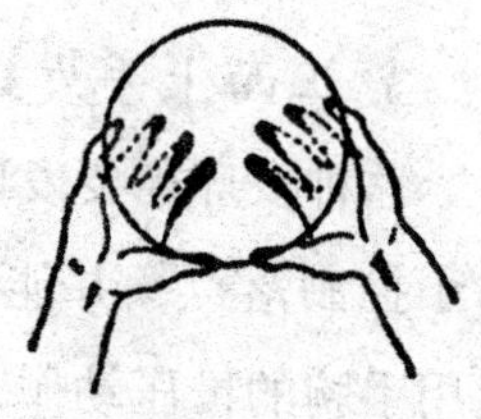

图 7–5　手形

5. 用力

传球动作是由伸臂力量、手指手腕的弹力、伸腿蹬地的力量、主动屈指屈腕的力量及球的弹力等多种力量合成的。正面传球主要靠伸臂的力量，配合蹬地的力量，通过球压在手上使手指手腕所产生的反弹力将球传出。

（四）垫球

垫球是排球的基本技术之一，是用手臂从球的下部，利用来球的反弹力向上击球的技术动作。

扫一扫，观看 3D 动画“正面双手垫球”

1. 正面双手垫球

正面对准来球方向，双手在腹前垫击即正面双手垫球。它是垫球中最基本的垫球方法，是各项垫球技术的基础，适合于接各种球。

（1）准备姿势。看清来球方向，迅速移动到球的落点上，对正来球，呈半蹲姿势站立。

（2）手形。当球接近腹前时，两手掌根紧靠，两手手指重叠后合掌互握。两拇指平行（图 7–6 ①）或者两手腕部紧靠（图 7–6 ②），两手自然放松，手腕下压，两臂外翻形成一个平面。

①

②

图 7–6　正面双手垫球手形

（3）击球。当来球到腹前约一臂距离时，两臂夹紧前伸，插到球下，向前上方蹬地抬臂，迎击来球，垫击球的后下部。身体重心随击球动作前移。

（4）击球点。应保持在腹前击球，便于控制用力大小，调整手臂角度，控制垫球方向和落点。

（5）垫击部位。触球时，用前臂腕关节以上 10 厘米左右桡骨内侧平面为宜。如触球部位过高，两臂间隙大而不好控制球；触球部位低，垫在腕部，球则不稳。

（6）手臂角度。要根据来球的角度和要求垫出的方向，调整手臂与地面的角度和左右转动手臂平面，来控制垫球方向。

2. 体侧垫球

来球飞向体侧，球员来不及移动对正来球时，可用双臂在体侧垫击。体侧垫球可以扩大控制范围，但不易控制垫球方向，故在来得及移动的情况下，尽量采用正面垫球。若球向右侧飞来，则左脚前脚掌内侧蹬地，右脚向右侧跨出一步，重心随即移至右脚上。右膝弯曲，同时两臂夹紧向右侧伸出。左肩微向下倾斜，用向左转腰和收腹的动作，配合两臂自右后方向前截住球飞行的路线，用两前臂垫击来球的后下部（图 7–7）。切忌随球向右摆臂击球，否则会使球飞向侧方。

3. 背垫球

背对垫出方向，从身前向背后垫球即背垫。若球飞得很远，球员在奔跑中无法进行正面垫击或传球时，多采用背垫（图 7–8）。背垫技术的关键是要判断好球的飞行方向，迅速移动到球的落点上，背对出球方向，两臂夹紧伸直。击球时头部后仰，挺胸，展腹，后仰，直臂向后上方摆动抬送。

图 7–7　体侧垫球

图 7–8　背垫球

（五）扣球

扣球是排球的基本技术之一，是得分的重要手段，也是进攻中最积极有效的武器。扣球的方法很多，按其技术，可分为正面扣球、调整扣球、勾手扣球、扣快球和自我掩

扫一扫，观看录像视频“正面扣球”

护扣球等。其中，正面扣球是扣球中最常用的基本技术。由于球员面对球网，便于观察，因而正面扣球的准确性较高。正面扣球挥臂灵活，能根据对方防守情况，随时改变扣球的路线和力量。由于便于控制球的落点，因而进攻效果较好。

1. 准备姿势

一般站在距离网约 3 米远处，两臂自然下垂，稍蹲。脚步不要站死，注视二传球员的动作，做好随时向各个方向助跑起跳的准备。

2. 助跑

助跑的目的是选择适当的起跳地点，并利用其速度增加弹跳高度。由于二传球的高度、速度是不定的，因而助跑时要注视来球，步伐要灵活，调整能力要强。助跑的步数要根据球的远近和个人习惯，可以采用一步、两步、三步或多步法。

3. 起跳

起跳的目的不仅在于获得高度，还为了掌握扣球的时机和选择最佳的击球位置。在助跑跨出最后一步的同时，两臂绕体侧向后引，左脚在踏地制动的过程中，两臂自后积极向前摆动，随着双腿蹬地向上起跳，两臂也配合起跳，有力地向上摆动。在助跑制动之后，向上摆臂的同时，两腿猛力蹬地向上起跳。

4. 空中击球

击球是扣球的关键。空中击球动作的好坏直接影响扣球的质量。起跳后，要挺胸展腹，上体稍向右转，右臂向后上方抬起，身体呈反弓形。挥臂时，以迅速转体、收腹动作发力，依次带动肩、肘、腕各部位关节呈鞭甩动作向前上方挥动，全身协调，集中用力于手上，以加大击球力量。击球时，五指微张呈勺形，并保持紧张。以全手掌包满球，掌心为击球中心，击球的后中部。同时主动用力屈腕、屈指推压，使扣出的球加速上旋。击球点在起跳的最高点和手臂伸直最高点的前上方。

5. 落地

落地时应尽量争取双脚同时着地，随势屈膝、收腹，缓冲下落力量，并立即做好下一个准备动作。

(六) 拦网

拦网分为单人拦网和集体拦网两种。两者对个人的技术要求是相同的，只是集体拦网需要注意相互间的协作与配合。单人拦网是集体拦网的基础，其动作包括准备姿势、移动起跳、空中拦击和落地四个相互衔接的部分。

扫一扫，观看录像视频“单人拦网”

1. 准备姿势

目的是为了便于起跳和迅速向两侧移动。球员面对球网，两脚平行开立，约与肩同宽，距网 30 ～ 40 厘米。两膝稍屈，两臂在胸前自然屈肘。

2. 移动

为了及时对正扣球，可根据各种情况采用并步、交叉步、滑步、跑步等移动步法。移动后，必须做好制动动作。最后移动两脚着地时，脚尖要尽量转向网，保持垂直向上起跳，避免触网或过中线犯规。

3. 起跳

原地起跳时，重心降低，两膝弯曲，用力蹬地，使身体垂直起跳。

4. 空中拦击

起跳时，两手从额前贴近并与球网平行，向网上沿的前上方伸出。两臂伸直，两肩尽量上提，两肩保持平行。拦网时，两臂尽力上伸过网，伸向对方上空，两手接近球，并自然张开，屈指、屈腕呈勺形。当手触球时，两手要突然紧张，手腕用力下压，盖住球的前上方。手腕要主动用力盖帽捂球，使球反弹角度小，对方不易防守。

5. 选择拦网的时间与部位

拦网起跳时间必须掌握好，这是拦网成功与否的决定因素。可根据对方二传球的高低、远近、快慢以及扣球球员起跳时间和动作的特点来综合判断。

6. 落地

如已将球拦回，则可面对对方，屈膝缓冲，双脚落地。如未拦到球，则在下落时就要随球转头面向后场，准备接应来球或做下一个动作。

## 二、排球基本战术

排球战术是球员在比赛中根据排球规则、排球运动规律，以及双方的具体情况和临场的发展变化，采取的有目的、有预见性的行动和技术配合。

排球战术可分为个人战术和集体战术两部分。前者是指个人根据临场情况有目的地运用技术的过程，如扣球时的变线、变点、变速、变弧度、变力量和变性能均属于个人扣球战术。集体战术则是指两个或两个以上球员之间有组织、有目的的集体协同配合。个人战术是集体战术的组成部分，集体战术是个人战术的综合体现，两者相辅相成，互相促进，互相补充。

## 三、排球基本战术的分类

排球战术分类，就是按照排球运动的特点，把排球战术的主要内容分为若干类和若干层次，又将许多类综合构成几个攻防系统，并表明它们之间的关系，以便对排球战术有一个大概的了解。

1.“中一二”进攻战术

“中一二”进攻战术的基本配合方法是由前排 3 号位球员担任二传手，其他五名球员都将来球垫（传）给二传手。它是进攻战术中最基础、最简单的一种进攻战术形式。如图 7–9 所示。

2.“边一二”进攻战术

“边一二”进攻战术也是一种比较简单的进攻战术形式。它与“中一二”进攻战术的相同之处，都是前排只有两名进攻球员，其不同之点是二传手不是站在 3 号位，而是站在 2、3 号位之间，将球传给 3 号位或 4 号位球员进攻。如图 7–10 所示。

3.“后排插上”进攻战术

“后排插上”进攻战术是现代排球先进战术的主要形式。“后排插上”的方法：由站在后排的二传手在对方发球击球后，或由本队球员将对方进攻的球防起之后，迅速插到网前担任二传手，将球传给前排三名进攻球员中任何一名球员扣球进攻，其他两名球员佯作进攻掩护。根据后排球员插上时起动的位置不同，可以分为 1 号位插上、5 号位插上和 6 号位插上。如图 7–11 所示。

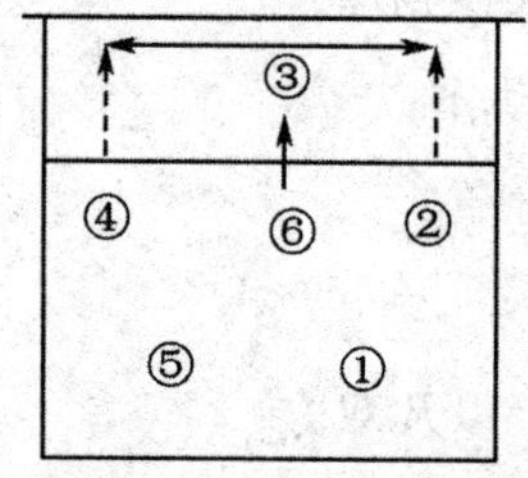


图 7–9 “中一二”战术

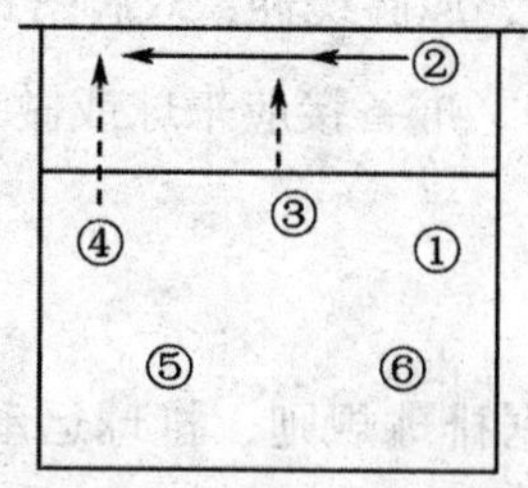


图 7–10 “边一二”战术

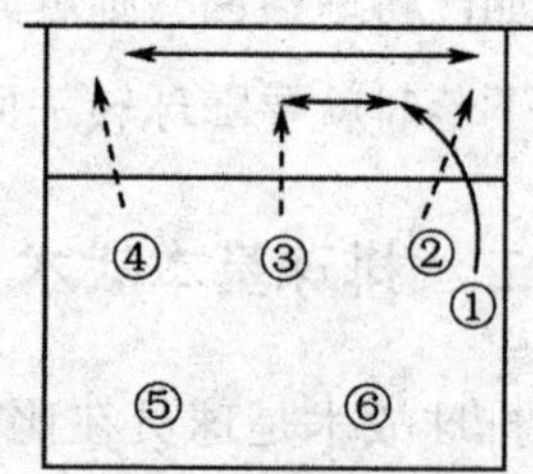


图 7–11 “后排插上”战术

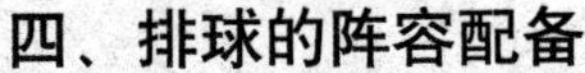

## 四、排球的阵容配备

阵容配备（如图 7–12）主要有“四二”配备、“五一”配备、“三三”配备三种。

1.“四二”配备

“四二”配备，即场上有两名二传手、两名主攻手和两名副攻手，如图 7–13 所示。

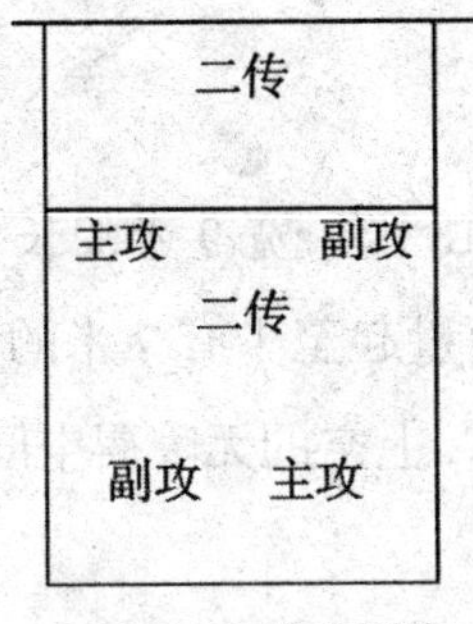


图 7–12　阵容配备

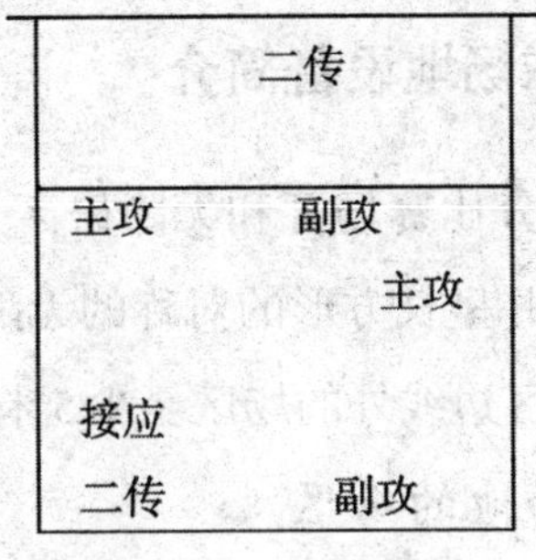


图 7–13　“四二”配备

2.“五一”配备

“五一”配备，即场上有 1 名二传手，其余全是攻手。高水平运动员一般都采用这种配备。

3.“三三”配备

“三三”配备，即场上有 3 名二传手、3 名攻手。

## 五、排球防守战术

防守战术分为单人拦网防守战术和双人拦网防守战术。

1. 单人拦网的防守战术

单人拦网多在对方扣球力量小、路线变化小时被采用，本队其他球员组成扇形队形进行保护，中间一位球员负责防对方吊球。

2. 双人拦网的防守战术

在对方进攻较强、路线较多，为了加强本方防守反攻的情况下，多采用双人拦网防守战术，本队其他球员采用“心跟进”或“边跟进”队形进行防守。

# 第三节 排球场地与规则简介

## 一、排球场地设备简介

排球场地分比赛场区和无障碍区。比赛场区为长 18 米、宽 9 米的长方形，其四周至少有 3 米宽并呈长方形的对称的无障碍区，且从地面量起至少有 7 米的无障碍空间。国际比赛的场区边线外的场区至少 5 米，端线后至少 9 米，上空的无障碍空间至少 12.5 米。

### 1. 比赛场地的场区

比赛场地的场区分前场区、换人区、发球区和准备活动区。

比赛场区是由中线的中心线分开的长 9 米、宽 9 米的两个相等的场区。每个场区各画一条距离中线的中心线 3 米的进攻线，中线与进攻线之间为前场区。两条进攻线的延长线之间，记录台一侧边线外的范围为换人区。在两边的端线外，两条边线的延长线上，各画两条长 15 厘米、垂直并距离端线 20 厘米的短线，这两条短线之间的区域为发球区。发球区的深度延至无障碍区的终端。在两个无障碍区外的替补席远端，画出长、宽均为 3 米的区域为准备活动区。

### 2. 比赛场地的要求

比赛场地的地面必须平坦、水平、划一。世界性比赛场地的地面只能为木质或合成物。

比赛场地的界线，宽均为 5 厘米，其宽度包括在各个场区内。

### 3. 球网的要求

球网长 9.5 米、宽 1 米，球网的两端各有两条标志带和两根标志杆，杆长 1.8 米。球网高度，女子为 2.24 米，男子为 2.43 米。

## 二、排球比赛规则简介

排球比赛规则由技术性规定、非技术性规定和场地设备要求等组成。每场比赛采用五局三胜制，前四局每局先得 25 分为胜，第五局先得 15 分为胜。当出现 24 平或 14 平时，要继续比赛至领先 2 分才算取胜。

在每场比赛开始时，双方上场球员各 6 名，按规定区域站位，站在靠近网前从右到左依次为 2、3、4 号位前排球员，站在后排从右到左为 1、6、5 号位。比赛开始前，教练将上场球员的号码表交记录台登记，由第二裁判检查站位次序。当第一裁判鸣笛开始后，不得更改。

比赛采用每球得分制，比赛开始先由发球队的1号位球员在发球区发球，如果发球直接落在对方场地上或接球方失误，则发球方得1分继续发球。如发球失误就失去发球权并失一分，由对方2号位球员发球，并依次按顺时针方向轮转发球。

在比赛过程中，球不准落地，每队最多允许3次击球（拦网除外），将球击到对方场地，同时每个球员不准连续触球2次（拦网除外）。

正规比赛每场为五局三胜制，全场采用每球得分制。前四局某队先得25分为胜一局，如遇双方均得24分，须有一方多得2分才算胜一局。若双方各胜两局，则第五局为决胜局，必须重新选择场地或发球权。在第五局中，任何一方先得8分时，两队应交换场地，在交换场地后，双方球员不得任意交换位置，并仍由原发球一方继续发球。在第五局比赛中，一方只需达到15分，或在此基础上比对方高出2分即获胜。

## 三、其他规则简介

### 1. 暂停

只有在死球时，经教练员或场上队长请求后，裁判员才准予暂停。每局比赛每队可以有1次自由暂停，另外每局比赛的比分到8分和16分时有2次暂停。决胜局每队各有2次自由暂停的机会。教练员可以在不影响正常比赛的情况下进行指导。

### 2. 换人

（1）只有在死球时，经教练员或场上队长请求后，裁判员才准予换人。在裁判员的准予下，当一名球员离开场地后，替补的一名球员才能进场接替其位置。

（2）每局比赛，每队最多可换6人次。这6人次可同时替换，也可分开替换。

（3）每局开始上场球员只能退出比赛1次，他在同一局中若再次上场比赛，只能回到原来轮次的位置上。

（4）替补球员每局只能上场比赛1次，他可以替换本队任何一位球员，但在同一局中，他只能由被他换下的球员来替换。

（5）自由防守人不受正常换人的限制，但不能影响比赛的顺利进行。

### 3. 过中线犯规

比赛进行中，球员身体的任何部分都不允许越过中线接触对方场区，但球员的一只或两只脚在接触对方场区的同时，脚的一部分还接触中线或置于中线上空，不判为犯规。

4. 进攻性击球

球员直接向对方击球，即为进攻性击球。后排球员进攻性击球时，球员的起跳脚不得踏及或超过限制线（3 米线），也不能踏及或超过限制线的延长线，进攻性击球后允许落在前场区内。

5. 持球

持球，即球员没有将球清晰地击出，或接触球时有较长的停留。

6. 连击

一名球员不得连续触球两次（拦网除外）。

7. 对位置错误的判断（限在发球时）

球员在场上的位置，应根据脚的着地部位来确定：每一名前排球员一只脚的某部分，必须比同列后排球员的双脚距离中线更近；每一名左（右）边的球员（前排或后排）一只脚的某部分，须比同排球员的双脚距离同侧边线更近。

8. 拦网犯规

一名或更多的前排球员（拦网球员）在靠近球网处阻拦对方来球时，球可以触及身体任何部位，只要不妨碍对方击球，可以将手或手臂伸过球网。但下列情况则判为犯规：

（1）在标志杆外的对方空间进行拦网并触球；

（2）对方击球前或击球时，在对方场区空间内妨碍对方；

（3）后排球员参加拦网并起到拦网作用。

# 第八章 足球运动

## 第一节 足球运动概述

### 一、足球运动的起源和发展

古代足球运动起源于中国。早在战国时期，我国就有了足球运动——蹴鞠。唐朝时，蹴鞠运动最为盛行，比赛形式多种多样。到了宋朝，蹴鞠运动逐渐衰退。现代足球运动起源于英国。1863 年，第一个足球运动组织——英格兰足球协会在伦敦成立，标志着现代足球运动的形成。1864 年，英国剑桥大学为了适应本国各学校比赛的需要而综合制定了一个简单的规则，当时称之为“剑桥大学规则”，是世界足球史上第一个较为统一的足球规则。1885 年，英格兰首创了职业足球俱乐部，并合法化。此后，职业足球俱乐部在奥地利、西班牙、意大利、匈牙利等国纷纷成立，并合法化。1904 年 5 月 21 日，法国、瑞士、瑞典、比利时、西班牙、荷兰、丹麦等国的有关人士在法国巴黎聚集一堂，发起成立了国际性足球组织——国际足球联合会（FIFA），旨在促进现代足球运动的蓬勃发展。1928 年，国际足球联合会在荷兰首都阿姆斯特丹举行会议，决定每四年举办一届世界杯足球赛，并规定每届比赛与奥运会相间进行。1930 年第一届世界杯足球赛在乌拉圭首都蒙得维的亚举办，到 2014 年共举办了 20 届。受第二次世界大战影响，世界杯足球赛中断了 12 年，直到 1950 年才恢复举办第四届比赛。

足球运动是目前全球体育界最具影响力的单项体育运动，是以脚支配球为主，但也可以使用头、胸等部位触球（除守门员外，其他队员不能用手或臂触球，守门员只能在己方禁区内用手或臂触球）的两个队在同一场地内进行攻守的体育运动项目。据不完全统计，现在世界上经常参加足球比赛的球队约 80 万支，登记注册的运动员约 4000 万人，其中职业运动员约 10 万人。足球比赛具有激烈的对抗性，规则允许合理冲撞，有助于培养竞争观念和顽强拼搏的精神。足球技术、战术复杂，动作掌握难度大，有助于培养集体意识、团队精神和抗干扰能力。由于比赛场地大、时间长，所以参加足球锻炼有助于增强身体素质，培养持之以恒的意志。同时，足球运动对促进个性发展、形成良好道德品质、正确对待胜负的心理品质，以及培养相互交流、组织协调能力，都能起到积极作用。所以，在强调素质教育的今天，参加足球运动具有特殊的现实意义。

我国的现代足球运动是在 19 世纪末 20 世纪初发展起来的。1908 年，我国成立了第一个足球运动组织——南华足球会。1936 年和 1948 年，旧中国的足球队参加了第十一届和第十四届奥运会的足球比赛。新中国成立以后，足球运动得到不断发展。1955 年，中国足球协会成立。从 1956 年起，我国足球运动实行甲、乙级联赛制度，同时，还实行运动员、裁判员等级制度。直到 1993 年，我国的足球竞赛体制才开始改革，举办职业联赛，对原有足球队进行了职业化重组。2002 年，中国男子足球第一次进入了世界杯的决赛圈。我国女子足球曾取得辉煌战绩：1991 年中国女足世界杯第五名、1995 年瑞典女足世界杯第四名、1996 年美国夏季奥运会亚军、1999 年美国女足世界杯亚军。

在所有的球类比赛中，足球比赛的参赛人数最多（场上双方共 22 人），面积最大（球场长 100 ～ 110 米，宽 64 ～ 75 米），比赛时间最长（上、下半场共 90 分钟），对抗最激烈（双方在规则允许的范围内，进行激烈拼抢和身体对抗）。经常参加足球运动，不仅能有效地提高身体素质，提高人体各器官系统功能，更能培养和锻炼人们勇敢顽强、机智果断、坚韧不拔、勇于克服困难的优良品质和团结协作精神。

## 二、国际性或区域性重大足球赛事

国际性或区域性重大足球赛事有国际足联世界杯、世界俱乐部杯、欧洲冠军联赛、欧洲足球五大联赛、中国足球超级联赛等。

（1）国际足联世界杯，常称世界杯足球赛或世界杯，是一项国家级男子足球队之间的国际比赛，由世界足坛最高管理机构国际足球联合会每四年举办一届，与奥运会交替进行。世界杯是世界足坛规模最大、水平最高的赛事。

（2）世界俱乐部杯，简称世俱杯，是一项由国际足联主办，由来自六大洲各足联直接下属的顶级赛事的冠军队和举办国该赛季联赛的冠军队共同参与的国际性足球锦标赛。

（3）欧洲冠军联赛，简称“欧冠”，是欧洲主办的代表欧洲俱乐部足球最高荣誉和水平的赛事，也是世界上奖金最高的体育赛事。每届赛事均有超过10亿电视观众观看。其他各洲足球联合会直接下属的足球顶级赛事有南美解放者杯、亚洲冠军联赛、非洲冠军联赛、中北美洲及加勒比海冠军联赛、大洋洲冠军联赛等。

（4）欧洲足球五大联赛，指意大利足球甲级联赛、英格兰足球超级联赛、西班牙足球甲级联赛、德国足球甲级联赛和法国足球甲级联赛。有时不含法国足球甲级联赛而称为四大联赛。这些联赛代表了当今世界足坛的顶级足球水平，吸引了众多球星，也常常引领足球发展的新方向。

（5）中国足球超级联赛，简称中超联赛，是一项由中国足球协会组织、由中国最优秀的职业足球俱乐部参加的全国最高水平的足球职业联赛。该联赛开始于2004年，前身为中国足球甲级A组联赛。

## 第二节　足球运动基本技术

足球运动技术是运动员在足球比赛中所采用的合理行动和动作方法的总称，包括无球技术和有球技术两部分。无球技术分为起动、快冲、跳跃、急停、转身和假动作。有球运动分为颠球、踢球、接球、顶球、运球与运球过人、抢截球、掷界外球、射门、守门员技术等。

### 一、颠球

颠球是指球员用身体的各个有效部位连续触击球，并加以控制，尽量使球不落地的技术动作。其作用是使球员具有良好的传、运、控球的能力，同时也是熟悉球性的练习方法。颠球技术包括脚背正面、内侧、外侧以及大腿、头、胸等部位的颠球。

扫一扫，观看录像视频“脚背正面颠球”

#### （一）脚背正面颠球

动作要领：支撑脚微屈，颠球腿的膝、踝及大小腿适当放松，用脚背正面触及球的中下部。

扫一扫，观看录像视频“脚背内、外侧颠球”

#### （二）脚背内侧颠球

动作要领：支撑腿微屈，颠球腿屈膝盘腿，脚踝内翻，膝、踝适当放松，用脚弓击球的中下部。

（三）脚背外侧颠球

动作要领：支撑脚膝关节微屈，重心移至支撑脚上，当球下落至膝关节的高度时，颠球脚屈膝撇腿，脚外侧向上摆，脚外翻轻击球的底部，将球向上颠起。

扫一扫，观看录像视频“大腿颠球”

（四）大腿颠球

动作要领：支撑腿微屈，颠球腿屈膝，大腿向上摆动，用大腿的中部击球的中下部。

扫一扫，观看录像视频“头部颠球”

（五）头部颠球

动作要领：两脚开立，膝微屈，用前额部位连续顶球的下部。顶球时，两眼注视球，两臂自然张开，以维持身体平衡。

## 二、踢球

踢球是指用脚的不同部位将球击向预定的目标。踢球的方法主要有脚内侧踢球、脚背正面踢球、脚背内侧踢球和脚背外侧踢球。踢球技术一般包括助跑、支撑脚站位、摆腿、击球、随前五个步骤。

（一）脚内侧踢球

扫一扫，观看3D动画“脚内侧踢球”

动作要领：踢定位球时，正面直线助跑，最后一步稍大，支撑脚踏在球的侧方10～15厘米处，足尖正对出球方向，膝关节微屈。与此同时，摆动腿以髋关节为轴，大腿带动小腿由后向前摆动。在前摆过程中，髋关节、膝关节外展，足尖翘起，脚掌与地面平行，用脚内侧（足弓部位）击球的后中部。在击球的一刹那，身体稍前倾，踝关节紧张，足跟前送，两臂配合协调摆动，将球击向预定目标。

（二）脚背正面踢球

扫一扫，观看3D动画“脚背正面踢球”

动作要领：踢定位球时，直线助跑，最后一步稍大，支撑脚积极地以脚跟先着地，踏在球的侧后方10～15厘米处，膝关节微屈，足尖正对出球方向。摆动腿以膝关节为轴，大腿带动小腿屈腿积极向前摆动。当膝关节摆至接近球的后上方时，小腿做爆发式的前摆，使膝关节处在球的正上方时用脚背正面击球的后中部。击球时，脚面绷直，踝关节紧张，上体稍前倾，两臂配合协调摆动。

（三）脚背内侧踢球

动作要领：踢定位球时，斜线助跑，助跑方向与出球方向约呈 45°角。支撑脚外侧积极着地，踏在球的侧后方 25 ～ 30 厘米处，膝关节微屈，足尖指向出球方向。身体稍向支撑脚一侧倾斜并转向出球方向，大腿带动小腿积极前摆，当膝关节摆到接近球内侧垂直方向时小腿加速前摆，同时足尖稍外转，脚面绷直，脚趾扣紧，足尖指向斜下方，以脚背内侧击球的后中部。踢球后，踢球腿随球继续前摆，两臂随踢球动作自然摆动。因助跑方向、支撑腿立足选位灵活性较大，出球的变化幅度也较大，该方法常用于中远距离传球，以及弧线球、过顶球和转身踢球。

扫一扫，观看 3D 动画“脚背内侧踢球”

（四）脚背外侧踢球

动作要领：踢定位球时，正面直线助跑，最后一步稍大，支撑脚积极地以脚跟着地，踏在球的侧后方 10 ～ 15 厘米处，膝关节微屈，足尖正对出球方向。摆动腿以髋关节为轴，大腿带动小腿屈膝积极向前摆动。当膝关节摆到接近球的垂直上方时，小腿加速前摆，同时足尖内转，脚面绷直，脚趾扣紧，足尖指向斜下方，用脚背外侧击球的后中部。踢球后，踢球腿随球向前继续摆动，两臂配合踢球动作协调摆动。由于脚踝灵活性大，摆动腿方向变化多，因此该方法隐蔽性强，对方不易判断，常用于踢各种距离的弧线球、过顶球和弹拨球等。

## 三、接球

接球是指有目的地用身体的合理部位将运行中的球接在所控制的范围之内。常用的接球方法有脚内侧接球、脚底接球、脚背正面接球、脚背外侧接球和胸部接球。

（一）脚内侧接球

动作要领：接地滚球时，身体正对来球方向，支撑脚的脚尖与来球方向一致，膝微屈。接球腿提起，屈膝外转并前迎，足尖稍翘起，使足内侧对准来球，在脚与球接触前的一刹那脚开始后撤，以缓冲来球的力量，把球接在便于衔接下一个动作的控制范围内。接反弹球时，支撑脚跨步落在落球点的侧前方，膝关节微屈，上体稍前倾并转向接球方向。接球脚提起，踝关节放松，脚内侧对准球的反弹方向，当球刚弹离地面时，用脚内侧推压球的中上部，将球接在便于衔接下一个动作的控

扫一扫，观看录像视频“脚内侧接球”

制范围内。

（二）脚底接球

扫一扫，观看录像视频“脚底接球”

动作要领：接地滚球时，身体面对来球方向。当球接近体前时，支撑脚踏在球的侧后方，足尖正对来球，膝关节微屈，接球脚抬起，膝弯曲，脚跟离地低于球，脚尖翘起高于球。当球刚刚接触脚掌时，脚掌轻轻下压球的中上部，将球接于脚下。接反弹球时，支撑脚踏在球落点的侧后方，膝关节微屈维持身体平衡。接球腿的膝关节弯曲，足尖翘起，前脚掌对准球的反弹方向，当球弹离地面的一刹那，用接球脚的前脚掌触球的后上部并下压，将球接在脚下。

（三）脚背正面接球

扫一扫，观看录像视频“脚背正面接球”

动作要领：接球前，身体面对来球，支撑腿微屈维持身体平衡。接球腿屈膝抬起，小腿前伸主动迎球，用脚背正面接触球的底部。当脚背触球前的一刹那，小腿下撤以缓冲来球力量，同时膝关节和踝关节放松，将球接于体前适当的位置。

（四）脚背外侧接球

动作要领：接地滚球时，接球脚稍提起，膝关节和脚内转，用脚背外侧对准来球，在支撑脚的前侧方接触球的侧后方，脚与球接触的一刹那向外侧轻拨，将球停在侧方或侧前方。接反弹球时，面对来球，支撑腿的膝关节微屈，接球脚在支撑脚前方稍提起，脚内翻，使小腿与地面呈一定角度，踝关节放松，当球刚反弹起地面时，用脚背外侧触球的侧上部，将球接于体侧。

（五）胸部接球

动作要领：挺胸接球时，身体正对来球，两脚前后开立，两膝弯曲，上体后仰，重心落在两腿之间，两臂自然张开，微收下颌，当球运行到胸部接触的一刹那，两脚蹬地胸部上挺，憋气，使球触胸后向前上方弹起，改变运行方向然后落于体前。收胸接球时，身体正对来球，两脚前后开立，两臂自然张开，重心前移，挺胸迎球，当球运行至胸部接触前的一刹那，重心迅速后移，收胸、收腹以缓冲来球力量，将球停于体前。

## 四、顶球

顶球是足球技术中不可缺少的一项技术，它是争空间、抢时间、取得空中优势的有效手段，是有目的地运用头的前额部位直接处理空中球的基本技术。顶球的准确性取决于头触球的部位和用力方向，而出球力量的大小则取决于来球的力量、顶球的时间、头触球的部位及全身的协调用力。

（一）原地正向顶球

动作要领：身体正对来球，两脚前后开立，膝关节微屈，上体后仰，两臂自然张开，重心落在后腿上。当球运行到身体垂直部位前的瞬间，两腿蹬地，上体前摆，用前额正面顶球的后中部。触球时，颈部紧张用力，收下颌，顶出球后上体前摆。

（二）跳起正向顶球

动作要领：跳起顶球时应注意判断好球的运动路线。助跑后双脚或单脚起跳，身体在空中呈反弓形，当身体上升到最高点、球运行到身体的垂直位置时，收腹使上体前摆，用前额正面将球顶出，随后两脚落地，屈踝、屈膝缓冲。

（三）侧向顶球

动作要领：原地侧向顶球和跳起侧向顶球的准备动作和出球后的动作，与正向原地和跳起顶球的动作是一样的，只是身体动作有所不同。侧向顶球时，上体和头部要稍向出球的相反方向侧屈，当球运行到出球方向同侧肩的上方时，上体向出球方向摆动，用前额的正面顶球的后中部，将球顶出，随后身体自然摆动。

## 五、运球与运球过人

运球与运球过人是指运动员有目的地用脚的各个部位连续推拨球，使球处于自己控制范围内的触球动作。它是运动员个人控球能力和个人进攻能力的体现，也是实施集体战术的基础之一。特别是运球过人技术，在发挥个人技能的同时，还增添了比赛的魅力，丰富了战术的内容。在比赛中，我们要鼓励运动员勇于逼近对手，运球过人。

（一）脚背内侧运球

扫一扫，观看录像视频“脚背内侧运球”

动作要领：运球时，跑动的步幅要小，身体自然放松，膝关节微屈，重心降低。触球脚脚跟提起，脚尖稍向外展，膝关节稍向外转。触球时，触球脚前伸，用脚背内侧推拨球，随后前脚掌着地自然跑动。

扫一扫，观看录像视频“脚背外侧运球”

扫一扫，观看录像视频“脚背正面运球”

（二）脚背外侧运球

动作要领：运球时，跑动的步幅要小，身体自然放松，膝关节微屈，重心降低。触球脚脚跟提起，脚尖稍向内扣，膝关节稍内转。触球时，触球脚前伸，用脚背外侧推拨球，随后前脚掌着地自然跑动。

（三）脚背正面运球

动作要领：运球时，支撑脚保持在球的侧后方，运球脚抬起时，脚跟提起，足尖稍内转，迈步前落地，用脚背外侧推拨球。向前跑动时身体自然放松，上体稍前倾，两臂自然摆动。

## 六、抢截球

抢截球是积极防守中的一种有效手段，其目的是将对手控制的球抢夺过来，转守为攻。抢截球是占据有利位置，封堵球的去路或阻挠对手自由运动，是运用身体的不同部位和所做的合理动作，以减慢对方推进速度，把对方控制的球夺过来或者破坏掉的一项基本技术。

（一）正面跨步抢球

动作要领：抢球前迅速靠近对方，做好抢球的准备，两脚前后开立，两膝微屈，重心下降，体稍前倾，面向对手。在对手运球脚触球后即将着地或者刚着地时，支撑脚立即用力后蹬，抢球脚疾步跨出，膝关节弯曲，踝关节保持紧张，脚内侧正对球，触球后用力提拉，使球从对方脚背滚过，同时身体重心迅速跟上，把球控制好。若离球稍远抢不到球时，可用脚尖捅抢（图 8–1）。

图 8–1　正面跨步抢球

（二）正面倒地铲球

动作要领：两脚前后开立，两膝弯曲，身体重心下降放在两脚间，面向对手。在对方运球脚触球后即将着地或刚着地时，一脚立即用力后蹬，另一脚沿着地面向前滑铲，同时上体侧转，后仰倒地，蹬地面呈弧形扫踢球将球留下或破坏掉，铲球后屈肘用手扶地或接着侧滚。

（三）侧面抢球

动作要领：与运球者平行跑动，待对方远离自己身体一侧的脚落地时，利用合理冲撞动作使其失去平衡而离开球，乘机将球控制起来。在冲撞时要降低身体重心，靠近对方一侧的手臂要紧贴身体。

（四）侧后铲球

动作要领：同侧脚铲球时，在运球者侧后跑动，当对方拨出球的一刹那，后脚用力蹬成跨步，上体后仰，前脚以脚外侧沿着地面向外侧滑出，用脚背或脚尖将球踢出或捅出，接着小腿外侧、大腿外侧和臀部依次着地（图 8–2）。

图 8–2　侧后铲球

（五）截球

动作要领：截球是指比赛中两名球员传球时，对方球员使用踢球、顶球、铲球或停球等技术动作把球断下来或破坏掉。截球必须根据临场需要选择使用某种动作，对于对方的传球射门等，需要用踢球、顶球或铲球等动作来完成截球，而对于使球处于自己控制之下的截球则需要用接球动作来完成。

## 七、掷界外球

掷界外球是指比赛中，当球的整体从地面或空中越过边线，比赛成死球的情况下，按规则需要用手掷球来恢复比赛的方法。掷界外球是一次很好的组织进攻的机会，尤其在对方罚球区附近掷界外球，其威胁更大。若不能很好地掌握这项技术，在掷球时因错误动作而造成违例，便失去一次绝好的进攻机会。因此，运动员必须熟练掌握掷界外球技术。

（一）原地掷界外球

动作要领：面对出球方向，两脚前后或左右开立，两膝微屈，上体后仰呈背弓形，重心移到后脚上（左右开立时，重心在两脚间），两手自然张开，拇指相对，持球侧后部，屈肘将球举至头后。掷球时，后脚（或两脚）用力蹬地，迅速转体、收腹、挥臂，当球摆至头上时用力甩腕，将球掷入场内。在掷球过程中，后脚可沿地面滑动，但两脚均不得离地。

（二）助跑掷界外球

动作要领：助跑要自然协调，速度快慢由掷球远近而定。助跑时两手持球于胸前，在迈出最后一步时，上体后仰呈背弓形，同时将球举至头后。掷球时用力蹬地，迅速摆体、收腹、挥臂，当球摆至头上方时，用力屈膝，用甩腕和手指的力量将球抛出。

### 八、射门

射门是指进攻到对方门前时，运用不同脚法（或头顶法）将球踢（或顶）向对方的大门。射门是得分的主要手段，而破门则是比赛的最后目的。射门常常在与对手激烈的竞争中进行，需要摆脱对方的阻截、冲撞甚至一些不符合规则的粗野动作，这就要求进攻者技术全面、动作快速、真假结合、起脚突然、准确有力，并具有良好的射门意识，这样才能抓住战机、破门得分。

## 第三节　足球运动基本战术

足球运动战术分为进攻战术和防守战术两大类，这两大类战术又可分为个人战术、局部战术、全队战术和定位球战术等。

### 一、足球运动进攻战术

（一）个人进攻战术

1. 摆脱与跑位

每当球员得球，都要发动进攻，同队球员要迅速摆脱对手，或制造宽度造成空当，给有球同伴创造传球路线，以更好地进攻。摆脱对手紧逼，可采用突然启动、急停、突然变向、变速和假动作等。跑位就是有目的地跑向有利位置或空当。

2. 传球

传球是配合的基础，是完成战术配合、创造射门机会的主要手段。选择目标、把握时机、控制力量与方向是传好球的重要环节。

3. 运球过人

运球过人是进攻战术中一种重要的个人战术，是调动、扰乱对方防线，造成以多打少，觅得传球空当，突破密集防守，获得射门机会的有效手段。

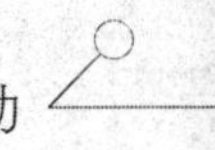

4. 射门

射门是一切战术配合的最终目的。射门要准确、突然、有力，其中准确是关键。

(二) 局部进攻战术

局部进攻战术主要是采用“二过一”的方法突然突破对方的防守。“二过一”又可以分为斜传直插、直传斜插、踢墙、反切和交叉五种方式。此外，在“二过一”的基础上还可以做到“三打一”“二打二”“三打二”“四打二”等局部进攻。这些方法需要通过两名以上球员的传切配合，以达到局部突破对方防守的目的。

(三) 全队进攻战术

整体战术由个人战术及局部战术组成。整体性战术的具体打法千变万化，大致可将其归纳为两类，即边路进攻和中路进攻。一次完整的进攻都由发动、发展和结束三个阶段组成。

1. 边路进攻

边路进攻是指在对方半场侧面地区发起的进攻。它主要包括：边锋或边前卫在边路利用个人技术突破传中或突破内切的进攻方式，边锋与中锋或前卫用“二过一”突破传中或突破内切传给插上接应者的进攻方式，以及采用边路斜线传中的进攻方式。

2. 中路进攻

中路进攻是在对方半场中间地带发起的进攻，它的主要方式有回传反切配合进攻和传切插上配合进攻。

(四) 定位球进攻战术

有时一场比赛的胜负往往决定于定位球战术的使用是否得当。定位球可分为角球、球门球、点球、直接任意球、间接任意球、中圈开球、掷界外球等。

1. 直接射门

罚直接任意球时，若距球门较近、“人墙”有漏洞或守门员位置不当，可采用直接射门。

2. 配合射门

配合射门是指球员把球踢过“人墙”，同队球员快速插上射门。

## 二、足球运动防守战术

(一) 个人防守战术

个人在防守中，首先，要选好防守的位置。选位的原则是，将自己置于对手和本方球门中心的连线上。其次，就是人盯人。如果对方有球或有威胁，应采用紧逼盯人的方法；如果对方无球或无威胁，应采用松动盯人的方法。

（二）局部防守战术

在比赛中，局部地区相邻的几个防守球员相互协作的防守配合，通过防守球员彼此之间的相互补位、交换防守，可以有效地遏制或破坏对方的进攻，从被动局面转化为有利局面。

（三）全队防守技术

1. 盯人防守

盯人防守是指除拖后中卫和守门员外，场上其他人每人盯住一个对手，不给其时间、区域、得球机会的自由防守方法。

2. 区域防守

区域防守是指每个防守球员负责自己固定的防守区域，在此区域内盯住对手。

3. 混合防守

混合防守是指盯人防守与区域防守相结合的防守方法。全队防守的重点是集体配合是否及时、准确、协调和安全等。

### 三、足球比赛阵型

比赛场上球员位置的排列形式和职责分工称为比赛阵型。球员的排列层次分为后卫线、前卫线和前锋线。守门员的职责固定，不计在内。随着足球运动技术、战术的发展及规则的调整，比赛阵型也在不断演变，目前主要采用“四三三”“四四二”及“五三二”阵型。

## 第四节　足球运动竞赛规则简介

足球运动竞赛规则涉及比赛场地、比赛用球、计分方法等许多方面。

### 一、足球比赛场地、用球简介

1. 比赛场地

足球比赛场地必须是长方形场地，在场地中设有宽度不超过 12 厘米的各种标准线。正式国际比赛场地长 100 ～ 110 米、宽 64 ～ 75 米。球门两柱内沿相距 7.32 米，横木下

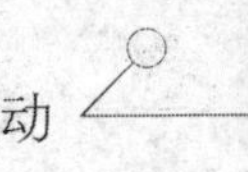

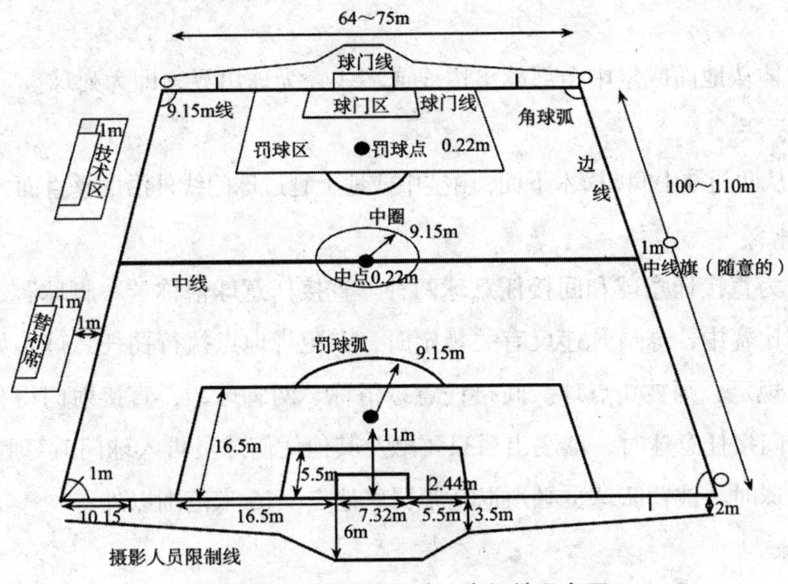

图 8–3　正式国际足球比赛场地示意图

沿距地面 2.44 米，球门柱宽不超过 12 厘米。球场由中线将场地分为两个半场，以中心为圆心、9.15 米为半径在中场画出中圈。每个半场有一个球门区、罚球区、罚球弧、点球点，点球点距端线 11 米。场地四角有四个角球区（图 8–3）。

2. 比赛用球

球体要圆，球的周长为 68 ～ 70 厘米，重量为 410 ～ 450 克，充气后压力为 0.6 ～ 1.1 个大气压。比赛用球至少应准备两个。如果在比赛中球爆破或漏气，比赛应暂停，待换新球后，在暂停时球所在地点用坠球方法恢复比赛。

## 二、足球比赛规则简介

1. 球员人数、装备

每队上场球员不得超过 11 人，其中必须有 1 人为守门员。在比赛开始时或比赛进行中，如果某队球员不足 7 人，比赛不能进行。每队球员的服装必须颜色一致，守门员服装的颜色应与其他球员有明显不同。正式比赛必须戴护腿板，穿足球鞋。

2. 比赛时间

正式比赛时间为 90 分钟，分为上、下半时，各 45 分钟，中间休息不超过 15 分钟。对竞赛规程规定要决出胜负的比赛，若 90 分钟内踢成平局，要加时 30 分钟。在加时赛前休息 10 分钟，并重新选择场地，加时赛时间仍分上、下各 15 分钟，中间换场不休息。决胜期的比赛，进球多者胜。如双方都未进球，要以罚点球决出胜负。

3. 死球

当球的整体从地面或空中全部越出边线或端线，为球出界，即为死球。

4. 计分方法

球的整体从两门柱中间、横木下面，由空中或地上越过球门线外沿的垂直面，为胜一球。

5. 任意球

任意球分为直接任意球和间接任意球两种。直接任意球俗称“一脚球”，直接射门得分有效。在比赛中，球员凡违反有关规定时，在犯规地点执行罚任意球。如在本方的罚球区内违反规定，则被罚点球。间接任意球俗称“两脚球”，直接射门得分无效。在比赛中，主罚间接任意球时，球踢出后只要触及其他任何球员再入球门就算胜一球。

处罚任意球时，被罚队球员必须退至距罚球地点 9.15 米范围以外。

6. 罚点球

执行罚点球时，在球被踢出前，守门员的两脚必须站在球门线上，不得移动。否则，球未踢进，则重罚。

罚点球时，双方球员都应站在禁区和罚球弧外，裁判员鸣哨后，主罚球员方可射门。

7. 掷界外球

球越出边线时，由出界前最后触及球的球员的对方球员在球出界处掷界外球。掷界外球时，可以将球掷向场内的任何方向。

掷界外球的方法是，用双手持球于头的后方，面向场内，从头后经头顶用一个完整的动作将球掷入场内。掷球时，不可间断为两个动作，两手力量要平均。不是任球自由下落，要有把球掷出的动作。

掷球时，任何一脚不得全部离地，但允许在地上滑动。

8. 球门球

球员将球踢出对方端线，由对方踢球门球。踢球门球时，必须直接把球踢出罚球区，才算进入比赛。踢球门球直接射入对方球门不算得分。

9. 角球

当球被防守球员踢出本方端线，由对方踢角球。踢角球时，不得移动旗杆，必须将球放在角区内执行，对方球员应站在距球 9.15 米以外的地方，可直接射门得分。

10. 越位

越位是指越过球的位置。当进攻球员较球更接近对方端线时，他便处于越位位置（在本方半场内或至少有两名对方球员较其更接近于对方端线除外）。

队员处于越位位置后，当同队球员踢或触及球的一瞬间，裁判员认为球员有下列情况时应判罚越位犯规：（1）正在干扰比赛和干扰对方，（2）正企图从越位位置获得利益。

球员仅仅处在越位位置，或直接接到球门球、角球、界外球或裁判员的坠球，不应被判越位。

球员被判罚越位后，应由对方球员在越位地点罚间接任意球继续比赛。

# 第九章　灵动的小球运动

乒乓球、羽毛球、网球都是无身体接触的小球运动，均是由两名或两对选手，用球拍在中间隔一球网的球场（台）的两端轮流击球。它们共同的特点是快速灵活、变幻莫测、刚柔相济、高雅优美。新中国成立以来，尤其是改革开放后，随着人们生活水平的日益提高，小球运动在我国获得了蓬勃发展，在世界各项大型赛事中取得了骄人的战绩：网球跻身世界先进行列，羽毛球成为世界强国，乒乓球更是被誉为“国球”，长盛不衰。小球运动在中国普及率极高，尤其是乒乓球运动，从几岁的儿童到白发的老人，大都能挥拍上阵。小球运动趣味性强，运动量大小可控，老少皆宜，也是广大青少年理想的体育锻炼项目。

## 第一节　乒乓球

乒乓球运动起源于19世纪末的英国。因为球在球拍上击打出“乒乓”声，因此被命名为乒乓球，一直沿传至今。1926年，国际乒乓球联合会正式成立，并举办了第一届世界乒乓球锦标赛。1930年，中国队首次参加远东运动会的乒乓球赛。1935年，中华全国乒乓球协会在上海成立。1959年，容国团在第二十五届世乒赛上获得第一个男子单打世界冠军。1961年，在北京举办的第二十六届世界乒乓球锦标赛上，中国队以自己独特的打法取得了男子团体、男子单打、女子单打3项冠军。在1965年第二十八届世界乒乓球锦标赛上，男、女队共获得5项冠军。20世纪70年代以来，由于国际交往和学习研究的加强，各种打法取长补短，使乒乓球技术得到更快的发展和提高。在“快、准、狠、变”的基础上增加了一个“转”字，使速度、力量、旋转、弧线和落点五个要素更紧密地结合，中国队在国际比赛中取得了优良的成绩。1988 年，乒乓球被列为奥运会正式比赛项目，推动了乒乓球运动的更快发展。乒乓球运动是世界上参与人数最多的体育项目之一，它的优势在于室内和室外都能够进行，设施简单，易学、易练，是一项很好的群众性体育运动。

通过练习乒乓球，人们可以在耐力、速度、力量、灵敏性、协调性等素质上得到锻炼，在集中注意力、判断与行动、自我超越等心智上得到提高，在社交能力、公平竞赛等情商上得到提升。另外，练习乒乓球有助于增强团队协作意识和集体荣誉感。

## 一、乒乓球基本技术

### （一）握拍法

#### 1. 直拍握法

直拍握法，以食指第二关节和拇指第一关节扣压拍前，指距一指，虎口贴住拍柄，其他三指自然弯曲，中指第一关节顶在拍后中线（图 9–1）。

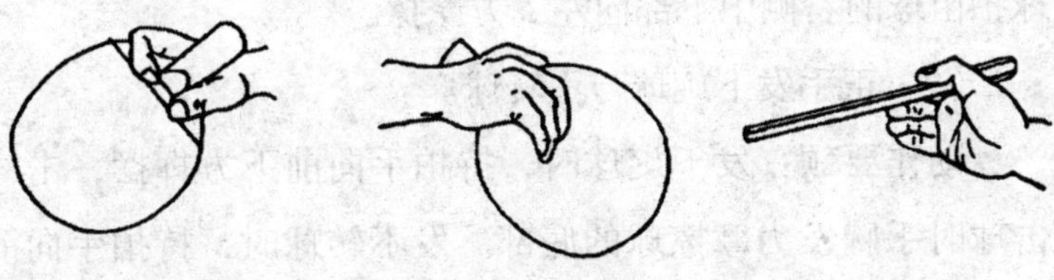

图 9–1　直拍握法

#### 2. 横拍握法

横拍握法，虎口贴住拍肩，中指、无名指、小指握住拍柄，拇指放在正面，食指自然伸直置于背面（图 9–2）。

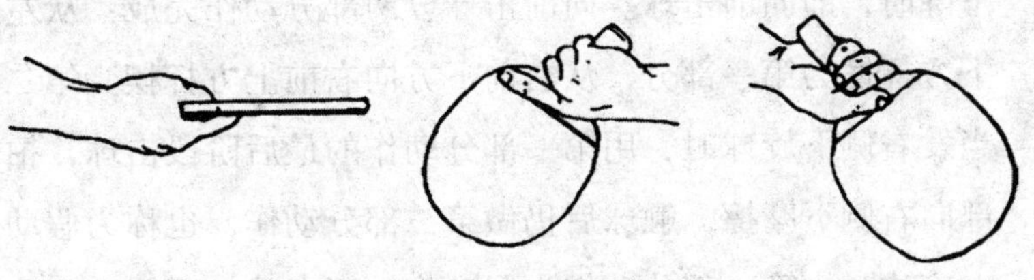

图 9–2　横拍握法

### （二）基本站位与基本姿势

乒乓球运动员的基本站位应当根据不同类型打法来确定，一般来说，左推右攻打法在近台中间偏左，两面攻打法在近台中间，弧圈球打法在中台偏左，横拍攻削结合打法在中台附近，以削为主打法在中远台附近。

基本姿势为两脚左右开立，比肩稍宽；两膝微屈，稍内扣；上体稍前倾，重心置于两脚之间并在前脚掌内侧；球拍置于腹前 20 ～ 30 厘米处。

### （三）发球与接发球技术

#### 1. 发球

每一回合、每一局比赛都是从发球开始的，任何一种打法类型的运动员，都力求根据自己和对方的打法特点发出变化多端的球，给自己创造进攻的机会或限制对方第一板的抢攻。实践证明，发球在比赛中起着至关重要的作用，它是连接整个乒乓球技术、战术的重要环节。发球有平击发球、正（反）手发急球、正手发左侧上（下）旋球、反手发右侧上（下）旋球、正手发转与不转球、高抛式发球及下蹲式发球等。

（1）正手发左侧上（下）旋球。

扫一扫，观看 3D 动画“正手发球”

动作要领：正手发左侧上旋球时，手臂自右上方向左下方挥拍，球拍从球的右侧中下部向左侧面摩擦，手腕迅速上勾。正手发左侧下旋球时，球拍由球的右侧中下部向左下方摩擦。

（2）正手发下旋球与不转球。

动作要领：发下旋球时，持拍手向前下方挥摆，击球前拍面稍平，击球时手腕发力摩擦球的底部。发不转球时，持拍手向前下方挥摆，击球前拍面稍竖直些，击球时不是摩擦球体而是推打球的中下部。

（3）反手发右侧上（下）旋球。

动作要领：持球手将球抛起时，持拍手快速向左上后方引拍，以球拍引至左肘下方外侧为宜，手腕适当内屈，拍面向左上方，待球在高点下降时，即向前击球。向前击球分两部分动作完成：从左后上方向右前下方挥摆为第一部分，从右前下方向右前上方挥摆为第二部分。这样，当发右侧下旋球时，用第一部分动作的最后阶段击球，拍面从球的中下部向右侧下摩擦，触球后仍做第二部分动作，也称为假动作；当发右侧上旋球时，第一部分动作为假动作，不击球，用第二部分动作击球，触球时球拍从球的中下部向右上方摩擦。

（4）反手发右侧急上（下）旋球。

动作要领：发球时，持球手将球向上抛起的同时，持球手迅速向左后方引拍，拍形稍前倾，腰稍向左转，待球从高点下降到低于球网时，

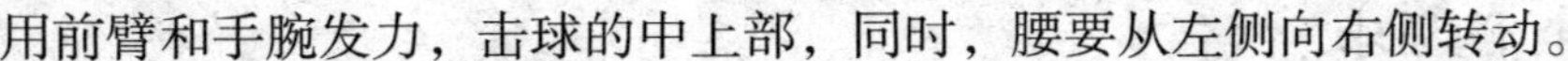

用前臂和手腕发力，击球的中上部，同时，腰要从左侧向右侧转动。

2. 接发球

接发球是乒乓球技术中的一个重要组成部分。比赛中如果接发球不好，不仅会给对方较多的进攻机会，更重要的是常会引起自己心理上的紧张和畏惧，造成一连串的失误；反之，如果接发球接得好，不仅有时可以直接得分，还可以破坏对方的抢攻，从而为自己的进攻创造有利的条件。常用的接发球技术有挡、推挡、搓球、削球、抢攻、抢拉等。

（1）接平击发球。由于平击发球不带有旋转，故接平击发球只要采用挡、推挡或攻球技术即可。

（2）接左侧下旋球。左侧下旋球触拍后向自己的右侧下方弹出，因此，采用搓球回接时拍面应后仰，并略向左偏斜，触球时应用小臂和腕部发力，向前下方发力摩擦球。对方来球越转，回球时摩擦球的力度也应越强。

（3）接左侧上旋球。左侧上旋球触拍后向自己的右侧上方弹出，因此，采用推挡回球时拍面稍前倾并略向左偏斜，击球中上部偏右侧的部位，用力向前推挡，以抵消来球的左侧上旋力。如对方的球发到你的正手，也可采用攻球技术进行回击，拍形适当下压。

（4）接下旋球。接近网下旋球，可采用搓、挑技术；接旋转强度较强的下旋球，主要采用搓球技术；接下降期来球，引拍比接一般下旋球稍高些，延长球在拍面上摩擦的时间。如果攻球回接，应注意调节拍形前倾角度，适当向上用力提拉。若想进一步提高接发球的成功率和质量，还应在长期的训练中认真加以研究，根据自身的特点灵活地加以组合运用。

## （四）反手推挡球

推挡是我国直拍快攻打法的基本技术之一，它在直拍左推右攻打法中占有极其重要的地位。推挡技术的特点是站位近、动作小、速度快、变化多。推挡在比赛中常常会起到由被动变为主动的作用，所以它是乒乓球运动的最基本技术之一。

动作要领：站位近台，身体重心保持在两脚之间。击球前持拍手上臂和肘关节内收，前臂略向外旋。击球时手臂快速向前伸，手腕外旋，食指压拍，在来球反弹的上升期向前击球，触球中上部。击球后，手臂继续前送一段距离再还原。

## （五）搓球技术

搓球是用类似削球的动作，在近台回击对手下旋来球的一种击球方式。

搓球技术包括慢搓、快搓、摆短、搓侧旋四种技术。下面以慢搓和快搓技术为例进行说明。

1. 慢搓球

扫一扫，观看3D动画“正手搓球”

动作要领：站在离台30～50厘米处，两脚分开，左脚稍前，腰、髋略向右转，重心落在右脚上。向右上肩部引拍，前臂上提，拍形稍后仰，拇指用力，直、横拍手腕略有外展。来球至下降初期时，前臂向左前下方触球中下部，向下部发力摩擦，重心由右脚转至左脚。

2. 快搓球

动作要领：快搓在球的上升期击球，触球中部偏下，以手腕动作为主，速度快，但旋转较弱，线路短，角度大。

（六）攻球技术

攻球技术是乒乓球的重要基本技术，是得分的主要手段之一，它包括快攻、快点、快带、快拉、突击、扣杀、杀高球等技术。下面以正手快攻和正手扣杀球技术为例进行讲解。

1. 正手快攻

扫一扫，观看3D动画“正手攻球”

动作要领：站位近台，转腰带动前臂向后引拍。根据来球的长短、距离和高低情况调节好拍面的前倾角度，加速挥拍击球。击球时间在高点期或上升期，击球时拍面稍前倾，触球的中上部，向前下方用力。球击出后，迅速还原，准备下一次击球。

2. 正手扣杀

动作要领：站位的远近要视来球的长短而定，短的来球站位靠近台，长的来球站位靠中远台。击球前，腰部转动带动手臂向体侧后方引拍，加大球拍与来球的距离，以便获得更大的挥拍速度。击球时，拍形略前倾，在高点期或上升期击球，通过腰、腿同时发力以增大扣杀力量，在手腕向前下方挥拍用力的同时，控制球的落点和方向，击球的中上部。

（七）弧圈球技术

弧圈球是以旋转为主要特征的进攻技术，是乒乓球比赛中主要的得分手段。弧圈球技术的主要特点是上旋性强、稳定性高、速度快、威胁大。

1. 正手加转弧圈球

动作要领：左脚在前，右脚在后，两膝微屈，重心落在右脚上。手臂自然下垂，拍形略前倾，当来球从台面上弹起时，右脚蹬地，腰部向左上方转动，带动肩、上臂、前臂和手腕发力。在来球的下降期摩擦球的中部或中上部，击球后，身体重心移至左脚。

2. 正手前冲弧圈球

动作要领：左脚在前，右脚在后，两膝微屈，重心落在右脚上。引拍手向右后方引拍，引拍位置比拉加转弧圈球稍高。击球时间在高点期或下降初期，拍面的前倾角度要比拉加转弧圈球大些，摩擦球的中上部。击球后，重心移至左脚。

## 二、乒乓球基本战术

乒乓球战术是根据自己和对手的具体情况，正确而有目的地把自己所掌握的各种技术有意识地组合起来，从而发挥自己的技术风格特点，抓住对方的弱点，采用合理的方法和手段战胜对手。

（一）发球抢攻

1. 正手发转与不转短球，配合发长球抢攻

正手发转与不转球至对方近网或中路，一般先发加转球，后发不转球，伺机抢攻，落点以近网为主，配合底线似出台未出台长球，使对方难以接发球抢拉或抢攻（图9–3）。

2. 正手发急球，配合发近网短球抢攻

正手发右侧上旋急球（奔球）至对方中路或右侧，迫使对方打对攻或后退削球，伺机抢攻、抢拉。如对方有所准备，突然减力发近网短球，以创造机会抢攻（图9–4）。

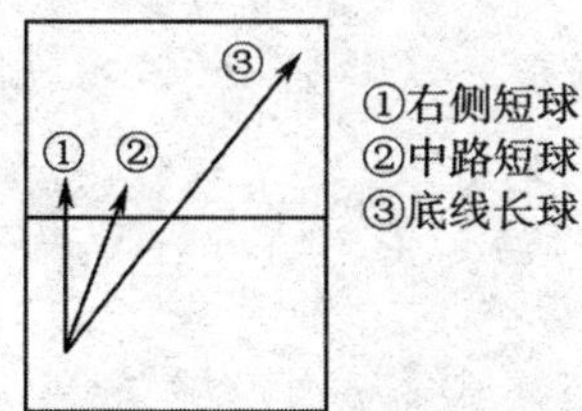


图9–3　正手发转与不转短球，配合发底线长球

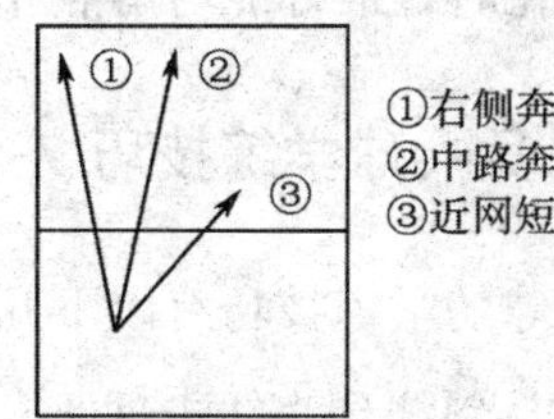


图9–4　正手发急球，配合发近网短球

3. 反手发上、下旋急球，配合发近网短球抢攻

反手发上、下旋急球至对方反手或中路，迫使对方打对攻或反手搓回，再伺机抢攻、抢拉。待对方站位远离球台时，突发近网短球，以创造机会抢攻、抢拉。

（二）对攻

1. 压反手，伺机侧身正手攻

用快推、加力推、推下旋或反手攻压对方反手，伺机侧身正手进攻。或推开角度，逼对方后退，侧身攻后要力争连续进攻，专攻两角（图9–5）。

2. 压左调右，转攻两角

用推挡或反手攻、拉压住对方反手位，迫使对方站位偏左，突变正手，伺机正手进

攻两角（图 9–6）。

3. 连压中路，突变攻两角

用推、拉、攻紧压对方中路，压出机会突变正（反）手两大角，压中路球应快速追身（图 9–7）。

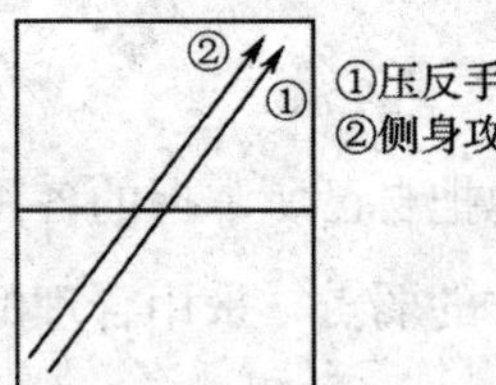

图 9–5 压反手，伺机侧身攻

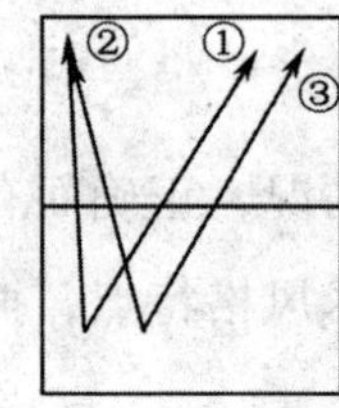

图 9–6 压左调右，转攻两角

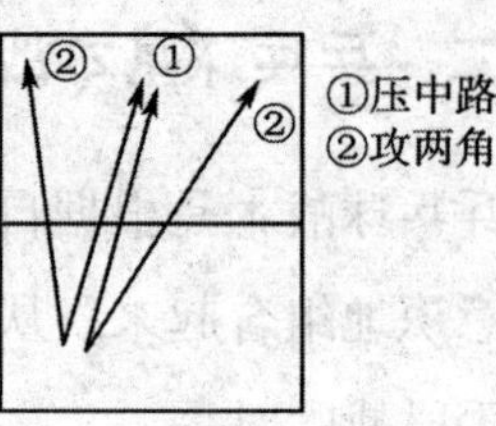

图 9–7 连压中路，突变攻两角

（三）搓攻

1. 反手搓球大角，突变直线，伺机进攻

先用下旋搓球逼住对方反手位大角，视其准备侧身攻或将注意力集中在反手时，突变直线伺机进攻。

2. 搓转与不转球，创造机会、伺机进攻

一般先搓转球为主，然后用相似的动作搓不转球，伺机进行抢攻或拉弧圈球。在运用旋转变化时，最好能与落点相结合。

## 三、乒乓球学练技巧

乒乓球的学练技巧有以下几种：

（1）从斜线到直线击球。

斜线击球相对容易，因为击球线路和反应时间更长。直线击球的线路较短，来球速度快，使用恰当可令对方防不胜防。

（2）由慢到快击球。

在由慢到快击球的变换过程中，击球稳定性和准确性受到击球力量的影响。

（3）由远到近击球。

通过由远到近击球，学习精细协调的动作，可以更快地掌握全身的运动。

（4）从间接到直接击球。

在使用球台来掌握一项击球技术之前，进行球与地面接触的预备练习，能够使学习过程变得容易。

（5）从搭档性质到比赛性质击球。

与队友、搭档进行基本功练习，以及结合实战进行比赛性质的练习，常常会使初学者获得更多的乐趣。

（6）从没有旋转到有旋转击球。

只有在击球没有强烈旋转时，初学者才能获得更多的回击练习击球。

（7）从简单有规律到结合无规律击球。

简单有规律的击球练习可以增强打球的熟练度、稳定性，无规律的击球练习可以增强灵活应变的能力。

（8）接近实战情况练习。

为了不变成“训练型冠军”，运动员必须尽可能早地在典型的比赛状况下训练击球技术。

（9）根据比赛情况进行训练。

在进一步完善技术之前，运动员必须在比赛中检验和运用所掌握击球技术的基本形式。

（10）安排运动中的练习形式。

只有当运动员能够在运动中完成击球时，才能够很好地进行乒乓球比赛。

## 四、乒乓球基本规则简介

### （一）场地、器材

1. 球台

（1）球台的上层表面称为比赛台面，应为与水平面平行的长方形，长为 2.74 米，宽为 1.525 米，离地面 76 厘米。

（2）比赛台面不包括与球台台面垂直的侧面。

（3）比赛台面可用任何材料制成，应具有一致的弹性，即当标准球从离台面 30 厘米高处落至台面时，弹起高度应约为 23 厘米。

（4）比赛台面应呈均匀的暗色，无光泽，沿每个 2.74 米的比赛台面边缘各有一条 2 厘米宽的白色边线，沿每个 1.525 米的比赛台面边缘各有一条 2 厘米宽的白色端线。

（5）比赛台面由一个与端线平行的垂直的球网划分为两个相等的台区，各台区的整个面积应是一个整体。

（6）双打时，各台区应由一条 3 毫米宽的白色中线，划分为两个相等的“半区”。中线与边线平行，并应视为右半区的一部分。

2. 球网装置

（1）球网装置包括球网、悬网绳、网柱及将它们固定在球台上的夹钳部分。

（2）球网应悬挂在一根绳子上，绳子两端系在高 15.25 厘米的直立网柱上，网柱外缘离开边线外缘的距离为 15.25 厘米。

（3）整个球网的顶端距比赛台面 15.25 厘米。

（4）整个球网的底边应尽量贴近比赛台面，其两端应尽量贴近网柱。

3. 球

球应为圆球体，直径为 40 毫米，重 2.7 克。球应用赛璐珞或类似的材料制成，呈白色或橙色，且无光泽。

4. 球拍

（1）球拍的大小、形状和质量不限，但底板应平整、坚硬。

（2）底板至少应含 85%的天然木料。加强底板的黏合层可用碳纤维、玻璃纤维或压缩纸等纤维材料，每层黏合层不超过底板总厚度的 7.5%，或不超过 0.35 毫米。

（3）用来击球的拍面应用一层颗粒向外的普通颗粒胶覆盖，连同黏合剂，厚度不超过 2 毫米；或用颗粒向内或向外的海绵胶覆盖，连同黏合剂，厚度不超过 4 毫米。

（4）普通颗粒胶是一层无泡沫的天然橡胶或合成橡胶，其颗粒必须以每平方厘米 10 ～ 50 颗的平均密度分布整个表面。

（5）海绵胶即在一层泡沫橡胶上覆盖一层普通颗粒胶，普通颗粒胶的厚度不超过 2 毫米。

（6）覆盖物应覆盖整个拍面，但不得超过其边缘。靠近拍柄部分及手指执握部分可不予以覆盖，也可用任何材料覆盖。

（7）底板、底板中的任何夹层以及用来击球一面的任何覆盖物及黏合层均应为厚度均匀的一个整体。

（8）球拍两面不论是否有覆盖物，必须无光泽，且一面为鲜红色，另一面为黑色。

（9）意外的损坏、磨损或褪色，造成拍面的整体性和颜色上的一致性出现轻微的差异，只要未明显改变拍面的性能，均可允许使用。

（10）比赛开始时及比赛过程中运动员需要更换球拍时，必须向对方和裁判员展示自己将要使用的球拍，并允许他们检查。

（二）比赛用语

回合：球处于比赛状态的一段时间。

球处于比赛状态：从有意识地发球前，球静止在不执拍手掌上的最后瞬间，到该回合被判得分或重发球。

重发球：本回合因擦网或裁判认为外部因素影响了比赛，不予判分，发球方需重发球。

一分：本回合判得一分。

执拍手：正在握着球拍的手。

不执拍手：未握着球拍的手。

击球：用握在手中的球拍或执拍手手腕以下部位触球。

阻挡：对方击球后，向比赛台面方向运动的球，在没有触及本方台区，也未越过端线之前，即触及本方运动员或其穿戴的任何物品。

发球员：在一个回合中，首先击球的运动员。

接发球员：在一个回合中，第二个击球的运动员。

裁判员：被指定管理一场比赛的人。

副裁判员：被指定在某些方面协助裁判员工作的人。

穿或戴的物品：运动员在一个回合开始时穿或戴的任何物品，但不包括比赛用球。

越过或绕过球网装置：除从球网和比赛台面之间通过及从球网和网架之间通过的情况外，球均应视作已“越过或绕过”球网装置。

球台的“端线”：包括球台端线及两端的无限延长线。

### （三）合法发球

发球开始时，球应放在发球员不执拍的手掌上，手掌张开，使球静止在本方端线之后和球拍同处在台面的水平面之上，然后将球几乎垂直向上抛起，不得使球旋转，并使球在离开不执拍手手掌之后上升不少于16厘米。当球从抛起的最高点降落时，方可击球，使球先触及本方台区，然后越过或绕过球网再触及接发球员的台区。双打中，球应先后触及发球员和接发球员的右半区；在击球时，球应在发球员的端线之后，但不能超过发球员身体离端线最远的部分，球和球拍应在比赛台面的水平面上。运动员发球时，有责任让裁判员看清他是否按合法发球的规定发球。

### （四）重发球

回合出现下列情况应判重发球：

（1）如果发球员发出的球，在越过或绕过球网装置时，触及球网装置，此后成为合法发球或被接发球员或其同伴阻挡。

（2）如果接发球员或接发球方未准备好，球已发出，而且接发球员或接发球方没有企图击球。

（3）由于发生了运动员无法控制的干扰，而使运动员未能合法发球、合法还击或遵守规则。

(4)裁判员或副裁判员暂停比赛。裁判员或副裁判员可以在下列情况下暂停比赛:

①要纠正发球、接发球次序或方位错误;

②要实行轮换发球法;

③警告或处罚运动员;

④比赛环境受到干扰,以致该回合的结果可能受到影响。

(五)合法还击

对方发球或还击后,本方运动员必须击球,使球直接越过或绕过球网装置,或触及球网装置后,再触及对方台区。

(六)失分

除重发球外,下列情况均判失1分:未合法发球或还击;阻挡或连续击球两次;球连续两次接触本方的台区;用不合规定的拍面击球;当球处于比赛状态时,运动员或其穿戴的任何物品使球台移动或触及球网装置以及不执拍手触及台面,用不执拍的手击球或球拍脱手后把球碰击过去;还击后,球没有过网或球没有击到对方台面而落地或碰到球网以外的其他物体(不包括阻挡);在双打中,运动员未按发球员和接发球员规定的顺序击球。

(七)比赛次序

在单打中,首先由发球员合法发球,再由接发球员合法还击,然后两者交替合法还击。在双打中,首先由发球员合法发球,再由接发球员合法还击,然后由发球员的同伴合法还击,再由接发球员的同伴合法还击。此后,运动员按此次序轮流合法还击。

(八)一局比赛

在一局比赛中,先得11分的一方为胜方;10平后,先得2分的一方为胜方。

(九)一场比赛

一场比赛应连续进行,采用七局四胜制。在局与局之间,任何一名运动员都有权要求不超过2分钟的休息时间。

(十)发球、接发球和方位的选择

选择发球、接发球和方位的权利应抽签决定。中签者可以选择先发球或先接发球,或选择先在某一方位。在一方运动员选择了先发球或先接发球,或选择了先在某一方位后,另一方运动员必须有另一选择。

在每获得2分后,接发球方即成为发球方。以此类推,直至该局比赛结束,或者直至双方比分都达到10分时,实行轮换发球法。此时,发球和接发球次序仍然不变,但

每人只轮发 1 分球。

在双打的第一局比赛中，先由先发球方确定第一发球员，再由先接发球方确定第一接发球员。在以后的各局比赛中，第一发球员确定后，第一接发球员应是前一局发球给他的运动员。在双打中，每次换发球时，前面的接发球员应成为发球员，前面的发球员的同伴应成为接发球员。一局中首先发球的一方，在该场下一局应首先接发球。在双打决胜局中，当一方先得 5 分时，接发球方应交换接发球次序。一局中，在某一方位比赛的一方，在该场下一局应换到另一方位。在决胜局中，一方先得 5 分时，双方应交换方位。

（十一）发球、接发球次序和方位的错误

裁判员一旦发现发球、接发球次序错误，应立即暂停比赛，并按该场比赛开始时确立的次序，按场上比分由应该发球或接发球的运动员发球或接发球；在双打中，则按发现错误时的那一局中首先有发球权的一方所确立的次序进行纠正，再继续比赛。

裁判员一旦发现运动员应交换方位而未交换，应立即暂停比赛，并按该场比赛开始时确定的次序、场上比分进行纠正，再继续比赛。

在任何情况下，发现错误之前的所有得分均有效。

## 第二节　羽毛球

现代羽毛球运动诞生于英国。1873 年，在英国格拉斯哥郡的伯明顿镇有一位叫鲍弗特的公爵，在庄园里进行了一次“蒲那游戏”的表演。因这项活动极富趣味性，很快就风行开来。此后，这种室内游戏迅速传遍英国，伯明顿（Badminton）即成为英文羽毛球的名字。羽毛球运动于 1920 年左右传入我国，新中国成立后得到迅速发展。20 世纪 70 年代以来，我国羽毛球队已跻身于世界强队之列。现代羽毛球比赛分为男子单打、女子单打、男子双打、女子双打和男女混合双打五个单项比赛。羽毛球的技术特点是灵活、快速、多变，因而对运动员的灵敏性、协调性、爆发力、耐力等有较高的要求。作为大众健身活动，羽毛球运动对场地、器材要求较低，只需要有两个人、两只球拍、一个球即可活动。场地可以任意选择一般的大厅、过道、广场、校园、公园等空地。人们通过不同的羽毛球技术练习、游戏或比赛，既能锻炼身体，又能增进相互了解和友谊。

## 一、羽毛球基本技术

羽毛球运动是一项技术动作复杂、技术性很强的运动项目。在运动中不仅需要有良好的击球方法，还要具备灵活的移动步法。因此，羽毛球运动的基本技术是该项运动的主体，主要由上肢基本手法和下肢基本步法两大部分组成。上肢的基本手法又由握拍法、发球与接发球法、击球法三个技术部分组成，下肢的步法则由基本站立、上网步法、后退步法、两侧移动步法、起跳腾空步法等组成。

### （一）上肢基本手法

#### 1. 握拍法

握拍法是指运动员手握球拍柄的方法。它是羽毛球运动最基本、最重要的技术，是掌握和提高羽毛球技术水平的关键。握拍法分为正手握拍和反手握拍两种方法（以下内容均以右手握拍为例）。正手击球时用正手握拍，反手击球时用反手握拍。

（1）正手握拍法。

正手握拍时，先用左手拿住球拍杆，使拍面与地面垂直，再张开右手，使虎口对着拍柄内侧小棱边，拇指和食指贴在拍柄的两个宽面上，食指和中指稍分开，中指、无名指和小指并拢握住拍柄（图 9–8）。握拍时掌心稍空出。

（2）反手握拍法。

反手握拍是在正手握拍的基础上，用大拇指和食指将拍柄稍向外转，将大拇指伸直并用其第一指节内侧自然顶贴在拍柄内侧的宽面上，食指收回，与拇指同（或略）高，四指并拢握住拍柄（图 9–9）。手心与拍柄之间留出空隙，有利于击球发力。

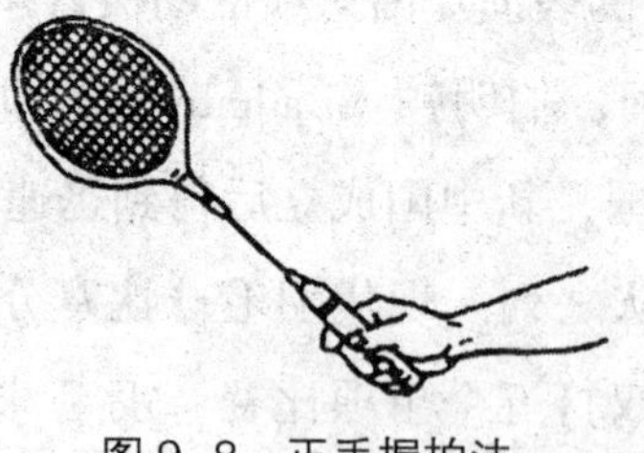

图 9–8　正手握拍法

图 9–9　反手握拍法

#### 2. 发球与接发球法

（1）发球。

发球是羽毛球运动的一项重要的基本技术。基本的发球技术，按球在空中飞行的弧线可分为发高远球、平高球、平快球和网前球四种。按其动作分为正手发球和反手发球两种。

①正手发球。发球站位：单打发球，在中线附近，站在离前发球线1米左右处；双打发球，站位可靠近前发球线。准备姿势：身体左肩侧对球网，左脚在前，右脚在后，重心在右脚上。右手持拍向右后侧举起，肘部放松微屈，左手拇指、食指和中指夹住球，举在胸腹间。发球时，身体重心由右脚移至左脚。此发球站位和准备姿势适用于各种正手发球动作（图9-10）。

图9-10 正手发球

第一，发高远球。发球时，身体重心由后脚移至前脚，持球手松开使球自然下落，右手上臂带动前臂，自右后方随转体向前上方挥拍，手部自然伸腕。在球拍与球快要接触的一刹那，握紧球拍，利用手腕屈伸的力量向前上方发力击球。然后，球拍顺着惯性向左上方挥动并缓冲。

扫一扫，观看3D动画“正手发高远球”

第二，发平高球。与发高远球大致相同，只是在击球的一刹那，前臂加速带动手腕、手指力量向前上方挥动。触球时拍面仰角小于45°，拍面稍向前推送击球。球下落至对方场内端线附近。

第三，发平快球。站位比发平高球稍靠后些（防对方很快回球到本方后场）。击球瞬间握紧拍柄，前臂加速带动手腕、手指向前挥动。触球时拍面仰角小于30°，拍面稍向前推送击球。发平快球的关键是出手动作要小而快，但前期动作应和发高远球一致。

第四，发网前球。准备姿势与站位同发高远球。发球时，挥拍幅度较小，主要靠前臂带动手腕、手指的力量向前横切推送，使球的飞行贴网而过，落在前发球区附近（图9-11）。

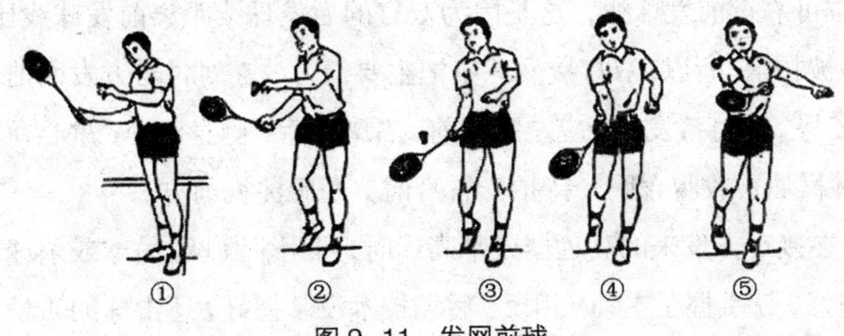


图9-11 发网前球

②反手发球。发球站位：站在前发球线后10～50厘米及发球区中

线的附近，也可以站在前发球线及场地边线附近。准备姿势：面向球网，两脚前后站立（左脚或右脚在前均可），上体稍前倾，身体重心在前脚上。右手反握拍，左手拇指和食指捏住球的两三根羽毛，球托明显朝下，球体与拍面平行或球托对准拍面放在拍面前方。

第一，发网前球。面向球网，两脚前后开立（一般右脚在前），上体稍前倾，身体重心在前脚上。右手臂屈肘，用反手握拍法将球拍斜下举在腰下，准备击球时手腕内屈，击球瞬间用小臂带动手腕、手指力量向前横切推送，将球击出。发出的球贴网而过，落在前发球区附近（图 9–12）。

图 9–12　反手发网前球

第二，发平快球。击球前期动作与反手发网前球相同。击球时紧握球拍，拍面后仰角度稍大，挥拍速度加快，用手腕甩动和手指配合的爆发力，将球向前上方击出。

（2）接发球。

接发球是还击对方发过来的球。接发球和发球一样，都是羽毛球运动最基本的技术，在比赛中同样起着重要作用。发球与接发球是一对矛盾，发球方想方设法发出各种不同弧线的球，以此来控制对方，而接发球方则后发制人，来达到反控制的目的。

①接发球的站位。单打接发球，应站在离前发球线约 1.5 米处，在右发球区要站在靠中线的位置，在左发球区则站在中间稍偏边线的位置，主要防备对方发球攻击反手部位。双打接发球，站位可靠近前发球线，这是因为双打的后发球线距离前发球线比单打短 0.76 米，发高远球易被扣杀。所以，双打接发球应把主要精力放在对付对方发网前球上。

②接发球的准备姿势。单打接发球，应左脚在前，右脚在后，侧身对网，重心在前脚，后脚脚跟稍提起，双膝微屈，收腹含胸，持拍于右身前，两眼注视前方。

③接发各种来球。在接对方发来的高远球或平高球时，可用平高球、吊球或杀球还击，抓住进攻机会，还击得好，就掌握了主动。相反，后场技术没掌握好，还击球的质量较差，反而会遭到对方攻击。在接对方发来网前球时，可用平推、放网前球、挑后场高球等还击，如对方发球质量不好，也可用扑球还击。在发现对方发球抢攻意图时，如果自己防守能

力又不强，那就放网前球或平推球还击，控制住球，落点要远离对方的站位，不让对方进攻。当对方连续发球抢攻时，接发球一定要冷静、沉着，准确判断，提高接发球质量，以制约对方发球抢攻。在接对方发来平快球时，可用平推球、平高球、突击劈杀、劈吊还击，以快制快，由于接球方还击的击球点比发球方高，下压得快、狠，可以夺取主动。另外，也可以高远球还击，以逸待劳。

3. 击球法

击球是羽毛球运动中最重要的基本技术。根据人与球体的不同位置，击球方法可分为正手击球和反手击球；根据击球点与人体的不同位置，击球方法可分为高手（上手）击球、低手（下手）击球和网前击球。高手击球有击高球、吊球、扣杀球，低手击球有挑（拉）球、抽球、接杀球，网前击球有放网前球、搓球、平推球及扑球等。

（1）高手击球。

高手击球是指击球点高于头部的击球方法。高手击球具有击球点高的特点，同时又有主动性强、进攻威力大的优点，是攻击性击球所应用的基本技术。

①击高球技术。高球可分为高远球和平高球两类，击高球技术有正手、反手和头顶击高球三种。

第一，正手击高球。首先，判断好来球的准确方向和落点。其次，向右后方转体，侧身后退，把球调整在自己的右肩稍前上方的位置。左肩对网，左脚在前，右脚在后，重心在右脚上，左臂屈肘，左手自然举起，右手握拍，手臂自然弯曲，将球拍举在右肩上方，手腕、拍面稍内旋，两眼注视来球。击球时，上臂后引，随之肘关节上提，使之明显高于肩部，将球拍后引至头后，自然伸腕。在右脚蹬地、转体收腹的协调用力下，上臂带动前臂（并有内旋动作）快速向前上方甩腕，在手臂伸直的最高点，用手臂、手腕和手指力量将球击出。击球后，持拍手随惯性向前下方挥动并收拍于体前，重心移至左脚（图 9–13）。

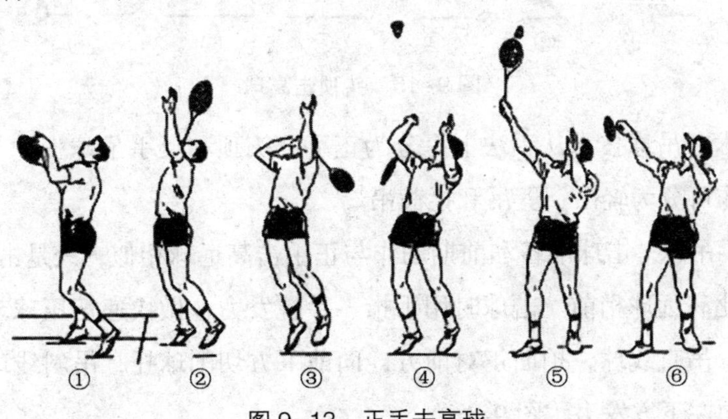


图 9–13　正手击高球

第二，反手击高球。当判断到对方来球在身体左后方时，身体迅速移动，最后一步用右脚前交叉跨至左侧底线，背向球网，重心落在右脚，把球调整在身体右上方，换成反手握拍，举拍在左胸前。击球时，上臂带动小臂，在肘部上抬至与肩平行时，两腿蹬地向上伸展用力，以肘关节为轴，小臂带动手腕、手指力量快速挥动，在身体右上方击球。主要以拇指的侧压与手腕挥动配合用力（图 9-14）。

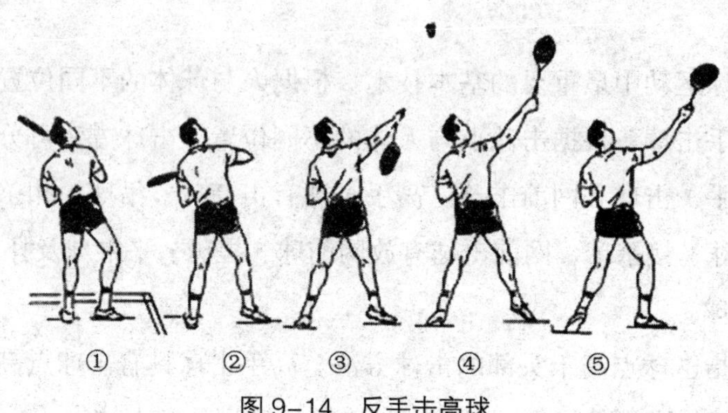

图 9-14　反手击高球

第三，头顶击高球。准备姿势与正手击高球相同。击球时，步法移动要快，击球点选择在左肩上方或偏后的位置，身体侧身偏左稍后仰，球拍从右后侧绕过头顶后，由左肩上方向前挥动，小臂带动手腕、手指力量快速击球。击球后，左脚在身后落地并立即回蹬，重心移至右脚，迅速回中心位置（图 9-15）。

图 9-15　头顶击高球

②吊球技术。吊球技术从手法上可分为正手、头顶和反手吊球三种，根据球的飞行路线和击球动作可分为轻吊、劈吊和拦截吊。

第一，正手吊球。击球准备和前期动作与正手击高远球相似，只是击球时用力不同。吊球的击球点比高远球稍前。击球时用手指、手腕发力，做快速切压球动作，击球托的后部和侧后部。吊直线球，拍面正对前方，向前下方切削球托；吊斜线球，则球拍切削球托的右侧并向左下方发力（图 9-16）。

图 9-16 正手吊球

第二，反手吊球。击球前的动作同反手击高球。击球时，前臂挥动速度减慢，手腕加速摆动，用反拍面切击球托的后部。吊直线球时，用反拍面切击球托的后中部，并直线向前用力；吊斜线球时，用反拍面切击球托的偏左侧，并斜线向前用力。

③扣杀球技术。扣杀球从手法上可分为正手、头顶和反手扣杀球三种。

第一，正手扣杀球。击球时，把球调整在右肩的稍前上方，接着身体后仰、右腿蹬地、快速收腹，手臂以最大的速度向前上方挥摆，最后通过手腕的高速挥动，击球托后部，使球直线下行。杀球后，前臂带动球拍随惯性在体前收拍，身体重心由右脚移至左脚。

扫一扫，观看3D动画“正手扣杀球”

第二，头顶扣杀球。当球恰好落在头顶上空或左肩上空适当高度时，持拍手臂向上举并绕头至左肩上，突然加快小臂、手腕的甩动并下压，同时右脚向左后方蹬地跳起，左脚后撤，身体呈背弓形，利用腰腹力量和手部力量协调向前下方用力将球击出。左脚着地时，要快速蹬地起步回位，准备回击下一个来球。

第三，反手扣杀球。准确判断对方来球，迅速移动步法到合适的击球位置，最后一步右脚向左后侧跨出，背对球网，反手握拍，持拍手屈臂将球拍举至左肩上方准备击球。当球落到右肩上方适当高度时，肘关节向上举高，以肘关节为轴，用左脚蹬力、腰腹力、肩力及大臂带动小臂，手腕、手指快速用力向后击球。击球瞬间握紧球拍，手腕快速用力向前下方扣压。

（2）网前击球。

网前击球技术包括网前搓球、网前推球、网前勾球、网前扑球和放网前球等。网前击球技术较复杂，但是，就其技术动作而言却有许多共同之处。

①网前搓球。网前搓球有正手和反手之分。

扫一扫，观看3D动画“正手网前搓球”

第一，正手网前搓球。向前移动靠近网前时，右脚向前跨成弓箭步，重心在右脚上，侧身对网，左手自然后伸，起平衡作用。球拍在手臂的带动下向前伸。在伸拍时前臂开始外旋，手腕稍后伸，用食指和拇指夹住拍，中指、无名指和小指轻握球拍，手指和手腕自然放松。击球时，球拍在手指和手腕的作用力下，用正拍面搓击来球的底部，使球滚过网。挥拍力量和拍面的角度大小以来球时球离网的远近而定。

第二，反手网前搓球。当对方回击网前球时，上网步法要快，左脚蹬地，右脚向网前跨成弓箭步，侧身对网，重心在右脚。当握拍手臂向前伸的同时，手腕前屈，握拍手背部高于拍面，反拍迎球。击球时，主要靠前臂的小臂外旋和手腕由内收至外展的合力，搓球的侧后底部使球侧旋翻滚过网。

②网前扑球。网前扑球有正手、反手扑球两种，就扑球路线有直线、斜线和扑追身球三种。

第一，正手扑球。准确判断来球路线和高度，快速蹬步上网，身体右侧扑向网，球拍随手臂向右前斜伸上举，正拍朝前。准备击球时，小臂外旋，手腕关节后伸，小指、无名指稍松开，使拍柄离开鱼际肌。击球时，手腕由后伸到屈腕闪动，利用小臂、手腕和手指力量向前下方击球，球拍触球后立即收回，或靠手腕由右前向左前“滑动”击球，以免球拍触网违例。扑球后，球拍随手臂向右侧前下方回收。

第二，反手扑球。反手握拍于左侧前，当身体向左侧前方跃起时，持拍手小臂前伸上举，手腕外展，拍面正对来球。击球时，手臂伸直，手腕由外展到内收闪动，手握紧拍柄，拇指顶压，加速挥拍扑击球。击球后即刻屈肘，球拍回收，以免球拍触网违例。

③放网前球。放网前球同样有正手和反手两种。

第一，正手放网前球。准确判断来球路线和落点，快速上网，最后一步右脚在前、左脚在后呈弓箭步，上体前倾重心在右脚，侧身对网。右手正手握拍向前下方伸臂，小臂外旋展腕，左臂自然后伸，起平衡作用，拍面几乎朝上迎击来球。击球瞬间，手腕稍内屈轻轻闪动，食指和拇指控制拍面角度和用力大小，球拍向前上方轻轻一托，把球轻击送过球网。

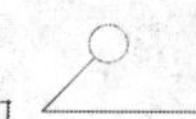


第二，反手放网前球。准确判断来球路线和落点，快速向前左侧上网，最后一步右脚在前，左脚在后呈弓箭步，侧背对网，上体前倾重心在右脚，右手反手握拍向前下方伸臂，小臂内旋展腕，左臂自然后伸起平衡作用，拍面几乎朝上迎击来球。击球瞬间，伸腕轻轻闪动，食指和拇指控制拍面角度和用力大小，球拍向前上方轻轻一托，把球轻击送过球网。

（3）低手击球技术。该技术包括挑高球、抽球和接杀球等。

①挑高球。挑高球也有正手和反手之分。

第一，正手挑高球。判断来球，快速上网，左脚积极蹬地，右脚跨步向前呈弓箭步，侧身对网，重心在右脚。正手握拍，手臂自然向右前方伸出，小臂外旋伸腕。击球时，以肘关节为轴，前臂带动手腕、手指由右下方向前上方或左上方挥拍击球（挑直线高球时，球拍向前上方挥动击球；挑对角线高球时，球拍向左前上方挥动把球击出）。

第二，反手挑高球。判断来球，快速上网，左脚积极蹬地，右脚跨步向前呈弓箭步，侧身对网，重心在右脚。反手握拍，手臂向左前方伸出，小臂内旋屈肘、屈腕。击球时，以肘关节为轴，小臂带动手腕、手指由左下方向前上方挥动把球击出。

②抽球。抽球有正手、反手抽底线球和正手、反手抽半场球以及半蹲式平抽球等。

第一，正手抽底线球。准确判断来球，快速移动步法，左脚蹬地，右脚向正手底角跨出，侧身向网，上体向右后倒，重心在右脚。正手握拍，手臂向右举拍，大臂与小臂约呈 120° 角。准备击球时，小臂外旋伸腕，球拍后引，拍面稍后仰。击球时，主要靠小臂带动手腕、手指“抽鞭”式向前挥拍，小臂由外旋到内旋，腕部由伸到屈闪动击球。向前上方用力击球成高远球，向前方用力击球则成平球。

第二，反手抽底线球。准确判断来球，快速移动步法，左脚蹬地，右脚向反手底角跨出，上体前倾背对网，重心在右脚，反手握拍将球拍举于左肩上方。击球时，大臂带动小臂、手腕和手指沿水平方向快速向后挥拍，手臂基本伸直时，小臂外旋，手腕后伸用力“闪”动击球。向后上方用力击球成高远球，向后方用力击球则成平球。

第三，正手平抽球。右脚向右侧迈出一小步，上体稍向右侧倾，正手握拍，手臂向右侧上摆，屈肘，左脚跟提起。准备击球时，小臂稍后摆带有外旋，手腕由稍外展至后伸，使球拍引至后下方。击球时，小臂急速向右侧前方挥动，并由外旋转为内旋，手腕由后伸至伸直闪腕，手指握紧拍柄高速挥拍击球，由后向右侧稍平地抽压过去。击球后，持拍手顺势向左侧挥摆，左脚向左前方迈一步，准备迎击来球。

③接杀球。接杀球有正手、反手接杀球。根据不同的战术需要可分为挡网前球、挑后场高球和平抽反击球三种。

第一，正手接杀挡直线网前球。右脚向右侧跨一步，身体右倾，握拍手臂右伸，前臂外旋，手腕外展，持拍准备击球。击球时，前臂外旋，手腕稍内收带动球拍由右下向前上方推送击球，把球直线挡在网前。

第二，反手接杀挡直线网前球。左脚向左侧跨一步，身体左转，右肩对网，屈右肘，小臂内旋，手腕外展，引拍在左肩前。击球时，应利用对方来球力量，前臂带动球拍由左上方向左前方用拇指的顶力轻挥球拍，把球直线挡回网前。

第三，正手接杀挑直线后场高球。右脚向右侧跨一步，同时向后引拍，引拍时前臂外旋，手腕用力后伸。击球时，前臂内旋，手腕由后伸到快速收腕，拍面对准来球，快速向前挥拍将球挑到对方后场。

第四，反手接杀挑直线后场高球。左脚向左侧跨一步，身体左转前倾，右肩对网，屈右肘，前臂内旋，手腕外展，引拍至左侧前下方。击球时，前臂向右前方挥摆，手腕由外展至快速后伸，握紧球拍，用拇指的顶力，用反拍面全速挥拍击球，使球沿直线飞向对方的后场。

第五，正手平抽反击球。是把对方回击到离自己身体较远的平球回到对方后场区域的击球方法。两脚开立站在中场附近，微屈双膝，体前持拍判断来球方向，向右跨步到接球位置。小臂由外旋转为内旋，手腕由内收到外展，利用食指、手腕力量将球击出。击球点都应争取在身体侧前方，以利于手臂发力击球；击球之后，右脚蹬地回位。

第六，反手平抽反击球。主要是对付对方来球中离自己身体较远的平球。站位于中心附近，两脚左右开立，面对球网，两膝微屈，右手持拍于体前。击球时，判断准确来球方向等，右脚向左侧横跨一步，同时挥拍依靠前臂和手腕的闪动发力击球。反手平抽球时，多用拇指的反压力朝前发力。此外，击球点都应争取在身体侧前方，这更便于手臂的发力。击球后，右脚蹬地回位。

（二）下肢基本步法

羽毛球步法是一项很重要的基本技术，它和手法相辅相成，取长补短，不可分割。没有正确的步法，必然会影响各种击球技术的完成。而在比赛中如没有快速、准确的到位步法，手法就会失去其尖锐性与威胁性。羽毛球步法分为上网步法、后退步法和两侧移动步法，根据运动员在场上的中心位置和来球的远近，可采用一步到位击球或二步、三步移动到位击球。右手握拍者，到位击球时的最后一步一般都是右脚在前，而左脚总是靠近中心位置。

1. 上网步法

上网步法即完成上网搓球、推球、勾球、扑球及挑球的步法，它包括跨步上网、垫步加蹬步上网、前交叉加蹬跨步上网、后交叉加蹬跨步上网和蹬跳步上网。不论采用哪种步法上网击球，其上网前的站位及准备姿势基本都是相同的，即两脚站立约同肩宽，一般右脚在前、左脚稍后，两膝稍屈，两脚前脚掌着地，后脚跟稍有提起；上体稍前倾，握拍于体前，全神贯注，注视对方来球。

（1）跨步上网步法。跨步上网法分二步跨步上网法和三步跨步上网法两种。

①二步跨步上网步法。左脚先向来球方向跨出一步后，右脚再向前跨出一大步到位击球。

②三步跨步上网步法。右脚先向来球方向跨出一小步，接着左脚向前跨出第二步，最后，右脚跨出一大步到位击球。

（2）垫步加蹬跨步上网步法。右脚先向来球方向迈出一步，紧接着脚垫一小步，同时右脚抬起，利用左脚的蹬力蹬跨出一大步，到位击球。

（3）前交叉加蹬跨步上网步法。右脚先向前迈出一小步，紧接着右脚抬起，利用左脚的蹬力蹬跨出一大步，到位击球。

（4）后交叉加蹬跨步上网步法。右脚先向前迈出一小侧步，接着左脚向右脚后迈出第二个侧步，最后，右脚抬起，利用左脚的蹬力蹬跨出一大步，到位击球。

（5）蹬跳步上网步法。站位稍靠前，判断对方要重复打网前球时，利用双脚蹬地，迅速跳向网前，采用扑球技术击球。要注意防止因前冲力过大而触网或过中线犯规。

上网步法要注意前冲力不要太大，避免身体失去平衡；到位击球时，前脚脚尖应朝边线方向，不应朝内侧，有利于借前冲力向前滑步；击球后，应尽快采用后退跨步、垫步或交叉步退回中心位置。

2. 后退步法

后退步法是完成后退回击高球、吊球、杀球、后场抽球的步法，它包括正手后退步法、头顶后退步法、反手后退步法、正手后退并步加跳步、头顶侧身加跳步。不论采用哪种步法后退击球，其后退前的站位及准备姿势均与上网步法的站位及准备姿势相同。

（1）正手后退步法，可采用并步后退步法、交叉后退步法和并步加跳步后退步法。

①并步后退步法。右脚向右后侧身退一步，并带动髋部右后转，接着左脚用并步靠近右脚，右脚再向后转至到位，左脚跟进一小步，成为左脚在前、右脚在后、侧身对网的击球准备动作。

②交叉步后退步法。右脚向右后侧身退一步，并带动髋部右后转，接着左脚从右脚后交叉后退一步，成为左脚在前、右脚在后、侧身对网的击球准备动作。

③并步加跳步后退步法。与并步后退步法的第一、二步后退步法相同，第三步采用

侧身双脚起跳各侧后到位击球，后双脚落地。

（2）头顶后退步法，可采用并步后退步法、交叉步后退步法及头顶侧身步加跳步后退步法。

①头顶并步后退步法。髋关节及上体快速向右后方转动的同时，右脚向后退一步，接着左脚用并步靠近右脚，右脚再向后移至到位，左脚跟进一小步，成为左脚在前、右脚在后、侧身对网的击球准备动作。

②头顶交叉步后退步法。髋关节及上体在快速向右后方转动的同时，右脚向后退一步，接着左脚从右脚后交叉后退一步，右脚再向后移至到位，左脚跟进一小步，成为左脚在前、右脚在后、侧身对网的击球准备动作。

③头顶侧身步加跳步后退步法。这是一种快速突击抢攻打法的后退步法。髋关节及上体在快速向右后方转动的同时，右脚向后退一步，紧接着右脚向后方蹬地跳起，上身后仰，角度较大，并在凌空中完成击球动作，此时，左脚在空中做一个交叉动作后先落地，上体收腹使右脚着地时重心落在右脚上，便于左脚迅速回动。此种步法应注意几个重要环节：上体和髋部侧转要快，右脚变成后退至左脚的后方横侧位；蹬跳方向应向左后方跳起，使上体向后仰；左脚在空中做交叉后撤的动作要大，左脚的落地点超过身体重心之后；上体要有力地收腹，重心迅速恢复至右脚，左脚能迅速回动。

（3）反手后退步法，可采用二步反手后退步法和三步反手后退步法。

①二步反手后退步法。左脚先向左后方退一步，接着上体左转，右脚向左后方跨出一步，以背对网的形式到位击球；或者右脚先向后退一步，左脚向左后方跨出一步，以侧身的形式到位击球。

②三步反手后退步法。右脚先向左脚并一步（或交叉退一步），后左脚向左后方退一步，此时，上体左转，右脚再向左后方跨出一大步，以背对网的形式到位击球。

3. 两侧移动步法

两侧移动步法是完成中场球的回击步法，可在接杀球、接对方平射球等时采用。其移动前的站位及准备姿势与上网步法的站位及准备姿势基本相同。两侧移动步法包括左侧移动步法、右侧移动步法和左右侧跳步法。

（1）左侧移动步法可采用一步蹬跨步和二步蹬跨步两种方法。

①一步蹬跨步。身体重心调整至右脚，用右脚掌内侧用力蹬地，左脚随髋关节转动的同时向左侧跨一大步到位击球。

②二步蹬跨步。当来球离身体较远时，左脚先向左侧移一小步，紧接着右脚向左侧蹬跨一大步，形成背对网到位击球。

（2）右侧移动步法也可采用一步蹬跨步法和二步蹬跨步法。

①一步蹬跨步法。当来球离身体较近时，身体重心调整至左脚，用左脚内侧蹬地，右脚随髋关节的转动同时向右侧跨一大步到位击球。

②二步蹬跨步法。当来球离身体较远时，左脚应先向右侧移一步，然后右脚向右侧蹬跨出一大步，到位击球。

（3）左侧跳步。如对方来球弧度较平，可采用左脚向左侧移一步后跳起突击。

（4）右侧跳步。如对方来球弧度较平，可采用右脚向右侧移一步后跳起突击。

以上介绍的是羽毛球运动最基础的移动和跑动步法，初学者一定要按这种模式进行必要的训练，方能把羽毛球入门的基本技术练好，为提高技术水平打下牢固的基础。

## 二、羽毛球基本战术

### （一）单打战术

#### 1. 发球抢攻战术

发球抢攻战术是运动员利用发球使对方被动，为自己创造进攻机会的一种战术。这种战术一般用发网前低球结合平快球、平高球，争取第三拍的主动进攻。尤其是对付防守能力较差或临场经验不足的对手，可采取此战术。

#### 2. 攻后场战术

这种战术一般通过击高球、重复压对方底线两角造成对方被动，然后寻找机会进攻。此战术一般用于对付初学者或技术不熟练、后场还击能力不强、后退步法较慢和急于上网的对手。

#### 3. 攻前击后战术

这种战术是先以吊球、放网前球、搓球吸引对方到网前，然后用推球、平高球或杀球突击对方的后场底线。它一般用于对付上网步法较慢或网前球技术较差的对手。采用此战术，要求运动员首先具有较好的网前击球技术。

#### 4. 打四方球战术

这种战术是以快速、准确的落点攻击对方场区的四个角落，调动对方前后左右奔跑，伺机向空当进攻。它用于对付体力差、反应和步法移动慢的对手。

#### 5. 打对角线战术

这种战术无论是进攻还是防守均以打对角线为主，它用于对付身体灵活性差、转体较慢的对手。由于对方灵活性差、转体慢，来回左右两侧奔跑易使对方重心不稳而被动失误，为自己创造进攻机会。

6. 逼反手战术

大部分羽毛球运动员后场反手击球的进攻性不强，球路也较简单。因此，对于后场反手较差的对手要毫不放松地加以攻击。先调动对方位置，使对方反手区露出空当，然后把球打到反手区，迫使对方使用反拍击球。例如，先吊对方正手网前，对方回球后，便以平高球的击球攻击对方反手区，在重复攻击对方反手区迫使其远离中心位置时，突然吊对角网前。

（二）双打战术

1. 攻人战术，即“二打一”或避强击弱战术

双打比赛中，双方两个队员的技术水平一般是不均衡的，集中力量攻击对方较弱的球员，尽量使对方的特长得不到发挥，充分暴露对方的弱点，是此战术的目的。攻人战术要灵活运用。若对方有意保护其弱者，则以两个人对付对方的强者，消耗其体力，减弱其进攻威力，伺机突击空当，这也是“二打一”。

2. 攻中路战术

当对方球员分边站位时，要尽可能将球攻到对方两人之间的空隙区，以造成对方争夺回击或相互让球而出现失误。这是对付配合较差的对手的有效办法。

攻半场战术是攻中路战术的另一种方式。当对方呈前后站位时，将球还击到两人之间靠边线的位置上。这是对付配合欠佳、动作不灵活、接半场球技术较差的对手的有效战术。

3. 压后场拉开反击战术

此战术通常用来对付后场扣杀能力较差的对手，也可结合将对方的弱者调到后场使用。此战术是用平高球、平推球、接杀接吊抽、挑后场球等技术，把对方一名球员紧逼在底线两角来回移动击球，并迫使其回击出质量不高的球，然后抓住有利时机反击。如在此过程中，对方处于前场的同伴欲后撤援助，则可伺机攻击网前空当或对其打追身球。

4. 前场打点封压进攻战术

这种战术要求打法比较积极，前半场技术要好，步法移动要快，两名球员配合默契。主要通过前半场积极抢点放网、推拨半场、平抽平挡和接杀球挡网跟进等技术，迫使对方被动起高球，从而有利于自己一方后压前封进攻得分。

## 三、羽毛球运动规则简介

（一）球场

羽毛球球场为一块长方形场地，长 13.40 米，宽 6.10 米（单打场地宽 5.18 米，双打

场地宽 6.10 米）。中间悬挂球网（网两边在支柱顶端处高 1.55 米，中间高 1.524 米）。双打球场对角线长 14.723 米，单打球场对角线长 14.366 米。球场各线宽均为 4 厘米。

（二）球和球拍

羽毛球重 4.74 ～ 5.5 克，由 16 根羽毛插在半球形软木托上。球高 68 ～ 78 毫米，直径 58 ～ 68 毫米，分为 1 ～ 10 号。球拍由参赛运动员自备，球拍框总长度不超过 68 厘米，宽不超过 23 厘米，拍弦面长不超过 28 厘米，宽不超过 22 厘米。整个球场上空空间最低为 12 米，在这个高度以内，不得有任何横梁或其他障碍物，球场四周 2 米以内不得有任何障碍物。任何并列的两个球场之间，最少应有 2 米的距离。球场四周的墙壁最好为深色，不能有风。

（三）比赛通则

1. 赛制

2006 年 5 月，羽毛球世界联合会在日本东京举行的年度代表大会上决定实行 21 分的新赛制。21 分制实行每球得分制，所有单项的每局获胜分皆为 21 分，最高不超过 30 分。每场比赛采取三局两胜制，先得 21 分的一方赢得当局比赛。如果双方比分为 20 平，需某一方超过对手 2 分才算取胜。如双方比分打成 29 平，则得分先上第 30 分的一方为胜者。首局获胜一方在接下来的一局比赛中先发球。

2. 主要违例及其罚则

（1）过手违例。过手是指运动员发球时，在击球瞬间球拍的顶端未向下，整个拍框未明显低于握拍的整个手部，为过手违例。

（2）过腰违例。运动员发球时，球的任何部分在击球瞬间高于发球员的腰部，为过腰违例。

（3）踩线、移动、触线违例。运动员发球时，两脚都必须站在规定的发球区内，保持与地面接触，不得移动、踩线、触线和出区，否则为移动、踩线、触线违例。

（4）触网违例。比赛进行中，运动员的身体、衣物或球拍触及球网、网柱或网柱的支撑物，均为触网违例。

（5）过网击球违例。比赛进行中，对方击来的球尚未过网，即以球拍过网击球，称过网击球违例。

（6）连击违例。一名运动员在击球时连续两次挥拍击球且击中两次，或在双打比赛中，两名同队运动员连续各击中一次球，即为连击违例。

（7）拖带或持球违例。运动员击球时，球停滞在球拍上，紧接着又有拖带现象，称拖带或持球违例。

（8）阻挠违例。运动员在近网处企图阻挠对方合法还击，称阻挠违例。

（9）重发球。裁判员虽已报分，但发球员在接发球员尚未做好准备时就发球，接发球员未予还击，此时，应判重发球。如果接发球方已挥拍击球或企图击球时身体或衣物触及球，则以已经做好准备论处。

（10）发球时，发球员与接发球员同时违例。例如，发球员发球动作不连贯，与此同时，接发球员接发球时移动，应判重发球。

## 第三节　网　球

网球运动的起源可以追溯到 12 ～ 13 世纪的法国。当时，法国传教士为了调剂单调的生活，常常进行一种用手掌击球的游戏：在教堂的回廊里，中间用一条绳子隔开，两人用手掌将用布包着毛发制成的球打来打去。这就是最初的网球运动。后来，欧洲人掌握了橡胶技术，做出了能弹跳的球。当时，人们公认埃及坦尼斯镇所产的球皮为最佳，所以网球被称为“坦尼斯”（tennis），并一直沿用至今。球拍也用弦线拉成替代了羊皮制作。14 世纪中叶，这种游戏从法国传入英国。当时，网球运动和马术、击剑等被看作贵族运动。1885 年前后，网球运动传入我国，最初只是一些教会学校里的传教士开展这项运动，后来在我国上海等大城市和一些通商口岸城市慢慢传播开来。

新中国成立以后，网球运动在起点低、基础差、交流少的情况下逐渐发展起来。1956 年举办了全国网球锦标赛，后来举办了全国网球等级联赛、全国网球单项比赛、全国硬地网球冠军赛、全国青少年网球比赛，还有各种巡回赛、老年网球赛、高校网球赛、少年网球赛等，对促进网球技术水平的提高起到了积极的作用。

### 一、网球基本技术

#### （一）握拍法

在所有的网球技术中，最基本的是握拍法，它能直接影响球拍接触球的角度。流行的握拍法有两种：东方式和西方式。业余网球的基本技术首先应从东方式正手击球技术开始，这样效果最好，掌握最快。所以，在此重点介绍东方式握拍的方法。

1. 正手握拍法（以右手持拍为例）

用左手握住拍颈，使拍面与地面垂直，拍柄底部正对身体，右手掌展开，放在拍面上，然后慢慢向拍柄底部滑动，掌握到拍柄底部后，五指自然分开，像握手一样握住拍柄。东方式握拍又称握手式握拍（图9–17①），此时由拇指与食指形成的"V"形虎口对准拍柄把手的右上斜面（图9–17②）。

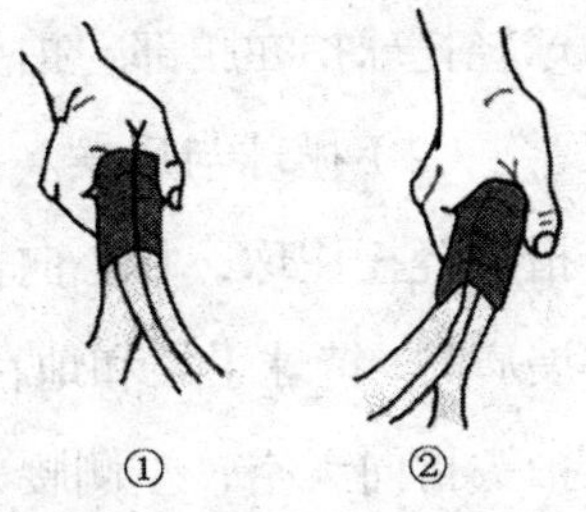

图9–17　正手握拍法

2. 反手握拍法

东方式反手握拍法从正手握拍法变化而来，把手向左转动（或把拍子向右转动），使拇指与食指形成的"V"形虎口对准拍柄的左上斜面。

（二）击球

1. 正手击球

从准备姿势开始，以右脚为轴，向右转肩转髋，同时左脚前跨一步使两脚与肩同宽。身体左侧对准球网，重心移到右脚上，转体的同时带动球拍直接后引，将拍面引到与身体平行的位置。球拍高度齐膝，拍头略高于手腕，左臂微前伸保持身体平衡。挥拍击球时，身体重心移至左脚，并以左脚为轴向左转肩转髋，带动右手臂向前迎击球的中部，击球点在左脚侧前方。球离弦后，球拍随惯性挥至左肩上方，并迅速还原到准备回击下一次来球的状态。

2. 反手击球

（1）单手反手击球。从准备姿势开始，以左脚为轴，向左转肩转髋，同时右脚跨出一步，使两脚与肩同宽，身体右侧对球网，重心移至左脚上。转肩同时左手转动拍颈使右手成东方式反手握拍，并带动球拍后引与身体平行，击球肘贴近身体，左手轻持拍颈，拍头略低于来球。击球时身体重心移至右脚，左手放开拍颈，以右脚为轴向右转髋转肩，带动右手臂由下向前上挥拍，击球中部偏下，击球点在右脚侧前方。击球后球拍随惯性继续挥至右肩上方，并迅速恢复成准备姿势，随时回击下一次来球。

（2）双手反手击球。当确定来球是飞向反手方向时，在移动到位的最后一步应保持右脚在前，身体右侧朝向来球方向。双手握球拍向左后挥摆，右臂伸展较大，左臂弯曲。在迎球过程中，挥臂与转体动作配合，使球拍由低向高挥动，击球点在右脚侧前方，拍面垂直，触球的中部。击球后双手随势挥至右侧头部高度，身体重心移向右脚。动作完成后，迅速恢复成准备姿势。

（三）发球

1. 动作要点

（1）准备姿势。侧身站立在端线外中场标记旁，左肩对着左边网柱，面向右边网柱，两脚分开与肩同宽，左脚与端线约呈45°角，右脚约与端线平行，重心在左脚。左手持球轻托球拍在腰部，拍头指向前方。

（2）抛球与后摆。抛球与后摆拉拍动作是同步开始的，持球手拇指、食指和中指三指轻轻托住球，掌心向上。当球拍从身后向头上方做大弧度摆动，身体做转体、屈膝、展肩时，持球手柔和地在身前（左脚前）上举，直伸至头顶。此时右肘向后外展约同肩高，拍头指向天空，左侧腰、胯呈弓形，身体重心随着抛球开始先移向右脚，然后平稳地开始前移。此刻，肩与球网呈直角。

（3）击球动作。当左手抛出球时，球拍继续向上摆起，这时候持拍手的肘关节放松，可以使向前移动的身体和右肩自动地让手臂和身体充分伸展。当身体向前上方伸展击球时，肩、手臂已经回转，双肩与球网平行。挥拍击球时，持拍手腕带动小臂有一个"旋内鞭打"动作。

（4）随挥动作。球发出后，身体向内倾斜，保持连续、完整的向前上方伸展的随挥动作。球拍挥至身体的左侧，重心移向前方，做到完美自然地跟进并保持身体平衡。

2. 发球的种类及方法

（1）平击发球。平击发球在诸多发球中是球速最快的发球法，也称为炮弹式发球。该发球不但球速快，而且反弹快。发平击球时的击球点应在身体的右前上方，以拍面中心平直对准球，击球的后中上部，因此手腕的向前抖甩和前臂的"旋内鞭打"非常重要。身体充分向上、向前伸展，以获得最高击球点，提高发球命中率。

（2）切削发球。切削发球是一种以左侧旋转（略带下旋）为主的发球法，是由球的右上往左下切削发球。该发球不但球速快、威胁大，而且容易提高发球命中率。在发球时把球抛到右侧斜上方，球拍快速从右侧方至左下方挥动。击球部位在球的中部偏右侧，使球产生右侧旋转。

（3）上旋发球。上旋发球是以上旋为主、侧旋为辅的发球法。发上旋球时把球抛到头后偏左的位置，击球时身体尽量后仰，呈弓形，利用杠杆力量对球加以旋转，球拍快速从左向右上方挥动，从下向上擦击球的背面，并向右带出，使球产生右侧上旋。

（四）接发球

接发球是比较难掌握的技术。要接好发球必须掌握比较全面的基本技术，因为接发球之前无法判断对方发球的方向、旋转、力量和速度。对手将球发出后就要迅速作出判断和反应，并且选择恰当的击球方式来完成接发球动作。

接发球站位一般位于端线附近，力求在接发球时向前移动击球。在接发球的全过程中，眼睛要始终注视来球，一直到完成还击动作。要认真观察对方的抛球动作，这样有利于判断发球的方向和旋转。接发球时应注意：对方第一次发球时多采用大力发球，站

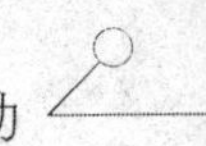

位应偏后一些；第二次发球可略向前移。接大力发球时挥拍动作不要过大，要控制好拍面角度并握紧球拍。还击球之前要观察对方的行动，选择回球的线路和落点。

（五）截击球

1. 正手截击球

截击时站在网前 2.5 ～ 3 米的位置，准备姿势与一般击球基本相同，但球拍要举得高一些，约与眼部同高。截击时后摆动作要小，击球点保持在身体前方，拍触球瞬间手腕固定，用力握紧球拍，略加向前推击的动作。截击较近的球，左脚跨出一步，截击较远的球要跨出一大步。

2. 反手截击球

准备姿势同正手截击球。击球点要比正手截击球靠前一些，因此要及早跨出右脚，重心也要置于右脚。击球时手腕固定，用力紧握球拍，拍面稍前倾，触球中上部。击球后右臂伸展，向前下方压送。

（六）高压球

高压球的动作与发球动作相似，只是没有向后拉拍的挥拍动作，而是直接把拍引向头后。高压球要求及时侧身，早举拍看准来球，找准击球点。

（七）挑高球和放短球

挑高球是指使还击的球越过对手头顶落入对方场区。挑高球可以有效地迫使上网的对手后退。放短球一般是在网前突然回击近网短球，使活动在底线的对手来不及还击。放短球时，要求多用手腕动作，且带有削击。

## 二、网球基本战术

（一）单打战术

网球单打技术一般分为发球战术、接发球战术、上网战术、底线结合上网战术和底线战术 5 种。

1. 发球战术

发球不受对方支配，可通过力量、速度和准确性达到得分目的；针对对方弱点，攻其薄弱环节；利用不同的发球方式，随球上网截击；运用相似手法，发不同性能的球，使对手不易捉摸；利用外界自然条件（如风向、阳光、硬地和草地等）发球，给对手接发球制造困难。

（1）发球站位。发第一区时，尽量接近中点线，发直线球逼住对手反拍；发第二区时，站位可距中点线稍远，便于以更大斜线发对方反拍区，扩大自己正拍防守区域。

（2）第一次发球。多用大力平击发球使对方难以抵挡，造成接发球失误，或用切削发球、上旋发球打落点，发至对方防守较差地区。

（3）第二次发球。重点在准确，力求凶狠，打落点。多用切削发球或上旋发球。

（4）上网的发球。分为大力平击发球和上旋发球后上网。但大力平击发球后，对方回球快，而且身体不易掌握平衡，常来不及上网，故利用上旋发球上网的居多。

2. 接发球战术

接发球一般处于被动地位，但处理得好可减少被动，甚至化被动为主动。

（1）接发球站位。站在对方可能把球发到的角度的角分线上。当对方发向外或向内旋转的球时，要靠近旋转方向一点。此外，应尽量站在底线里边 0.5 米左右处，压制对方上网，便于自己上网。

（2）接发球击球方法。一般采用平击抽球，将球回击到对方底线两角；也可运用旋转使球旋向两边线处，使对方左右奔跑；或采用切削球打到近网两角；运用挑高球挑过发球上网者头顶等。

3. 上网战术

在发球或接发球后，冲到离网较近的位置，不等对方回击的球落地便进行空中截击或高压。

（1）上网时机。多用于第一次发球。发上旋球后，借球在空中飞行时间长，对方难于回击之机上网截击。若抽击球后上网，则出球要斜、深、重，或接近中央地带。

（2）上网站位。尽可能站到大约距离网 2 米处。近网则进攻威胁性大，封网角度小，防守控制面积大。此外，站位应在对方可能的击球角度的角分线上。

4. 底线结合上网战术

（1）底线正反拍必须具有进攻性和较大威胁。

（2）用凶狠抽击球（如上旋球）拉开对方，及时上网。

（3）具有较好的预测、判断能力，击球果断、有力，随之上网。

（4）底线击球在斜、深、重的情况下使对方被动，紧跟着上步做抽杀。

（5）既考虑积极上网，又要提防对方的破网打法。

（6）上网击球主要采用截击球和高压球，此外还要熟练掌握反弹球，以落点为主，应付被动情况，争取第二次截击。

5. 底线战术

底线战术攻守兼备，用速度、力量、准确度、凶狠性取胜对方，使看来是防守型的打法更具有攻击性。常用的有逼右攻左、逼左攻右，攻击对方弱点或打对方不喜欢打的球。

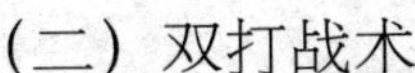

## （二）双打战术

双打比赛，站位一般是正拍好的站右边，反拍好的站左边，理想的是一个右手握拍、一个左手握拍。双打有其特定的战术，不能用单打战术代替。

### 1. 发球战术

（1）发球站位。发球者站在底线后面的中线与边线之间的一半处，比单打站位稍靠边线，因为另一边有同伴防守，同时可使发出的斜线球角度更大。

（2）第一发球。大力、凶狠、准确，掌握上网主动权。常用大力上旋球发对方反手区，压制其进攻力量和回击角度；也可用大力平击发球，迫使对方回击高球，以便上网扣杀。

（3）同伴站位。在离网 2 ～ 3 米、离边线 3 米左右处，把守半边场区，伺机截击或高压击球。

### 2. 接发球战术

（1）接发球站位。站在对方可能把球发到角度的角分线上。

（2）回击方法。平击、切削、旋转三种方法交替运用，使对方捉摸不定。球要过网低、角度斜、落点深。压制对方上网，利用时机自己上网。

（3）同伴站位。站在发球线附近，比发球者稍后一些。随时注意场上变化，攻则进，守则退。

### 3. 网前比赛战术

当四人均上网时，短兵相接，要求反应灵敏、动作迅速，有较高的技术水平。

（1）站位。上网位置在离网 2 ～ 3 米处，两人各站半场中间稍靠中线位置。这样站位，便于进退和防“中间球”。

（2）同伴之间配合原则。来球在两人之间，由正拍击球者回击；球在两人之间，又是斜线球时，由距离近的运动员迎击；挑高球在两人之间，由正拍击球者进行高压；对方接发球回击过来的是中场球，由上网运动员争取截击，发球运动员随时准备补漏；情况复杂时，通过呼叫“我的”“你的”互相照应；上网运动员左右移动时，底线同伴要移动补位。

（3）分析彼我情况，制订战术，以己之长，攻彼之短。比赛中还要灵活机动地变化战术，出奇制胜。

### 4. 底线比赛战术

双打应争取机会上网，一旦被压在底线，只能考虑防守，伺机反攻，或诱使对方失误。可用挑高球、回击短而低的球，或打平直线球快速穿过对方中央场区，或运用侧旋直线球打对方两侧。

## 三、网球运动规则简介

### （一）网球比赛的场地和器材

1. 场地

网球场为长方形，长 23.77 米，单打场地宽 8.23 米，双打场地宽 10.97 米。网绳的顶部距地面 1.07 米。球场两端的界线称为端线，球场两边的界线称为边线。在球网两侧 6.4 米处的场内各画一条与球网平行的横线称为发球线。在连接两发球线的中点画一条与边线平行的线，线宽 5 厘米，称为中线，中线与球网呈“十”字形，将发球线与边线之间的地面分成 4 个相等的区域，称为发球区。全场除端线可宽至 10 厘米外，其他各线的宽度均不得超过 5 厘米，也不得少于 2.5 厘米。全场各区的丈量，除中线外都从各线的外沿计算。所有的线应是同一颜色。

2. 球

球为白色或黄色，外表毛质均匀，接缝处没有缝线。球的直径为 6.35 ～ 6.67 厘米，重 56.7 ～ 58.5 克。

3. 球拍

球拍的击球面必须是平的，由弦线上下交替纺织或联结组成，其组成格式应完全一致。拍框和拍柄的总长不得超过 81.28 厘米，宽不得超过 31.75 厘米。拍框内沿长不得超过 39.37 厘米，宽不得超过 29.21 厘米。

### （二）网球比赛的方法

网球比赛有单打和双打两种形式，正式比赛项目分为男子团体、女子团体、男子单打、女子单打、男子双打、女子双打和男女混合双打 7 项。男子比赛一般采用五盘三胜制，女子采用三盘二胜制。

网球比赛采用一种特殊的记分方法记录每场比赛的胜负。记录的最小单位是分，其次是局，最后是盘。每一局采用 0、15、30、40、平分和 Game 的记分方法。比赛时先得 1 分呼报 15，再得 1 分呼报 30，得第 3 分呼报 40，得 4 分呼报 Game，即本局结束。如果比分为 40：40，称为平分，一方必须再连得两分才算胜此局。比赛双方谁先胜 6 局者为胜一盘。如果各胜 5 局，一方必须再连胜两局才能结束这一盘，这就是长盘制。为了控制比赛时间，近年来普遍采用平局决胜制，即当局数为 6：6 平分时，只再打一局来决胜负。在这一局中，先赢得 7 分者为胜这一盘。如果在此局打成 5：5 平分，一方仍需连得 2 分才算胜此局，即胜此盘。此外，两人的比分相加为 6 或 6 的倍数时交换场地。网球比赛时，运动员各占半个场区，发球一方先在端线中点的右区发球，球发到对方另一侧的发球区方为有效。每1分有两次发球机会。第一次发球出界或下网称为一次失误，第二次发球再失误称为双误，失1分。第2分换在左区发球，第3分再回到右区，如此转换，直到本局结束。下一局改由对方发球。第1、3、5等单数局交换场地。每次发球为有效球后，双方来回击球，可在空中还击，也可落地一次后还击。

（三）网球比赛的基本规则

1. 发球前

发球员应站在端线后、中点和边线的假定延长线之间的落后区域里，用手将球向空中抛起，在球接触地面之前用拍击球。

2. 发球时

发球员在整个动作中不得通过走或跑而改变原来站的位置，两脚只准站在规定的位置内，不得触及其他区域。发出的球应从网上越过，落在对角的对方发球区内或其周围的线上。

3. 发球员的位置

每局开始先从右区端线后发球，得或失1分后，应换到左区发球。

4. 发球失误

出现以下情况为发球失误：未击中球，发出的球在落地前触及固定物（球网、中心带和网边白布除外），违反发球站位的规定。发球员第一次发球失误后，应在原发球位置进行第二次发球。

5. 发球无效

出现以下情况为发球无效：发球触网后仍然落到对方发球区内，接球员未做好接球准备。发球无效均应重发球。

6. 交换发球

第一局比赛结束，接球员换为发球员，发球员成为接球员。以后每局终了，均依次交换，直至比赛结束。

7. 交换场地

以下三种情况时交换场地：每盘的1、3、5等单数局结束后，每盘结束后双方局数之和为单数，决胜局比分相加为6或6的倍数。

8. 失分

发生下列任何一种情况，均判失分：

（1）在球第二次着地前未能还击过网。

（2）还击的球触及对方场区界线以外的地面、固定物或其他物件。

（3）还击空中球失败。

（4）故意用球拍触球超过 1 次。

（5）运动员的身体、球拍在发球期间触及球网。

（6）过网击球。

（7）抛拍击球。

9. 压线球

落在线上的球称为压线球。压线球属于界内球。

10. 双打发球次序

每盘第一局开始时，由发球方决定由何人首先发球，对方则同样在第二局开始时决定由何人首先发球，第三局由第一局发球方的另一球员发球，第四局由第二局发球方的另一球员发球。以后各局均按此顺序发球。

11. 双打接球次序

先接球的一方，应在第一局开始时决定何人先接发球，并在这盘单数局继续先接发球。对方同样应在第二局开始决定何人先接发球，并在这盘双数局继续先接发球。他们的同伴应在每局中轮流接发球。

12. 双打还击

发球后，双方应轮流由其中任何一名球员还击。若运动员在其同伴击球后再以球拍触球，则判对方得分。

# 第十章　形体训练、健美操与竞技体操

## 第一节　形体训练

形体训练是一项适合人群比较广泛的运动项目，主要通过舞蹈基础练习（以芭蕾为基础），结合古典舞、身韵、民族民间舞蹈进行综合训练。形体训练有助于塑造优美的体态，培养高雅的气质，纠正生活中不良的身体姿态。

形体训练是按照人体形态机能特点和生长发育规律，通过各种身体练习以增进健康，增强体质，塑造体形，训练仪态，陶冶情操。它是一个有目的、有计划、有组织的教育过程。

形体是在先天遗传变异和后天获得性的基础上所表现出来的身体形态上相对稳定的特征。形体是人体结构的外在表现，从一定意义上说，先天的遗传对其起着决定性的作用，同时其与后天生活条件及科学训练也有密切关系。女子形体与男子形体具有本质上的区别。男子形体要求肌肉发达匀称，刚健有力，有阳刚之气；女子形体强调身体比例匀称，线条流畅，整个体形呈现女子特有的曲线美。

### 一、基本姿态的练习

形体美的训练首先要从形体姿态开始。基本形态控制练习是对练习者身体形态进行系统训练的专门练习，是提高和改善人体形态控制能力的重要内容。徒手、把杆、双人姿态等大量动作的训练，可使练习者改变身体形态，包括站姿、坐姿、走姿；站立、就座、行走等形体基本姿态的训练，可使练习者在举止中呈现出良好的气质和美好的仪表，形成富有个性、韵味的美感。

（一）站立姿势控制训练

人的仪态可以通过优美形体姿态来体现，而优美的姿态又是由正确的站姿体现出来的。因此，站姿作为仪态美的起点和基础，应该得到真正的重视和有效的训练。

1. 靠墙立

练习要点：在立正姿势的基础上，双腿夹紧，挺胸收腹，立腰，立背，紧臀，双肩后张下沉，下颌略回收，梗颈，头上顶，脚跟、小腿、臀、肩胛骨和头紧靠墙。一次4×8拍，反复练习8～10次。

此练习是借助于墙的平面来培养和训练站立时上体挺拔，保持头、躯干和腿在一条竖直线上的良好习惯。

2. 分腿立

练习要点：两腿分开与肩同宽，双手叉腰，双肘微向前扣，收腹，挺胸，立腰，立背，夹臀，沉肩。一次4×8拍，反复练习8～10次。

此练习主要训练臀、腹及上体的正确感觉。

3. 提踵立

练习要点：在正确的立姿基础上，双手叉腰，双踵尽量提高，重心要稳，身体不得晃动。

4. 单腿立

练习要点：在正确的立姿基础上，一腿支撑，另一腿屈膝上抬绷脚尖，贴于支撑腿，双手叉腰。

此练习主要训练腿的挺直能力与控制力。

5. 前、侧、后点地

练习要点：在基本站立姿势的基础上，双手叉腰，保持上体形态和重心的稳定性，点地时要求腿伸直，开胯，绷脚尖，前后点地时脚面要外翻，侧点地时脚面向侧，点地腿的脚尖和主力腿的脚跟保持在一条直线上。每做一个方向的点地，都是先擦地出去。1个8拍后换方向练习，反复练习8～10次。

此练习主要训练腿的控制能力和重心的稳定性。

6. 移重心站立姿态控制

练习方法：

（1）1×8拍：1～2拍，双腿屈膝向后移重心。3～4拍呈左脚直立，右脚前点地姿势。5～8拍控制4拍。

（2）2×8拍：同1×8拍，方法相反。

（3）3×8拍：1～2拍双膝经半蹲向右移重心，呈左脚侧点地姿势。3～4拍向侧移重心呈左脚直立，右脚侧点地。5 ～ 8 拍同 1 ～ 4 拍。

（4）4×8 拍：同 3×8 拍，方向相反。反复练习 6 ～ 8 次。

此练习主要训练在移动时腿的控制能力和身体的正确姿态。

### （二）坐姿控制训练

坐姿是一种重要的动作姿态，也是人体的一种静态造型，是体态美的重要内容，它能反映出人的气质、风度和教养。不正确的坐姿使人显得懒散、无礼，而正确、优雅、端庄、稳重的坐姿则给人自然、大方、得体的美感。

#### 1. 端坐式坐姿

练习要点：收腹挺胸，立腰紧膝，开肩梗颈，双腿呈“V”形并垂直于地面，双手自然下垂，保持站立的基本姿势，目视前方，面带微笑。

#### 2. 双腿前置式坐姿

练习要点：两小腿向前置 45°，脚尖不可翘起，双手交叉置于腹前。其他姿势与端坐式坐姿相同。

#### 3. 脚恋式坐姿

练习要点：两脚于脚踝处交叉，两脚前端外侧着地，其他姿势与双腿前置式坐姿相同。

#### 4. 伸屈式坐姿

练习要点：两大腿靠紧，左腿伸出，脚尖绷直，右脚掌着地。其他姿势与双腿前置式坐姿相同。

### （三）走姿控制训练

行走是人的基本动作之一。行走姿势的好坏能反映人的健康状况、文化素养、内在气质和审美层次，能产生很强的感染力和动态美。

#### 1. 走姿

预备姿势：收腹挺胸，开肩梗颈，沉肩；女生双脚呈“V”形，男生双脚平行，呈开立式，两脚间距离与肩同宽；双手叉腰，保持站立的基本形态，目视前方，面带微笑。

练习要点：要注意重心的左右前移，蹬地要有力；要根据速度控制体态。

#### 2. 行走连续动作练习

预备姿势：同走姿预备姿势。

动作方法：迈左脚，右脚蹬地，重心前移至左脚，右脚后点地；迈右脚，左脚蹬地，重心前移至右脚，左脚后点地；两臂前后自然摆动。反复此动作。

练习要点：始终保持上体端直、收腹挺胸、开肩梗颈、目光平视和面带微笑的姿态。

3. 步度控制练习

预备姿势：同走姿预备姿势。

动作方法：与行走连续动作相同，只是行走时对步度进行控制，一般步长为 75 厘米左右，根据个人高矮有一定的区别。

练习要点：始终保持上体端直、收腹挺胸、开肩梗颈、目光平视和面带微笑的姿态。

4. 步位控制练习

预备姿势：同走姿预备姿势。

动作方法：与行走连续动作相同，对步位进行控制训练，男生走“两点”，女生走“一条线”，一步一拍，反复练习。

练习要点：男生行走时，左右脚下位置可以不在一条线上，但左右不能分得太开，以自然为准；女生左右脚下位置必须在一条直线上。注意两臂的协调摆动。

5. 行姿平衡感的练习

预备姿势：同走姿预备姿势。

练习要点：练习时，在头顶放一个小布垫或一本书，其他与行走连续动作相同。练习平衡感是为了在行走时让背部挺直，使上体不摇晃。

（四）把杆姿态的练习

把杆姿态的练习，是在身体各部位正确的感知觉练习的基础上，采用站姿手扶把杆所进行的基本形态练习手段。把杆练习的内容丰富，动作严谨、规范。上体姿态和手臂姿态是在“保持”“控制”的基础上进行强化，并着重对下肢的柔韧性、灵活度、力量和控制能力进行训练。在动作组合中，更注重上下肢及头部的配合，以及左右前后的对称练习。把杆的高度一般位于练习者腰部的水平位置。芭蕾的把杆练习是一种辅助身体形态训练的重要手段，也是最切实际的形体训练之一。该练习的目的是使练习者尽快地掌握身体形态的控制能力、基本姿态、身体重心、转体的稳定性，建立准确的肌肉感觉，增强腰、腿部力量及其柔韧性。

下面介绍扶把的方法。扶把杆常用的方法有三种：第一种是面对把杆双手扶把，身体与把杆相距 30 厘米左右，双臂自然弯曲，两手间距同肩宽；第二种是侧对把杆单手扶把，单臂弯曲肘关节，小臂稍靠前，肘关节在身体与把杆之间；第三种是背对把杆双手扶把。不论采用哪一种扶把杆的动作，都要求扶把的手轻轻地放在把杆上，肩、肘、腕下沉，双目平视，不能抓把杆或将身体不必要地靠在把杆上。

1. 芭蕾脚位

芭蕾舞脚的五个基本位置如图 10–1 所示。

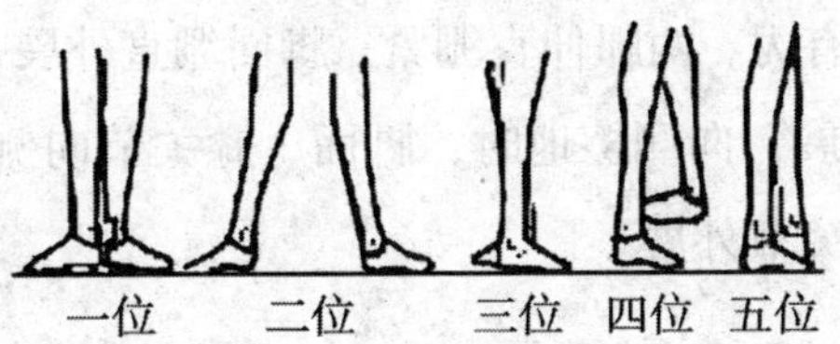


图 10–1　芭蕾脚位

一位：两脚跟靠拢，脚尖向两侧，两脚呈一横线。

二位：两脚跟左右相距约一脚，两脚在一横线上。

三位：一脚跟相叠在另一脚弓处，平行横立。

四位：两脚前后平行，脚尖向两侧，两脚间距离约一脚。

五位：两脚前后平行向靠，脚尖向两侧。

练习要点：挺胸收腹，立腰紧臀，站立平稳，胯、膝关节充分外展，身体重心落在两脚上。

2. 擦地

擦地是一个基础动作，即脚由全脚掌着地逐渐用力伸至脚尖点地，再由脚尖点地用力收至全脚掌着地的过程。擦地练习，可以锻炼腿部肌肉，增强脚底肌群、腿外侧肌群的力量和脚踝关节的灵活性。

擦地时上体要正直，收腹、立腰、收臀、大腿外旋，重心始终在支撑腿上。向外擦地时，膝关节伸直，脚跟用力前顶，并经过半脚掌到最后完全绷起脚尖点地。在收回的过程中，膝关节伸直，由脚尖点地经过前脚掌、脚跟渐渐地到全脚着地收回。向前向后擦地从五位开始，向侧擦地从一位开始。

预备姿势：侧对把杆，左手扶把，右脚前五位站立，右手叉腰。

练习方法：

（1）1×8 拍：1 ～ 2 拍右脚脚跟先行向前擦出，伸出约一脚距离，右脚背绷直，脚尖点地，脚尖与支撑腿脚跟呈一条直线，重心落在支撑腿上。3 ～ 4 拍右脚沿原路线擦地收回，右脚尖主动向支撑腿脚跟靠拢，脚面、膝关节向外展。5 ～ 8 拍同 1 ～ 4 拍。

（2）2×8 拍：1 ～ 2 拍右脚全掌向侧用力绷脚面擦出，伸出约一脚距离，脚尖与支撑腿脚跟呈一条直线，重心落在支撑腿上。3 ～ 4 拍右脚沿原路线擦地收回。5 ～ 8 拍同 1 ～ 4 拍。第 8 拍时右脚收回呈左脚在前的左五位。

（3）3×8 拍：1 ～ 2 拍右脚向后用力擦出，脚尖先行，伸出约一脚距离，脚尖与支撑腿脚跟呈一条直线，重心落在支撑腿上。3 ～ 4 拍右脚沿原路线擦地收回。5 ～ 8 拍同 1 ～ 4 拍。每个动作反复练习 6 ～ 8 次。动作掌握以后可以加快练习节奏。

练习要点：擦地迅速有力，两腿伸直绷紧，脚面绷直外展，胯固定，上体保持直立；向前擦地时，点地脚面外展；向侧擦地时，脚面、膝关节向侧方向；向后擦地时用大拇脚趾内侧点地，脚面、膝关节外展。

3. 小踢腿

小踢腿即快速有力地踢起 25° 或 45° 后收回。其目的在于训练腿部肌肉的力量、控制力和柔韧性。做小踢腿时上体要正直，收腹、立腰、收臀、两腿外旋，重心在支撑腿上。踢腿时要较快地经过擦地绷紧脚面踢向空中 25°，收回时要经过脚尖点地然后收回。

预备姿势：侧对把杆，左手扶把，右脚前五位站立，右手叉腰。

练习方法：

（1）1×8 拍：1 ～ 2 拍右脚经擦地快速有力地向前踢出，疾停在 25° 方向上。3 ～ 4 拍右脚经前点地收回。5 ～ 8 拍同 1 ～ 4 拍。

（2）2×8 拍：1 ～ 2 拍右脚经擦地快速有力地向侧踢出，疾停在 25° 方向上。3 ～ 4 拍右脚经侧点地收回。5 ～ 8 拍同 1 ～ 4 拍，但右脚收回至后成左五位。

（3）3×8 拍：1 ～ 2 拍右脚经擦地快速有力地向后踢出，疾停在 25° 方向上。3 ～ 4 拍右脚经后点地收回。5 ～ 8 拍同 1 ～ 4 拍。

每个动作反复练习 6 ～ 8 次。

动作要点：上体保持直立，小踢腿迅速有力并疾停在离地面 25° 方向上；两腿伸直绷紧，胯固定，重心落在支撑腿上；向前、向后小踢腿时，踢腿脚面绷直外展；向侧踢腿时，脚面、膝关节向侧方向。

4. 蹲

蹲是跳跃动作的基础，能锻炼腿部肌肉的弹力和控制力，还能拉长大、小腿肌肉，是“美化”下肢、控制上体姿态的重要练习手段。

蹲可分为半蹲和全蹲两种。半蹲是膝关节弯曲接近 90°，一般在腿尽量外旋、脚跟不离地的条件下完成；全蹲是两腿弯曲，大腿接近于小腿的深蹲。

预备姿势：侧对把杆，左手扶把，一位脚站立，右手叉腰。

练习方法：

（1）1×8 拍：1 ～ 4 拍两膝逐渐弯曲，平稳地下蹲至半蹲，两脚跟紧贴地面，同时胯和两膝保持外开。5 ～ 8 拍双膝逐渐伸直绷直。

（2）2×8 拍：1 ～ 4 拍两膝逐渐弯曲，平稳地下蹲至全蹲，两脚提踵立，同时胯和两膝保持外开。5 ～ 8 拍双膝逐渐伸直绷直，恢复直立。

反复练习 6 ～ 8 次。

二位脚、五位脚站立动作同上，重复练习 6 ～ 8 次。

5. 大踢腿

大踢腿是以大腿的力量快速地向上踢起，在保持身体正确姿势的要求下，踢得越高越好，踢起和落下时都要经过擦地，落回时要求轻而具有控制力。踢腿练习可以训练腿的软度、力量和后背的控制力。

预备姿势：侧对把杆，左手扶把，右脚前五位站立，右手叉腰。

练习方法：

（1）1×8 拍：1 ～ 2 拍右脚经擦地快速有力地向前踢起，右脚膝盖伸直，支撑腿伸直站立。3 ～ 4 拍右腿伸直下落脚尖经前点地还原成右五位站立。5 ～ 8 拍同第 1 ～ 4 拍。

（2）2×8 拍：1 ～ 2 拍右脚经擦地快速有力地向侧踢起，右脚、膝关节伸直，支撑腿直站立。3 ～ 4 拍右腿伸直下落脚尖经侧点地还原成右五位站立。5 ～ 8 拍同第 1 ～ 4 拍，但右脚收回，还原成左五位。

（3）3×8 拍：1 ～ 2 拍右脚经擦地快速有力地向后踢起，右脚、膝关节伸直，支撑腿直站立。第 3 ～ 4 拍右腿伸直下落脚尖经后点地还原成左五位站立。5 ～ 8 拍同第 1 ～ 4 拍。

每个动作重复 6 ～ 8 次。

## 二、形体素质练习

形体素质练习能够促进身体正常发育，增强体质，提高身体活动能力，使身体得到全面发展。同时，它对青少年的心理、智力、意志品质等方面也具有良好的影响。

形体素质可概括为力量、柔韧、控制力、耐力。

### （一）手臂、肩、胸部力量和柔韧性练习

手臂是日常生活中使人能做出各种优美动作以表现内心情感的重要器官。肩和胸部动作是展现优美上体姿态的重要部位，因此要加强肩和胸部的力量及柔韧性练习，进一步提高肩和胸部的控制能力，使站立姿态更加完美。

练习一

预备姿态：坐撑，两臂伸直，手握于体后。

练习要点：抬头挺胸，两臂伸直，后夹肩，同时两臂慢慢后举至最大限度，控制 5 秒。然后上体前屈，两臂后举到最大限度，控制 5 秒，上体抬起还原成预备姿势。重复练习 4 ～ 8 次。

练习二

预备姿势：仰卧，两臂斜上举。

练习要点：挑胸、腰带动上体离地，手臂后支撑。然后上体前屈压腿，同时手臂经侧摆至前举，还原成预备姿势。

（二）腰、背部力量和柔韧性练习

腰是连接人的上、下身体的枢纽，是动作的发力之端。腰、背部力量的强弱和柔韧性的好坏，直接关系到正确站立姿势的形成及姿态优美的程度。

1. 练习一

预备姿势：直角坐，两腿并拢伸直，绷脚面，两臂垂于体侧。

练习要点：上体前屈压腿，腹部尽量贴近大腿，同时两臂前摆。上体抬起保持抬头、挺胸、立腰呈直角坐的姿势，同时手臂三位。上体向后下腰，用力仰头，同时两臂经侧摆至后下还原成预备姿势。重复练习 4 ～ 8 次。

2. 练习二

预备姿势：分腿跪立，上体正直，两臂垂于体侧。

练习要点：臀部跪坐于两腿之间，上体后倒，平躺于地上，腰起，两臂下垂，还原成预备姿势。重复练习 4 ～ 8 次。

（三）腹部力量练习

腹部肌肉可以协调胸、腰、背及髋部做出变化无穷的优美动作。腹部力量的强弱，决定一个人形体控制能力的强弱和形体的优美程度。

1. 练习一

预备姿势：仰卧，屈膝分腿，两臂前举，上体抬起与水平呈 30°。

练习要点：上体由 30° 向上抬至 40° 左右，头部和肩部始终不要落下，上腹肌有意识地用力，颈部要控制好，还原成预备姿势。重复练习 4 ～ 8 次。

2. 练习二

预备姿势：仰卧，两臂侧平举。

练习要点：上体靠腹肌用力迅速起坐并向左转体，双手抱前屈的左腿，然后还原成预备姿势，换方向练习。重复练习 4 ～ 8 次。

（四）髋部柔韧性练习

髋部柔韧性练习是形体素质练习的基本内容之一，是增强整体柔韧性和全身协调性的重要环节。髋部柔韧性的大小，直接影响动作的舒展、优美程度。特别是对于女性来说，优美而富有魅力的动、静态生活造型动作，都是与髋部的灵活性及准确的空间位置相关的。

1. 练习一

预备姿势：坐地，侧屈膝，脚心相对，双手按住膝关节。

练习要点：双手下按膝关节，一拍一动，重复 4×8 拍。按到最大限度，控制 4×8 拍。重复练习 4 ～ 8 次。

2. 练习二

预备姿势：仰卧，两腿并拢伸直，绷脚面，两臂伸直于体侧。

练习要点：向正上方吸左腿，左脚尖点地。左腿外翻 90° 落地。左腿回到正吸腿位置，还原成预备姿势。左、右腿重复练习 10 次。

（五）腿部力量和柔韧性练习

腿部力量和柔韧性练习，是形体素质练习的主要部分，重点是加强髋、膝、踝关节的坚固性和灵活性，以提高站立姿态的腿部支撑能力和优美的程度。

1. 脚面柔韧性练习

（1）练习一：

预备姿势：坐地，两腿并拢伸直，绷脚面，两臂体后撑地。

练习要点：保持抬头、挺胸、立腰的姿势，用力勾起两脚脚趾，然后勾脚背，使踝关节屈。绷脚面还原成预备姿势。重复练习 8 ～ 12 次。

（2）练习二：

预备姿势：坐地，两腿并拢伸直，绷脚面，两臂体后撑地。

练习要点：左腿伸直上举，还原成预备姿势。换右脚练习。左、右脚各重复练习 10 次。

2. 压腿练习

（1）练习一：

预备姿势：坐地，两腿并拢伸直，绷脚面，上体前屈，双手握住踝关节。

练习要点：上体下压，一拍一动，重复 4×8 拍。上体前压至最大限度时，控制 4×8 拍。

（2）练习二：

预备姿势：分腿坐，双手在体前扶地。

练习要点：上体前屈下压，一拍一动，重复 4×8 拍。上体前压至最大限度时，控制 4×8 拍。

3. 踢腿练习

（1）练习一：

预备姿势：仰卧，两腿并拢伸直，绷脚面，两臂侧举。

练习要点：左腿伸直向上踢，踢腿时要有力量，回落时要控制，以脚面带动腿上踢，两腿伸直，然后还原成预备姿势。左、右腿各做 16 次。

（2）练习二：

预备姿势：右侧卧，两腿并拢伸直，绷脚面，屈臂侧撑地。

练习要点：左腿伸直向侧上方踢，然后还原成预备姿势。左、右腿各做 16 次。

## 第二节　健美操

健美操是我国体育运动的一个新兴项目。它起源于生活，是体操、舞蹈、音乐三者有机结合的产物。

### 一、健美操基础知识

#### （一）我国健美操的兴起与发展

世界性的健美操运动于 20 世纪 70 年代末传到我国。1984 年北京体育学院（现北京体育大学）成立了健美操研究组，接着上海体育学院成立了健美操教研室，率先开设了健美操课程，一些大专院校也逐步开设了健美操课程，从而把我国的健美操从社会引向了学校。

1986 ～ 1988 年，健身健美操和竞技健美操在我国得到了长足的发展。继 1986 年 4 月在广州举办了我国首次全国女子健美操邀请赛后，1987 年 5 月又在北京成功地举办了首届正式的竞技健美操比赛——“长城杯”健美操邀请赛。为了有组织、有计划地推动全国大学生健美操运动的发展，1992 年 2 月，中国大学生体育协会健美操、艺术体操协会在北京成立，标志着我国健美操运动进入了一个崭新的发展阶段。

#### （二）健美操的概念

健美操是一项以有氧运动为基础，以健、力、美为特征，融体操、舞蹈、音乐为一体的身体练习。它既是健身美体、陶冶情操的大众健身方式，又是竞技运动的一个项目。

#### （三）健美操的分类

健美操分为健身性健美操和竞技性健美操。

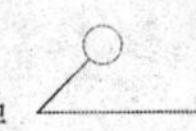



1. 健身性健美操

健身性健美操练习的主要目的是“锻炼身体，保持健康”。健身性健美操的动作简单，实用性强，音乐速度慢，而且为了保证一定的运动负荷和锻炼的全面性，动作多有重复，并均以对称的形式出现。健身性健美操的练习时间可长可短，在练习的要求上也可以根据个体情况而予以变化，严格遵循“健康、安全”的原则，防止运动损伤的出现，在保证安全的基础上，达到锻炼身体的目的。

2. 竞技性健美操

竞技性健美操是在健身性健美操的基础上发展而来的。国际体操联合会在 2005 ～ 2008 年的竞技健美操竞赛规则中，把竞技健美操定义为：竞技健美操是在音乐的伴奏下，表现连续复杂、高强度动作的能力。该项目起源于传统的有氧健身运动，成套动作必须展示连续的动作组合、柔韧性、力量与七种基本步伐的使用，并结合难度动作高质量地完美完成。

竞技性健美操的主要目的是“竞赛”，其比赛项目有男单、女单、混双、三人和六人。竞技性健美操在参赛人数、比赛场地和成套动作的时间等方面都必须严格按照规则进行，而规则对成套动作的编排、动作的完成、难度动作的数量等也都有严格的规定。由于竞赛的主要目的就是要取胜，因此在动作的设计上更加多样化，并严格避免重复动作和对称性动作。近年来，运动员为争取好成绩，均在比赛的成套动作中加入了大量的难度动作，如各种大跳成俯撑、空中转体成俯撑等，这对运动员的体能、动作技术水平和表现力等提出了更高的要求。

健美操的详细分类情况详见下表。

表　　　　　　　　　　健美操的分类

| 健身性健美操 | | | 竞技性健美操 |
|---|---|---|---|
| 徒手健美操 | 器械健美操 | 特殊场地健美操 | |
| 一般健美操<br>搏击健身操<br>瑜伽健身操<br>拉丁健身操<br>健身街舞 | 踏板操<br>哑铃操<br>杠铃操<br>橡皮筋操<br>健身球操 | 水中健美操<br>固定器械健美操 | 男单<br>女单<br>混双<br>三人<br>六人 |

## 二、健美操常用手形

健美操常用手形有基本手形、直手、撑掌、推掌、西班牙舞手形、圆手形、剑指、响指、

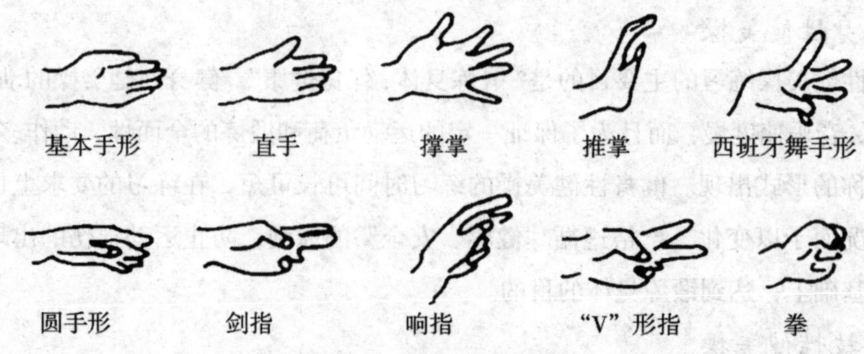


图 10–2　健美操常用手形

“V”形指、拳 10 种（图 10–2）：

（1）基本手形：拇指关节弯曲内扣，其余四指并拢伸直。

（2）直手：五指伸直并互相并拢。

（3）撑掌：五指用力分开并伸直。

（4）推掌：手掌用力上曲，五指自然弯曲。

（5）西班牙舞手形：五指分开，小指内旋，拇指稍内收。

（6）圆手形：拇指与中指靠拢，食指稍分开，无名指和小指向中指靠拢并稍向内扣呈弧形。

（7）剑指：拇指与无名指、小指相叠，中指、食指并拢伸直。

（8）响指：无名指与小指曲握，拇指与中指、食指摩擦后，中指击打大鱼际处产生响声。

（9）“V”形指：拇指与小指、无名指相叠，食指与中指伸直并尽力分开。

（10）拳：拇指握四指。

## 三、健美操基本步法

健美操基本步法根据人体运动对地面的冲击力大小，分为低冲击步法、高冲击步法和无冲击步法三大类。

### （一）低冲击步法

1. 踏步类

（1）踏步。

动作描述：两腿原地依次抬起，依次落地。

技术要点：在下落时，踝、膝、髋关节依次有弹性地缓冲。

动作变化：踏步—分腿—并腿，两脚依次向两侧迈步，呈分腿半蹲姿势，再依次还

原成并腿。

（2）走步。

动作描述：迈步向前走四步或向后退四步，然后反之。向前走时，脚跟先落地，过渡到全脚掌；向后走时则相反。

技术要点：在落地时，膝、踝关节有弹性地缓冲。

①三步点地——向前走三步，第四拍点地。

②三步吸腿——向前走三步，第四拍吸腿。

（3）一字步。

动作描述：一脚向前一步，另一只脚并于前脚，然后依次还原。

技术要点：向前迈步时，先脚跟着地，过渡到全脚掌；前后均要有并腿过程；每一拍动作膝关节始终有弹性地缓冲。

（4）方步。

动作描述：左脚向右脚前方迈一步，右脚向左脚迈左侧迈一步，左脚向右脚后方迈一步，右脚回到起始位，形成一个方形。

（5）“V”形步。

动作描述：一脚向前侧方迈一步，另一脚随之向另一方迈一步，呈两脚开立，屈膝，然后依次退回原位。

技术要点：两腿膝、踝关节始终保持弹动状态，分开后呈分腿半蹲，重心在两脚之间。

动作变化：“X”形步——向前完成一个“V”形步，再向后完成一个“V”形步，形成“X”形步。

（6）漫步。

动作描述：一脚向前迈出，屈膝，重心随之前移，另一脚稍抬起，然后原地落下；或者向后撤一步，重心后移，另一脚稍抬起，然后原地落下。

技术要点：两脚始终保持交替落地，身体重心随动作前后移动，但始终在两脚之间。

动作变化：漫步转体 360°。

2. 点地类

（1）脚尖点地。

动作描述：一腿稍屈膝站立，另一腿伸出，脚尖点地，然后还原到并腿姿势。

技术要点：支撑腿抬腿始终保持屈膝站立，并且随动作有弹性地屈伸。

动作变化：

①侧点地左右移重心——一腿稍屈膝站立，另一腿向侧伸出，先脚尖着地，随即脚

跟迅速向下弹压，同时重心侧移，然后还原。

②点地吸腿——一腿稍屈膝站立，另一腿向侧伸出点地、吸腿、再点地、还原。

（2）脚跟点地。

动作描述：一腿稍屈膝站立，另一腿伸出，脚跟点地，然后还原到并腿姿势。只可做向前和向侧的脚跟点地。

技术要点：支撑腿始终保持屈膝站立，并且随动作有弹性地屈伸。

3. 迈步类

（1）并步（侧并步为原始动作）。

动作描述：一脚迈出，另一脚随之并拢屈膝点地，再向反方向迈步。

技术要点：两膝始终保持弹动，动作幅度和力度可随风格而定。

动作变化：

①两次并步——向一侧做两个并步，再向反方向迈步。

②侧交叉步。

（2）迈步点地。

动作描述：一脚向侧迈一步，两腿经屈膝移重心，另一腿向前，侧或后用脚尖或脚跟点地。

技术要点：两膝同时有弹性地屈伸，重心移动轨迹呈弧形；上体不要扭转。

（3）迈步吸腿。

动作描述：一脚迈出一步，另一腿屈膝抬起，然后向反方向迈步。

技术要点：经过屈膝半蹲，抬膝时支撑腿稍屈膝。

动作变化：重复吸腿——一脚迈出一步，另一腿重复屈膝抬起 2 ～ 4 次，最多 8 次。

（4）迈步后屈腿。

动作描述：一脚迈出一步，另一腿后屈，然后向反方向迈步。

技术要点：经过屈膝半蹲，支撑腿稍屈膝，后屈腿的脚跟靠近臀部。

（5）侧交叉步。

动作描述：一脚向侧迈一步，另一脚在其后交叉，随之再向侧迈一步，另一脚并拢，屈膝点地。

技术要点：第一步脚跟先落地，身体重心快速随着脚步而移动，保持膝、踝关节的弹动。

动作变化：

①交叉步屈腿——侧交叉步的第四步做向后屈腿。

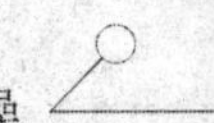

②交叉吸腿侧——交叉步的第四步做向上吸腿。

4. 单脚抬起类

（1）吸腿。

动作描述：一腿屈膝抬起，落下还原。

技术要点：支撑腿保持屈膝弹动，大腿上抬超过水平；保持上体正直。

（2）踢腿。

动作描述：一腿稍屈膝站立，另一腿抬起，然后还原。

技术要点：抬起腿不需很高，但要有控制；保持上体正直。

（3）弹踢腿。

动作描述：一腿站立，另一腿先向后屈；然后向前下方弹踢，还原。

技术要点：腿弹出时要有控制，保持上体正直。

（4）后屈腿（跳）。

动作描述：一腿站立，另一腿向后屈膝，放下腿还原。

技术要点：支撑腿保持弹性，两膝并拢，脚跟靠近臀部。

### （二）高冲击步法

1. 并腿跳

动作描述：两腿并拢跳起。

技术要点：落地缓冲有控制。

2. 分腿跳

动作描述：分腿站立屈膝半蹲，向上跳起，分腿落地屈膝缓冲。

技术要点：屈膝半蹲时，大、小腿夹角不要小于 90°，空中注意身体的控制。

3. 开合跳

动作描述：由并腿跳起，分腿落地，再由分腿跳起，并腿落地。

技术要点：分腿屈膝蹲时，两脚自然外开，膝关节沿脚尖方向屈，夹角不小于 90°，脚跟落地。

### （三）无冲击步法

1. 半蹲

动作描述：两腿有控制地屈和伸，可分为并腿半蹲和分腿半蹲。

技术要点：分腿半蹲时，两腿左右分开稍大于肩（或与肩同宽），脚头稍外开，屈膝时关节角度不得小于 90°，膝关节对准脚头方向，臀部向后 45° 方向下蹲，上体保持直立。

2. 弓步

动作描述：两腿前后分开，两脚平行站立；蹲下，起来。

技术要点：半蹲时后腿膝关节向下，大腿垂直于地面；重心始终在两脚之间。

动作变化：侧弓步——一腿稍屈膝站立，另一腿向侧伸出，先脚尖着地，随即脚跟迅速向下弹压，同时重心侧移，然后还原。

3. 提踵

动作描述：两脚跟抬起，落下脚跟稍屈膝。

技术要点：两腿夹紧，重心上提时收紧腹部，落下时屈膝缓冲。

## 四、健美操的素质练习

健美操的基本素质包括速度、力量、灵敏度、柔韧性、协调性等，其中柔韧性和力量素质最为重要。

### （一）柔韧性练习

柔韧性是指身体某个关节或关节组活动范围的幅度。良好的柔韧性能使人的动作十分舒展，帮助肌肉轻松、高效地活动，有助于完成某些特定的动作，并可减少某些运动损伤。柔韧性练习是健美操练习者必不可少的练习，而发展柔韧性主要是做一些伸展性练习，这种伸展练习可使身体肌肉关节、韧带的活动幅度增大、灵活性增强。这些练习主要针对肩、胸、腰、躯干、腿等几部分进行，包括静力性练习、动力性练习和本体感受神经肌肉练习，每个练习持续 15 秒左右。

柔韧性练习方法很多，主要有：

（1）肩部伸展练习：持棍棒练习、左右伸肩、肩绕环等。

（2）胸部伸展练习：扶门框拉肩、垫上压胸等。

（3）腰部伸展练习：把杆体侧屈、下腰、垫上腰背肌练习等。

（4）躯干伸展练习：坐在地板上，躯干侧面伸展、左右转体、绕环等。

（5）腿部伸展练习：正、侧、后压腿，正、侧、后踢腿。

（6）两臂伸展练习：盘腿坐，两臂交叉，手掌相对，经耳朵上抬两臂超过头，尽可能向上伸展。

（7）垫上练习：纵叉、双人后搬腿等。

### （二）力量练习

发展肌肉力量对完成动作是非常必要的，一套健美操完成质量的高低，其力度是不容忽视的。根据健美操的特点，以及竞技健美操中特定动作的要求，发展肌肉力量的练习分为上肢力量练习、下肢力量练习及躯干肌肉力量练习。其练习方法有：

（1）发展上肢肌肉力量：两臂侧举负重扩胸、负重弯举、俯卧撑等。

（2）发展下肢肌肉力量：负重半蹲、弓腿练习、俯撑交叉腿、侧卧前后举腿。

（3）发展躯干肌肉力量：斜板仰卧起坐转体、俯卧挺身、俯卧两头起、仰卧两头起等。

## 五、健美操的动作组合练习

### （一）组合一

第一个八拍：

1——两膝微屈，两手头上击掌一次。

2——直立，两手放于腰际，五指张开。

3～4同1～2。

5～8——原地踏步。

第二个八拍：同第一个八拍。

第三个八拍：

1～2——右脚向右一步，呈右弓步，同时两手在侧击掌两次。

3～4——收右脚呈直立，同时两手放于腰际。

5～8同1～4，但方向相反。

第四个八拍：同第三个八拍。

第五个八拍：

1～4——向前踏四步。

5——出右脚，脚跟触地，两手在耳侧击掌一次。

6——收右脚呈直立，同时两手放于腰际。

7～8同5～6，但方向相反。

第六个八拍：同第五个八拍。

第七个八拍：

1～4——原地踏步。

5——两手叉腰，右脚前踢。

6——收腿。

7～8同5～6，但方向相反。

第八个八拍：同第七个八拍。

第九个八拍：同第五个八拍。

第十个八拍：

1～4——向后踏四步。

5——踢右脚，两臂由体前交叉呈侧下举。

6——收右脚，两臂呈体前交叉。

7～8同5～6，但方向相反。

第十一、第十二个八拍同第九、第十个八拍。

第十三个八拍：

1～4——踏步开立。

5——两膝微屈，两手头上击掌一次。

6——直立，两手放于腰际。

7～8同5～6，但方向相反。

第十四个八拍同第十三个八拍，开立变为并立。

（二）组合二

第一、第二个八拍：原地踏步。

第三个八拍：

1——右脚向右一步，左脚提踵，两臂侧下打开。

2——左脚脚跟在右脚前方触地，两臂屈肘前抬。

3～4同1～2，但方向相反。

5～8——原地踏步。

第四个八拍：同第三个八拍。

第五个八拍：

1——重心上提，右脚向侧一步，两手叉腰。

2——左脚并右脚，重心下降移至右脚。

3～4同1～2，但方向相反。

第六个八拍：同第五个八拍。

第七个八拍：

1——重心上提，右脚向侧一步，右手握拳位于腰间拳心向上，右手上举五指张开。

2——左脚并右脚，收右手。

3～4同1～2，但方向相反。

第八个八拍：同第七个八拍。

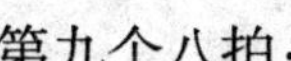

第九个八拍：

1～4——向前踏四步。

5——出右脚，脚跟触地，左臂冲拳，右手握拳位于腰间，拳心向上。

6——收右脚。

7～8同5～6，但方向相反。

第十个八拍：

1～4——向后踏四步。

5——重心上提，右脚向侧一步，两臂呈侧平举。

6——收左脚，两手提前击掌。

7——同5，换左脚。

8——收右脚呈直立。

第十一、第十二个八拍：同第九、第十个八拍。

第十三个八拍：

1～4——向右转体45°，踏四步。

5——提踵，两臂同时后振。

6——直立。

7～8同5～6。

第十四个八拍：同第十三个八拍，后退。

第十五、第十六个八拍：同第十三、第十四个八拍，但方向相反。

第十七个八拍：

1～2——右脚向右一步呈弓步，两臂头上交叉。

3～4——重心位于中间，两臂侧上举。

5～6——呈左弓步，两臂在膝前交叉。

7～8——收右脚呈直立。

第十八个八拍：右脚向右一步呈右弓步，同时右手叉腰，左臂从体侧、体前呈侧平举，收右脚呈直立。

（三）组合三

第一个八拍：

1～2——两手叉腰，跳起右脚前踢。

3～4同1～2，换左脚。

5～8同1～4，原地踏四步。

第二个八拍：同第一个八拍。

第三个八拍：

1 ～ 2——两臂前推，掌心向前，前踢向前。

3 ～ 4 同 1 ～ 2，换左脚。

5 ～ 8——右侧踢两次，两臂体前交叉呈侧下举。

第四个八拍：同第三个八拍，后退。

第五、第六个八拍：同第三、第四个八拍。

第七个八拍：同第八个八拍，原地开合跳。

第九个八拍：

1 ～ 4——向前跑四步。

5 ～ 8——开合跳，两臂握拳侧平举。

第十个八拍：同第九个八拍，后退。

第十一个八拍：

1 ～ 4——向前跑四步。

5 ～ 6——开合跳，两臂握拳侧平举。

7 ～ 8——右后转体 180°，同上。

第十三个八拍：踏步向右转体 360° 呈预备姿势。

第十四个八拍：

1 ～ 2——右脚向前弹踢，两臂上举。

3 ～ 4 同 1 ～ 2，但方向相反。

5 ～ 8 同 1 ～ 4。

第十五、第十六个八拍：同第十三、第十四个八拍。

第十七个八拍：原地踏步。

第十八个八拍：原地踏步且胸前击掌（一拍一动）。

(四) 组合四

第一个八拍：原地踏步。

第二个八拍：

1 ～ 6——原地踏步。

7 ～ 8——两脚踏开立。

第三个八拍：

1——上体右转 90°，两臂胸前屈，两手握拳，拳向内，右脚稍提起，右腿屈膝前抬，上体稍后仰。

2——两臂放下，两脚并立朝正前方。

3～4同1～2。

5～8同1～4，但方向相反。

第四个八拍：同第三个八拍。

第五个八拍：

1～4——右转45°，踏四步。

5——两手叉腰，右腿屈膝前抬。

6——两手叉腰，收右脚。

7～8同5～6，换左腿。

第六个八拍：

1～4——退四步回原地。

5——直立“三位”打开，上体右转45°，右腿屈膝外翻，脚面绷直，两臂打开。

6——呈直立“三位”姿势。

7～8同5～6，但方向相反。

第七、第八个八拍：同第五、第六个八拍，但方向相反。

第九个八拍：

1——两手叉腰，右腿屈膝前抬。

2——收右腿。

3——右腿前踢。

4——收右腿。

5～8同1～4。

第十二个八拍：同第十一个八拍。

第十三个八拍：

1——右腿侧后弓步，左臂屈肘位于腰侧，左手握拳拳心向上，右臂横打。

2——收右腿，右臂呈直立抱拳。

3～4同1～2，但方向相反。

5～8同1～4。

第十四个八拍：同第十三个八拍。

第十五个八拍：

1～3——左手五指张开放于腰间，右臂由体前绕至体侧，脚上为侧后交叉步。

4——左脚并右脚，两手胸前击掌一次。

5～8——原地踏步。

第十六个八拍：同第十五个八拍，但方向相反。

第十七、第十八个八拍：同第十五、第十六个八拍。

第十九个八拍：

1～3——左臂侧平举，右臂胸前平举，掌心向下，绕至右侧，脚上为侧后交叉步。

4——两手抱拳位于腰侧，呈直立。

5——伸左腿，左臂冲拳。

6——收左腿、左臂。

7～8同5～6。

第二十个八拍：同第十九个八拍，但方向相反。

第二十一、第二十二个八拍：同第十九、第二十个八拍。

第二十三个八拍：原地踏步。

第二十四个八拍：踏步，两臂由体侧至头上交叉，再从体侧还原为直立。

## 六、健美操练习时应注意的问题

### （一）动作的规范性

动作的规范性建立在动作的准确性上，因此练习时肢体的位置、方向及运动的路线一定要准确。此外，要注意动作速度、肌肉力度和动作幅度，使肌肉充分拉长与收缩，才能达到动作规范的整体效果。

### （二）动作的弹性

动作富有弹性是健美操的特点之一，动作的弹性所涉及的身体部位有踝关节、膝关节、髋关节、肘关节、肩关节及脊柱。在练习时，应注意肌肉的收缩与放松要有控制，使动作富有弹性、节奏均匀，避免动作过分僵硬和关节的过度伸展。在进行高冲击有氧练习和力量性练习时，应注意调整好呼吸，使健美操运动达到最佳效果。

### （三）动作的节奏感

掌握好动作节奏对健美操运动非常重要。练习者要想表现出较好的动作节奏感，必须具有一定的肌肉控制能力、音乐节奏感和动作的完成能力。因此，在开始练习时，要重视开发、训练动作的节奏感，并在听懂音乐节奏的基础上慢慢掌握动作的节奏感。

# 第三节　竞技体操

## 一、技巧运动

### （一）肩肘倒立

从直体坐开始，上体前屈，胸贴大腿，两手触及脚面后，上体后倒，同时双腿绷直上举，双臂屈肘内收，手掌托撑腰部，以肩背和两肘形成平面稳定的支撑（图 10–3）。要求伸髋、挺腹、绷脚面。

图 10–3　肩肘倒立

### （二）团身后滚翻

蹲位开始，含胸低头，两手推垫迅速团身后滚，同时两手掌心向上、指尖朝后屈臂于肩上，臀、腰、背部依次着垫，当身体重心落于肩部时，两手均匀用力推垫，同时抬头翻转成蹲撑起（图 10–4）。

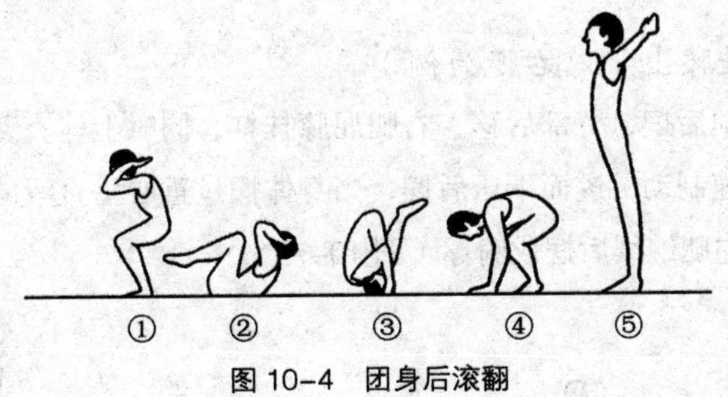


图 10–4　团身后滚翻

### （三）手倒立接前滚翻

一脚蹬地，另一脚后摆，迅速并腿呈手倒立姿势。前移重心，当平衡失去后，顺势屈臂、低头、含胸、收腹、团身前滚蹲起（图 10–5）。

### （四）鱼跃前滚翻

半蹲双臂后举开始，两臂前摆，同时蹬地向前上方跃起，保持含胸、屈髋姿势，当双臂撑垫后，顺势屈臂、低头做团身前滚翻站起（图 10–6）。

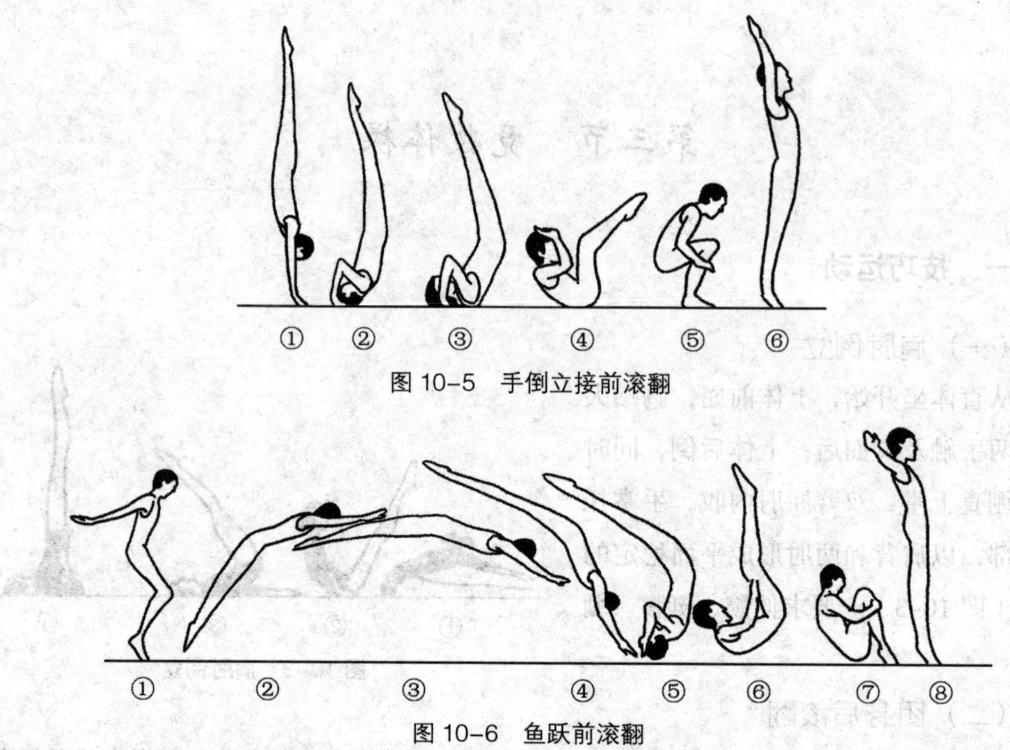

图 10–5　手倒立接前滚翻


图 10–6　鱼跃前滚翻

## 二、器械体操

### （一）单杠

#### 1. 骑撑后倒挂膝上（以右腿为例）

骑撑开始，左腿后摆，臀部后移，右腿屈膝挂杠，同时上体直臂后倒，当左腿摆至杠前水平位时，迅速制动，进而下压后摆，当身体摆过重心垂直线的一刹那，两臂及右腿同时积极压杠，左腿继续后摆成骑撑（图 10–7）。

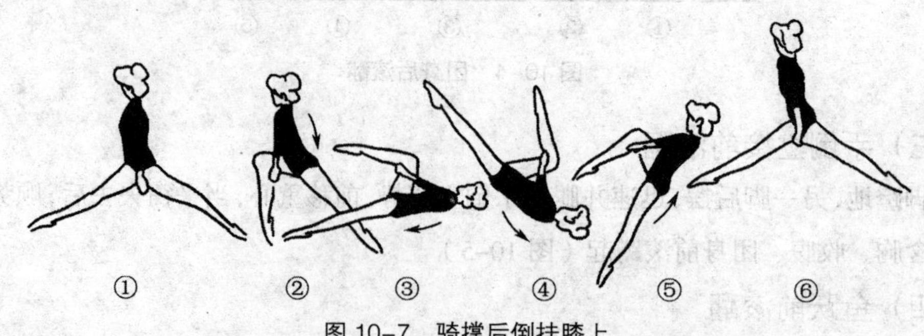

图 10–7　骑撑后倒挂膝上

#### 2. 骑撑前回环

骑撑两手反握杠开始，臂撑直，使重心稍稍抬起，右腿积极前伸，上体挺直前倒，

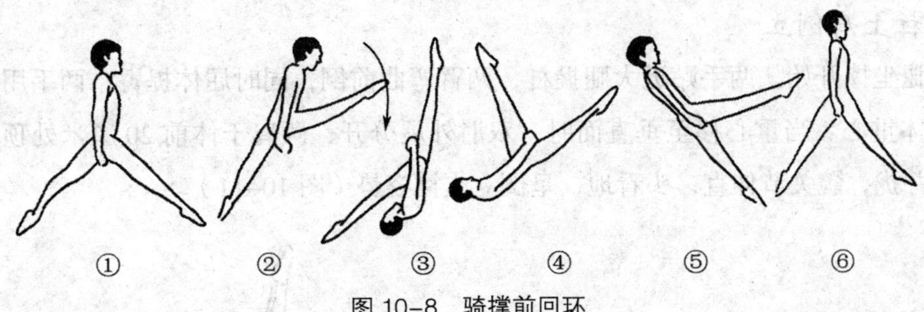

图 10–8　骑撑前回环

当上体回环至杠后水平位时，右腿向下压杠，左腿继续后摆，同时双臂伸直压杠，翻腕抬头呈骑撑姿势（图 10–8）。

3. 支撑后回环

由腹撑开始，两腿后摆，直臂顶肩，当身体回落、腹部再贴杠面时，要积极向后倒肩，两腿前摆，髋部微屈，身体重心始终不远离杠面。当腿回环至杠后水平位时，双腿立刻制动，挺胸抬头，翻腕成支撑（图 10–9）。

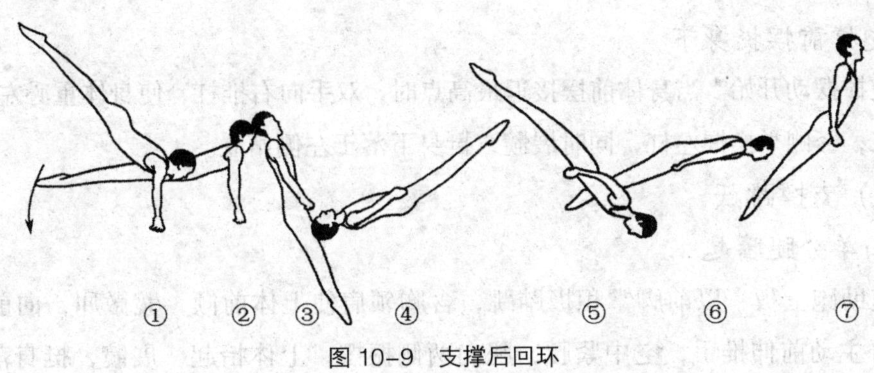

图 10–9　支撑后回环

（二）双杠

1. 前滚翻分腿坐

分腿坐撑开始。两手贴近大腿握杠，上体屈臂前倒，同时屈体提臀，展肩，双肘外展，低头前滚，当臀部前移过肩时，双肩撑杠，两手松开，迅速前行换握，两腿分开，积极下压，同时两臂用力将上体顶起，呈分腿坐姿势（图 10–10）。

图 10–10　前滚翻分腿坐

2. 杠上肩倒立

分腿坐撑开始。两手贴近大腿握杠，两臂弯曲前倒，同时屈体提臀，两手用力撑杠控制身体重心。当重心移至垂直面时，双肘外展分开，两肩于体前20厘米处顶杠，同时双腿并拢，髋关节伸直，头看地，呈倒立支撑姿势（图10–11）。

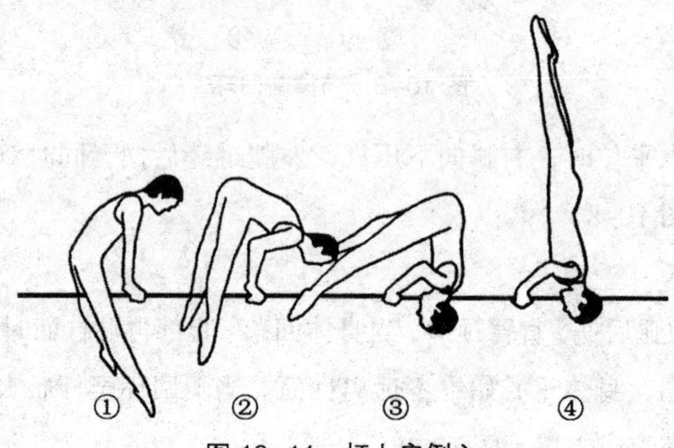


图10–11　杠上肩倒立

3. 支撑前摆挺身下

从支撑摆动开始。当身体前摆接近最高点时，双手向右推杠，使身体重心左移出杠，右手离杠，经侧举换握左杠，同时展髋，挺身下落于左侧站立。

（三）支撑跳跃

1. 山羊分腿腾越

快速助跑上板，以前脚掌积极踏跳，含胸领肩使上体前倾，髋微屈，向前上方腾起，两臂主动前伸推手，空中紧腰，腿向两侧振摆，上体抬起，展髋，挺身落地（图10–12）。

图10–12　山羊分腿腾越

2. 纵箱分腿腾跃

助跑轻松有节奏，以前脚掌踏跳，向前上方腾起，含胸拱背，直臂前伸，撑手于箱远端，推手快速有力，抬头、抬上体迅速，绷脚面分腿，膝关节绷直，展髋挺身，落地站稳（图 10–13）。

图 10–13　纵箱分腿腾跃

# 第十一章 武 术

## 第一节 武术概述

### 一、武术的产生和发展

武术在我国有着悠久的历史，它的产生源于我国远古祖先的生产劳动。在原始社会生产力极为低下的社会条件下，人们为了生存的需要，必须依靠群体力量同自然界搏斗。这些原始形态的攻防技能虽然是低级的，还没有脱离生产技能的范畴，却是武术技能形成的物质基础。到了氏族公社时代，部落之间经常发生战争，使用武力就成为掠夺财富的一种最主要手段。经过漫长的发展，到新中国成立后，武术成为社会主义文化和人民体育事业的一个组成部分，得到了蓬勃发展。

### 二、武术的形式

武术内容丰富多彩，按其运动形式可分为三大类：功法运动、套路运动、搏斗运动。

（一）功法运动

功法运动是以单个武术动作作为主体练习，以达到健体或增强某方面体能的运动。例如，专习浑元桩以调心、调身、调息，长时间站马步桩以增强腿力等。

（二）套路运动

套路运动是武术动作以攻守进退、动静疾徐、刚柔虚实等矛盾运动的变化规律编成的整套练习形式。其主要内容包括拳术、器械、对练、集体表演。

1. 拳术

拳术是徒手练习的套路运动。它的种类很多，主要有长拳、太极拳、南拳、形意拳、八卦掌、通背拳、象形拳等。

（1）长拳。它以拳、掌、勾为其主要手形，以弓步、马步、仆步、虚步、歇步为其基本步型，并由蹿蹦跳跃、闪展腾挪、起伏转折和跌扑滚翻等动作和技术组成的姿势舒展、动作灵活、快速有力、节奏鲜明的拳术。它是在总结传统的查拳、华拳等拳术技术的基础上形成的，主要有各种适应普及的初级、中级套路，以及适应竞赛的规定套路和自选套路。

（2）太极拳。太极拳是一种柔和、缓慢、轻灵的拳术。它以棚、捋、挤、按、采、挒、肘、靠、进、退、顾、盼、定为基本十三势，动作轻柔圆活，处处带有弧形，运动绵绵不断，势势相承。传统的太极拳有陈式、杨式、吴式、孙式和武式等较有影响的流派，各式太极拳还有大架、小架、开合、刚柔相兼等各自不同的特点。原国家体育运动委员会推陈出新，先后整理推广了二十四式简化太极拳、四十八式太极拳以及八十八式太极拳等。

（3）南拳。南拳是一种流传于我国南方各省的节短势烈的拳术。南拳的拳种和流派颇多，各自又有不同的特点。其动作朴实刚劲，步法稳固，拳势激烈，常以发声吐气助长发力。

（4）形意拳。形意拳是以三体式为基本姿势，以劈、崩、钻、炮、横五拳为基本拳法，并吸取了龙、虎、猴、马、鸡、鹞、燕、蛇、鼍、骀、鹰、熊等12种动物的动作与形态而组成的拳术。其动作整齐简练，发力沉着，朴实明快。

（5）八卦掌。八卦掌是一种以摆扣步走转为主，包括推、托、带、领、穿、搬、截、拦等掌法变换内容的拳术。它的特点是沿圈走转，势势相连，身灵步活，随走随变。

（6）通背拳。通背拳是以摔、拍、穿、劈、钻5种手法为主要内容，通过圈、揽、勾、劫、削、摩、拨、扇等八法的运用，而生化出许多动作的拳术。它的动作大开大合、放长击远，发力起自腰背，甩膀抖腕，讲求冷、弹、脆、快。

（7）象形拳。象形拳是模拟各种动物的特长和形态，以及表现某些古代人物的搏斗形象和生活形象的拳术。鹰爪拳、螳螂拳、猴拳、蛇拳、鸭形拳以及八仙醉酒、鲁智深醉跌、武松脱铐等，都属于象形拳。象形拳分象形、取意两种。前者是以模仿动物和人物的形态为主，缺少或很少有技击的动作；后者则以取意动物的搏击特长为主，以动物的搏击特长来充实技击动作的内容。

2. 器械

器械的种类很多，分为长器械、短器械、双器械、软器械。刀、枪、剑、棍是长、短器械的代表。目前在武术竞赛中，刀、枪、剑、棍也是重点竞赛项目。

（1）刀术。刀属于短器械，由刃、背、尖、护手盘和刀柄等构成。刀的长度是以直臂垂肘抱刀的姿势为准，刀类不得低于本人的耳上端。运动方法以缠头裹脑和劈、砍、斩、撩、扎、挂、戳、刺等基本刀法，并配合各种步法、跳跃等动作构成套路练习。它的特点是勇猛快速、刚劲有力。

（2）剑术。剑属于短器械，由剑刃、背、锋、护手、柄等部分组成。长度以直臂垂肘反手持剑的姿势为准，剑尖不低于本人的耳上端。以刺、点、劈、撩、挂、崩、截等剑法，配合步法等构成套路。它的特点是刚柔相济、吞吐自如、轻快潇洒、矫健优美。

（3）枪术。枪属于长器械，由枪头、枪缨和枪杆所组成，多用白蜡杆做枪杆。枪法以拦、拿、扎为主，还有崩、点、穿、挑、云、劈等。练习枪术，持枪要稳活，扎枪要平正迅速，力达枪尖，拦拿缠绕圆转，劲力适当，方法正确，身法灵活多变，步法轻灵稳健。

（4）棍术。棍属于长器械，最低长度同本人身高。它以劈、扫、戳、挑、撩、拨等棍法为主，并配合步法、身法等构成套路。练棍要求手臂圆熟，身棍合一，体现出勇猛、快速有力、棍打一大片的特点。

3. 对练

对练是在单练基础上，由两人或两人以上，在预定的条件下进行攻防的假设性实战练习。其包括徒手对练、器械对练、徒手与器械的对练等。

（1）徒手对练，是运用踢、打、摔、拿等方法，按照进攻、防守、还击的运动规律编成的拳术对练套路，如对打拳、对擒拿、南拳对练、太极拳对练、八极拳对接等。

（2）器械对练，是以器械的劈、砍、击、刺等技术组成的对练套路。它主要有长器械对练、短器械对练、长与短对练、单与双对练、单与软对练、双与软对练等多种形式，常见的有单刀进枪、三节棍进棍、双匕首进枪、对刺剑等。

（3）徒手与器械对练，是一方徒手、另一方持器械进行的攻防对练，如空手夺刀、空手夺棍、空手进双枪等。

4. 集体表演

集体表演是六人以上的徒手或器械集体演练，可变换队形与图案，采用音乐伴奏，要求队形整齐、动作协调一致。

（三）搏斗运动

搏斗运动是两人在一定条件下按照一定的规则进行斗智较力的对抗练习形式。目前，武术竞赛中正在逐步开展的搏斗运动有散打、推手、短兵三项。

1. 散打

散打是两人按照一定的规则使用踢、打、摔、拿等方法制胜对方的竞技项目。

2. 推手

推手是两人遵照一定的规则，使用棚、捋、挤、按、采、挒、肘、靠等手法，双方黏连黏随，通过肌肉的感觉来判断对方的用劲，然后借劲发劲将对方推出，以此决定胜负的竞技项目。

3. 短兵

短兵是两人手持一种用藤、皮制作的短棒似的器械，在5.33米直径的圆形场地内，按照一定的规则，使用劈、砍、刺、崩、点、斩等方法决出胜负的竞技项目。

## 三、武术的特点和作用

### （一）武术的一般特点

武术寓技击于体育之中，具有内外合一、形神兼备的民族风格和广泛的适应性。

1. 寓技击于体育之中

武术作为体育项目，动作具有攻防技击性仍然是它的本质特性。无论何种套路，其共同点是以踢、打、摔、拿、击、刺等攻防动作构成套路的主要内容。虽然套路中不少动作的技术规格与技击原形有变化，或因连接贯串及演练技巧的需要穿插了一些不具备攻防意义的动作，但通过一招一式表现攻与防的内在含义仍然是套路的技术核心。

2. 具有内外合一、形神兼备的民族风格

既讲究形体规范，又求精神传意、内外合一的整体观，是中国武术的一大特色。所谓“内”，指心、神、意等心志活动和气息的运行；所谓“外”，即手、眼、身、步等的形体活动。内与外、形与神是相互联系的、统一的整体，武术“内外合一，形神兼备”的特点主要通过武术功法和技法来体现。“内练精气神，外练筋骨皮”是各家各派练功的准则，如太极拳主张身心合修，要求“以心行气，以气运身”。武术套路在技术上往往要求把内在精气神与外部形体动作紧密相合，完整一气，做到“心动形随”“形断意连”“势断气连”，以“手眼身法步，精神气力功”八法的变化来锻炼心身。这一特点充分反映了武术作为一种文化形式在长期的历史演进中深受中国古代哲学、医学、美学等方面的渗透和影响，形成独具民族风格的运动形式和练功方法。

3. 具有广泛的适应性

武术的练习形式、内容丰富多样，有竞技对抗性的散手、推手、短兵，有不同的拳种和器械，有不同的动作结构、技术要求、运动风格和运动量，分别适应不同年龄、性别、职业、体质人群的需求，人们可以根据自己的条件和兴趣爱好进行选择练习。同时，它对场地、器材的要求较低，俗称“拳打卧牛之地”，练习者可以根据场地的大小变化练习内容和方式，即使一时没有器械，也可以徒手练拳、练功。一般来说，其受时间、季节的限制也很小，较之其他体育运动项目，具有更为广泛的适应性。武术能在广大民间历久不衰，与这一特点不无关系，利用这一特点可以为现代群众性体育提供方便，使武术进一步社会化。

（二）武术运动独有的锻炼特点

1. 内外相合的高度协调

武术运动动作变化多端，方向复杂，重复配合，还要求躯体运动与内在精、神、意、气的协同一致。武术中有“内三合”（心与意合、意与气合、气与力合）和“外三合”（即肩与胯合、肘与膝合、手与足合）之说，即手、眼、身法、步、精神、气、力、功八法缺一不可，这种高度协调的要求艺无止境。所谓“行家一出手，便知有没有”，炉火纯青的武术家一个极简单的动作也能显示出不凡的功力和神韵，这正是一种超群的协调，是千锤百炼的结果。

2. 刚柔相兼的劲力方法

中国武术在用力方式上主张亦刚亦柔。许多西方体育项目追求外显的力量、速度，强调极大限度的力量动员。武术则取其中，取其内，认为“纯柔纯弱，其势必削；纯刚纯强，其势必亡”，只有取刚之中和，才会生出极其丰富的劲力表现，所谓“刚柔相推而生变化”。中国各家拳法或刚中含柔，或柔中寓刚，或先刚而后柔化，或先柔而后刚发，发劲中讲究调集全身，发于一点。中国武术的劲力变化使人琢磨不尽，玩味不厌，充满力的内蕴技巧。

3. 运息调息贯注动作

中国武术也十分重视运气和调息的锻炼。武术在调息中注意动作起伏变化的配合，所谓“提、托、聚、沉”，是说腾起时提起，站起时托气，发劲时聚气，低势时沉气。更重要的是重视运气，讲究“以心行气”“以气运身”，运动时“行气如九曲珠”，遍体活泼，以养刚中之气、浩然之气，贯于脊中而收于丹田；发力时则从脊而发，达于四梢。任何运动都离不开气息的运行，西方体育在运动中也注意调整呼吸，使运动持久，或加深加快呼吸以助发力和加快动作频率。中国武术则重视养气、练气、运气，使气在意念引导之下运转，与动作相合，做到“心为令，气为旗”，以意导气，使力从心。

4. 气势连贯的整体意识

中国武术在拳路中十分强调动作与动作的内在联系，在练法上讲究势势相承、一气呵成。对整套动作最忌“断”字，要求气脉不断，动作与动作连接并非不允许间歇停顿，而是强调一招一式之间做到“形断意连”“势断气连”，要善于运用内在的心志活动，即心、神、意、气将动作有机地连接起来，表现出生动的气韵，如虹的气势，贯一的气质。就是在格斗中也讲究“拳打一气连，兵战杀气勇”“不招不架就是一下，犯了招架就是十下”，势势相承，连环成招，贯串一气，令对手防不胜防。

（三）武术的作用

1. 壮内强外的健身作用

中国人民千百年的习武实践和近年来进行的科学研究，都说明武术注重内外兼修，对身体有着多方面的良好影响，经常练习能收到壮内强外的效果。例如，长拳类套路，包括屈伸、回环、跳跃、平衡、翻腾、跌扑等动作，加上内在神情的贯注和呼吸的配合，人体的各个器官都参与了活动，尤其坚持基本功训练能提高人体肌肉力量和伸展性，提高关节运动的幅度，有效地发展柔韧性。散打对抗中的判断、起动、躲闪格挡或快速还击等，对人体的反应速度、力量、灵巧、耐力都有良好的促进作用。太极拳和许多武术功法练习注重调息行气和意念活动，长期练习对治疗多种慢性疾病和调节人体内环境平衡均有良好的医疗保健作用。

2. 防身自卫的作用

无论是套路运动还是格斗运动，技击动作均是其主要内容。套路虽然以演练的形式出现，但它包含了许多攻防中可用的拳法、掌法、腿法、擒拿法及快摔法，经常训练不仅能使动作熟练，而且机能和素质也能得以提高，如果再增强对距离、时机的判断能力，还可起到防身自卫作用。散打、推手的技术与实践十分接近，许多动作可以直接体现防卫效果。散打和推手中的一些战术也有益于增强防身自卫的能力。

3. 修身养性的作用

在几千年绵延的历史中，武术一向重礼仪，讲道德。“尚武崇德”成为学武之人的一种传统教育，诸如尊师重道、讲礼守信、见义勇为、不凌弱逞强、学之有恒、精益求精等。经常习武，可以培养和陶冶高尚的情操。将激烈的攻防技击与人生修养相结合，可能会令西方人不可理解，但体现了中国武术的伦理观念。初学武术十分艰苦、枯燥，“冬练三九，夏练三伏”，对人的意志品质是很好的磨炼。武术为“终身不尽之艺”，艺无止境，更需要人们具有永不自满、砥砺精进的品质。经过长期训练，可以培养人们刻苦、坚韧、勇于进取、虚心好学等优良品质。

4. 娱乐观赏，丰富文化生活

武术运动具有很高的观赏价值，套路运动动迅静定的节奏美，踢、打、摔、拿、跌巧妙结合的方法美，内外合一、形神兼备的和谐美，非常引人入胜。搏斗对抗中双方激烈的争夺、精湛的攻防技巧、敢打敢拼的斗志，都可以给人一种武术美的享受。群众性武术活动“以武会友”，通过习武的共同爱好，可以切磋技艺，扩大交往，交流思想，增进友谊，丰富人民群众的业余文化生活。武术在世界范围内的广泛传播，还会增进世界各国人民的友好情谊。

## 第二节　长　拳

### 一、长拳概述

（一）概念

长拳是查拳、华拳、炮拳、洪拳、花拳等拳术的总称。它以拳、掌、勾为其主要手形，以弓步、马步、仆步、虚步、歇步为其基本步型，并有蹿蹦跳跃、闪展腾挪、起伏转折和跌扑滚翻等动作和技术组成的姿势舒展、动作灵活、快速有力、节奏鲜明的拳术。其主要有各种适应普及的初级、中级套路，以及适应竞赛的规定套路和自选套路。

（二）运动特点

各种长拳之间虽然风格各异，但概括起来，其共同特点是：姿势舒展、动作灵活、快速有力、节奏鲜明，并包括蹿蹦跳跃、闪展腾挪及起伏转折等动作和技术。

（三）锻炼价值

长拳的动作舒展，关节活动范围较大，对肌肉和韧带的柔韧性、弹性等都有较高的要求。因此，练习长拳能够发展肌肉的弹性、关节的灵活性，以及脊柱伸屈的灵活性及柔韧性。长拳的动作大多数是由大肌肉群来进行活动的，要求肌肉的活动量大，而且肌肉活动速度快，对肺活量的要求也较高，因此对提高心脏血液循环系统和呼吸系统的机能，能起到积极的作用。长拳的结构也较复杂，有伸屈、回环、平衡、跳跃、翻腾及跌扑等动作，这些较为复杂的动作，对于中枢神经系统、内脏器官以及神经与肌肉的协调机能都提出了较高的要求，也提高了这些系统的机能，全面地发展了身体素质。

（四）长拳技术讲究“四击”“八法”“十二形”

1.“四击”

“四击”是指武术中的踢、打、摔、拿四种技法。

2.“八法”

“八法”是手、眼、身法、步、精神、气、力、功。具体来说就是，拳如流星，眼似电，身法要灵活，步要稳，精神要充沛，气要沉，力要顺达，功要深厚。

3.“十二形”

长拳在运动时，有动势、静势、起势、落势、立势、站势、转势、折势、轻势、重势、快势、缓势12种动静之势。动如涛、静如岳，起如猿、落如鹊，立如鸡、站如松，转如轮、折如弓，轻如叶、重如铁，缓如鹰、快如风，总称为“十二形”。

## 二、基本动作

（一）手形

1. 拳

要点：拳握紧，拳面平，直腕。

要领：四指并拢卷握，拇指梢节屈压于食指中节上。拳心朝上（下）为平拳，拳眼朝上（下）为立拳。

2. 掌

要点：掌心开展，竖指。

要领：四指伸直并拢，拇指梢节屈扣于虎口处。手腕伸直为直掌；向拇指侧伸，掌指朝上为立掌。

3. 勾

要点：掌心开展，竖指。

要领：五指尖捏拢在一起，屈腕。

（二）步型

1. 弓步

要点：挺胸、塌腰、沉髋，前脚与后脚跟内侧呈一直线。

要领：前脚微内扣，全脚掌着地，屈膝半蹲，大腿呈水平，膝部约与脚面垂直。另一腿挺膝伸直，脚尖里扣斜向前方，全脚掌着地。上体正对前方，两手抱拳于腰间。

2. 马步

要点：挺胸、塌腰、直背，膝微内扣。

要领：两脚平行开立（约脚长的 3 倍），脚跟外蹬，屈膝半蹲，大腿呈水平姿势，膝部不超过脚尖。两手握拳分别抱于腰间，目视前方。

3. 仆步

要点：挺胸、塌腰、直背，膝微内扣。

要领：两脚平行开立（约脚长的 4 倍）。右腿屈膝全蹲，大腿和小腿靠紧，臀部接近小腿，脚尖和膝关节稍外展；左腿挺膝伸直平仆于地面，脚尖内扣。两脚全脚掌着地，两手握拳分别抱于腰侧，目视左前方。

4. 虚步

要点：挺胸、塌腰，虚实分明。

要领：两脚前后开立。右脚外展 45°，屈膝半蹲，大腿接近水平；左脚脚跟离地，脚面绷平，脚尖稍内扣并虚点地面，膝微屈。重心落于后腿，两拳分抱于腰侧，目视前方。

5. 歇步

要点：挺胸、塌腰，两腿靠拢贴紧。

要领：两脚交叉全蹲。左脚全脚掌着地，脚尖外展；右脚全脚掌着地，膝部贴近左膝外侧，臀部坐于右腿接近脚跟处。

（三）手法

1. 冲拳

要点：挺胸、收腹、拧腰、顺肩，快速有力。

要领：两脚并步站立，两手握拳分别抱于腰侧，拳心向上，肘尖向后，目视前方。左拳从腰间向前推出，当肘关节离开身体一侧时，左前臂内旋并加速用力，力达于拳面，臂伸直，高与肩平。同时右肘向后牵拉，目视前方。

2. 劈拳

要点：松肩、直臂、臂抡成立圆，力达拳轮。

要领：两脚并步站立，两手握拳分别抱于腰侧，拳心向上，肘尖向后，目视前方。右拳向左、向上经头上方向右下快速挥落，臂伸直，高与肩平，目视右拳。

3. 推掌

要点：挺胸、收腹、立腰，拧腰、顺肩，出掌快速有力，力达掌外缘。

要领：预备姿势同冲拳。左拳变掌，由腰间向前立掌推出（当肘关节离开身体一侧时，前臂内旋并加速前伸），臂伸直，高与肩平。同时右肘向后牵拉，目视前方。

4. 亮掌

要点：挺胸、收腹、立腰、抖腕。

要领：并步站立。右拳变掌，由腰间向右、向上划弧至头部右上方，前臂内旋，肘微屈，臂呈弧形，虎口朝下，掌指朝左，掌心朝前上方，目视前方。

5. 架掌

要点：架掌时前臂内旋，松肩，上架以掌外沿为力点。

要领：并步站立，与冲拳相同。右拳变掌，自腰间向左经胸前、面前向头上方旋臂架起，臂微屈，虎口朝下，掌心朝前上方，目视前方。

6. 挑掌

要点：沉腕要快速有力，力达掌指。

要领：并步站立，与冲拳相同。右拳变掌，自腰间经右向上弧形摆起，当摆至将近水平时，使掌抖腕竖起呈立掌，掌指朝上，掌外沿朝右，目视右侧。

（四）腿法

1. 正踢腿

要点：挺胸、收腹、立腰；腿上摆过腰后加速用力，收腹，收髋，上体正直。

要领：两脚并步站立，两臂呈侧平举，立掌，目视前方。左腿支撑，右腿挺膝，脚尖勾起向前额处快速摆起，目视前方。

2. 单拍脚

要点：收腹、立腰，击拍脚要脆、快、响。

要领：两脚前后站立，左手握拳抱于腰间，右拳在头上方举起，掌心朝前，目视前方。左腿支撑，右腿挺膝，脚尖绷直，向前上方快速摆起，当脚摆踢至面前时，右掌迎击脚面，目视前方。

3. 弹腿

要点：挺胸、立腰、收髋，弹踢要有寸劲。

要领：左腿支撑，右腿屈膝提起接近水平，两拳抱于两腰侧，目视前方。上动不停，小腿猛力向前甩摆、挺膝、力达脚尖，大小腿水平呈一条线，目视前方。

## 三、初级长拳（第一路）

【第一段】

预备势：

两脚并拢站立，眼看前方。两手握拳，屈肘抱于两腰侧，拳心朝上；脸向左转，眼向左侧方平视。

要点：挺胸、直腰、两肩后张、两拳紧贴腰侧。

扫一扫，观看录像视频“初级长拳（第一路）”

1. 马步双劈拳

（1）左脚向左开步，同时两拳从腰侧伸向腹前错臂交叉，左拳在里，右拳在外，拳心对着眼观。

（2）两腿屈膝半蹲呈马步，同时两拳向左右换臂侧劈，拳眼朝上。眼看左拳。

要点：开步、抡劈和半蹲的动作，必须同时进行。形成马步之后，两大腿要坐平，脚尖里扣，两膝里合。要挺胸、塌腰、两肩松沉，两拳与肩平行。

2. 拗弓步冲拳

左脚跟和右脚掌同时碾地使上身左转，左腿屈膝，右腿蹬直，呈左弓步。在上身左转的同时，右拳先收抱于右腰侧（拳心朝上），继而臂内旋，使拳眼朝上，用力向前冲出，拳路比肩高；左拳和左臂外旋使拳心朝上，屈肘收抱于左腰侧。

要点：上述两个动作必须连贯。冲拳要用力，右肩前顺，左肩后牵。两脚脚掌全部着地。

3. 蹬腿冲拳

左脚不动，右脚屈膝提起，用脚跟向前平直蹬出，脚尖勾起。同时，右拳外旋使拳心朝上，屈肘收抱于右腰侧；左拳随之呈直拳向前冲出，拳眼朝上。眼看左拳。

要点：收拳、冲拳、蹬腿三个动作必须同时进行，协调一致。立地腿要站稳，两肩要松沉，左肩前顺，右肩后牵。

4. 马步冲拳

右脚向前落步，脚尖里扣；同时左脚前脚掌碾地使脚跟里转，上身随之左转，两腿屈膝半蹲呈马步。在形成马步的同时，左拳和左臂外旋，使拳心朝上，屈肘收抱于左腰侧；右拳随即向右侧方呈立拳平直冲出，略比肩高，拳眼朝上。眼看右拳。

要点：落步、转身和屈膝半蹲的动作必须与收拳、冲拳的动作协调一致。形成马步之后，两肩稍向后张，左肘向后牵引，挺胸、塌腰。

5. 马步双劈拳

上动稍停，两脚不动，两腿直起。左拳从左腰侧向腹前下伸，拳背朝前；在左拳下伸的同时，右臂内旋从右侧方向下、向腹前内收，收至腹前时，两臂成右外左内错臂交叉，拳心对着腹部。眼向右平视。两腿屈膝半蹲成马步，同时两拳向左右抡臂侧劈，拳眼朝上。眼看右拳。

要点：与本段的马步双劈拳相同。

6. 拗弓步冲拳

右脚跟和左脚掌同时碾地，使上身右转，右腿屈膝，左腿蹬直，呈右弓步。在上身右转的同时，左拳先收抱于左腰侧（拳心朝上），继而臂内旋，使拳眼朝上，用力向前冲出，拳略比肩高；右拳和右臂外旋，使拳心朝上，屈肘收抱于右腰侧。

要点：与本段的拗弓步冲拳相同，但左右相反。

7. 蹬腿冲拳

右脚不动，左脚屈膝提起，用脚跟向前平直蹬出，脚尖勾起。同时，左拳外旋使拳心朝上，屈肘收抱于左腰侧；右拳随之呈直拳向前冲出，拳眼朝上。眼看右拳。

要点：与本段的蹬腿冲拳相同，但左右相反。

8. 马步冲拳

左脚向前落步，脚尖里扣；同时右脚前脚掌碾地使脚跟里转，上身随之右转，两腿屈膝半蹲呈马步。在形成马步的同时，右拳和右臂外旋使拳心朝上，屈肘收抱于右腰侧；左拳随即向左侧方成立拳平直冲出，略比肩高，拳眼朝上。眼看左拳。

要点：与本段的马步冲拳相同，但左右相反。

【第二段】

1. 弓步推掌

上动稍停，上身左转，右脚随之向前上步，左腿蹬直，右腿屈膝，呈右弓步。在右脚上步的同时，左拳拳心朝上，屈肘收抱于左腰侧；右拳随之变为侧上掌向前平直推出，掌指朝上。眼看右掌。

要点：转身、上步、收拳、推掌的动作，必须协调一致。推掌时，必须使腕关节向拇指一侧弯曲，以小指一侧用力向前推出；推出之后，腕关节尽量向上弯曲，肘臂伸直，肩部松沉并向前顺，挺胸、塌腰，掌指高与眉齐。

2. 拗弓步推掌

两脚不动，步型不变，上身右转。右掌变拳屈肘收抱于右腰侧，拳心朝上；同时左掌变为侧立掌向前平直推出，掌指朝上。眼看左掌。

要点：左肩前顺，右肩后牵，两脚不要拔跟或掀脚。

3. 弓步搂手砍掌

（1）上身从左向后转，右腿挺膝伸直，左腿屈膝半蹲，呈左弓步。左掌直腕呈俯掌，在转身的同时从左向后平摆横搂。眼随左掌。

（2）上动不停，左掌变拳，拳心朝上，屈肘收抱于左腰侧；同时右拳变掌，臂伸直从后由外向身前成仰掌平摆横砍。眼看右掌。

要点：转身、搂手、收拳、砍掌的动作，必须协调一致，但不必过快。砍掌时，肘腕关节都须伸直，砍掌之后，掌心略高过肩，两肩松沉。

4. 弓步穿手推掌

（1）左拳变掌，由左腰侧经右掌上面向前穿出，掌心朝上；在左掌前穿的同时，右掌内旋使掌心朝下呈俯掌，顺左臂下面屈肘收于胸前。

（2）上动不停，左臂内旋，左掌五指捏拢呈勾手，勾尖朝下；此时上身右转，左腿挺膝伸直，右腿屈膝半蹲，呈右弓步；同时右掌成侧立掌向前平直推出，掌指朝上。眼看右掌。

要点：穿掌与收掌的动作，转身、勾手与推掌的动作，必须同时进行，这两部分动作又必须协调连贯，中间不可停顿。推掌之后，手腕要尽量向上弯曲，掌指高与眉齐；勾手要尽量向下屈，手背略高过肩。

5. 弓步推掌

（1）上动稍停，左勾手变为倒掌，屈肘收抱于左腰侧，掌指朝下，掌心朝前。

（2）左脚向前上步，右腿挺膝伸直，左腿屈膝半蹲，呈左弓步。同时右掌变拳，屈肘收抱于右腰侧，拳心朝上；左掌随之成侧立掌向前平直推出，掌指朝上。眼看左掌。

要点：与本段的弓步推掌相同。

6. 拗弓步推掌

两脚不动，步型不变，上身左转。左掌变拳屈肘收于左膝侧，拳心朝上；同时右拳变为侧立掌向前平直推出，掌指朝上。眼看右掌。

要点：与本段的拗弓步推掌相同，但左右相反。

7. 弓步搂手砍掌

（1）上身从右向后转，左腿挺膝伸直，右腿屈膝半蹲，呈右弓步。右掌直腕呈俯掌，在转身的同时从右向后平摆横搂。眼随右掌。

（2）上动不停，右掌变拳，拳心朝上，屈肘收抱于右腰侧；同时左拳变掌，臂伸直从后由外向身前呈仰掌平摆横砍。眼看左掌。

要点：与本段的弓步搂手砍掌相同。

8. 弓步穿手推掌

（1）右拳变掌，由右腰侧经左掌上面向前穿出，掌心朝上；在右掌前穿的同时，左掌内旋使掌心朝下呈俯掌，顺右臂下面屈肘收于胸前。

（2）上动不停，右臂内旋，右掌五指捏拢呈勾手，勾尖朝下；此时上身左转，右腿挺膝伸直，左腿屈膝半蹲，呈左弓步；同时左掌呈倒立掌向前平直推出，掌指朝上。眼看左掌。

要点：与本段的弓步穿手推掌相同。

【第三段】

1. 虚步上架

上动稍停，左脚尖里扣，上身右转，右脚撤回半步以前脚掌点地，左腿屈膝略蹲，右膝稍屈，身体重量落于左腿，成左实右虚之虚步。左掌变拳，在上身右转成虚步的同时，向上屈肘横举在头顶上方，拳心朝向身前，拳眼朝下；右勾手随之变拳，臂内旋使拳下栽，屈肘附在右膝上面，拳心朝向身后，拳面朝下。眼向右前方平视。

要点：上架之拳，肘略向身后展开，下栽之拳，肘路向前牵引；做虚步时要挺胸、塌腰，左脚实踏地面，右脚虚点地面，虚实分明。

2. 马步下压

（1）左腿伸直立起，右腿屈膝提起。同时右拳从下经体前向外抡臂绕环，至右前方时呈仰拳平举，左拳下降至背后。

（2）上动不停，左脚蹬地纵起，同时上身从右向后转，右脚在转身后立即落于左脚的原位，左脚随之落于上身左侧，两腿屈膝半蹲呈马步。右拳在右脚落地的同时，屈肘收抱于右腰侧，拳心朝上；左拳由后向上抡臂，在形成马步的同时，臂外旋，屈肘以前臂为力点，从上向身前下压，左臂屈肘呈直角，拳心朝上。眼看左拳。

要点：纵跳时，先使左膝弯曲，然后蹬地纵起；纵起后，上身在空中向后转；转身后，右脚先落地，左脚随后落地。右拳外抡与提步动作、右拳屈肘抱腰与右脚落步动作、左前臂下压与左脚轻步动作必须分别同时进行。

3. 拗弓步冲拳

左脚跟和右脚掌同时碾地使上身左转，左腿屈膝，右腿蹬直，呈左弓步。同时左拳屈肘收抱于左腰侧，拳心仍朝上；右拳随即从右腰侧向前平直冲出，拳眼朝上。眼看右拳。

要点：与第一段第二动的拗弓步冲拳相同。

4. 马步冲拳

左脚尖里扣，右脚跟里转，上身右转，两腿屈膝半蹲呈马步。同时右拳和右臂外旋使拳心朝上，屈肘收抱于右腰侧；左拳随即向左侧方呈立拳平直冲出，略比肩高，拳眼朝上。眼看左拳。

要点：收拳和冲拳动作必须协调一致。形成马步后，两肩稍向后张，右肘向后牵引，挺胸、塌腰。

5. 虚步上架

上动稍停，右脚尖里扣，上身左转，左脚撤回半步以前脚掌点地，右腿屈膝略蹲，左膝稍屈，身体重量落于右腿，呈右实左虚之虚步。同时右臂向右向上屈肘横举于头顶上方，拳心朝向身前，拳眼朝下；左拳随之内旋使拳下栽，屈肘附在左膝上面，拳心朝向身后，拳面朝下。眼向左前方平视。

要点：与本段的虚步上架相同，但左右相反。

6. 马步下压

（1）右腿伸直立起，左腿屈膝提起。同时左拳从下经体前向外抡臂绕环，至左前方时平举，拳心朝上；右拳下降至背后。

（2）上动不停，右脚蹬地纵起，同时上身从左向后转，左脚在转身后立即落于右脚的原位，右脚随之落于上身右侧，两腿屈膝半蹲呈马步。左拳在左脚落地的同时，屈肘收抱于左腰侧，拳心朝上；右拳由后向上抡臂，在右脚落地形成马步的同时，臂外旋，屈肘以前臂为力点，从上向身前下压，上臂垂直，前臂平举，拳心朝上。眼看右拳。

要点：与本段的马步下压相同，但左右相反。

7. 拗弓步冲拳

右脚跟和左脚掌同时碾地使上身右转，右腿屈膝，左腿蹬直，呈右弓步。同时右拳屈肘收抱于右腰侧，拳心仍朝上；左拳随即从左腰侧向前平直冲出，拳眼朝上。眼看左拳。

要点：与第一段第二动的拗弓步冲拳相同，但左右相反。

8. 马步冲拳

右脚尖里扣，左脚跟里转，上身左转，两腿屈膝半蹲呈马步。同时左拳和左臂外旋使拳心朝上，屈肘收抱于左腰侧；右拳随即向右侧方呈立拳平直冲出，略比肩高，拳眼朝上。眼看右拳。

要点：与本段的马步冲拳相同，但左右相反。

【第四段】

1. 弓步双摆掌

上动稍停，右脚尖里扣，左脚尖外撇，上身随之左转，右腿蹬直，左腿屈膝，呈左弓步。同时左拳在身前下伸，并与右拳一起变掌，两掌从右向上、向左弧形绕环，至左侧方时，均呈侧立掌，左掌直臂平举，右臂屈肘使掌心靠近左肘，掌指均朝上。眼看左掌。

要点：转身与两掌绕环的动作要同时进行，协调一致。两掌绕环时，肩关节要放松，摆掌动作结束时，左掌抬高与眉齐，右掌抬高与鼻齐，两肩松沉。

2. 弓步穿掌

（1）左脚跟稍向外展，左腿全蹲，右腿伸直平铺呈仆步，上身随之右转，向右脚处前探。在转身的同时，左掌和左臂内旋，反臂上举呈勾手，勾尖朝上；同时右掌成掌，从身前向右脚处横搂。眼随右掌。

（2）上动不停，右掌继续向身后搂去，至身后反臂呈勾手，勾尖朝上；同时上身前移，左腿挺膝伸直，右腿屈膝半蹲，呈右弓步；在上身前移的同时，左勾手变掌，臂外旋使掌心朝下，以掌心为力点，从后向下、向前撩起，呈仰掌平举，肘、腕伸直，掌高不过肩。眼看左掌。

要点：上述动作，必须连贯。做仆步时，臀部尽量接近小腿，上身向平铺腿的一侧探伸。仆步转入弓步时，上身不要立起，要从低处向前探伸移动。撩掌时，肩要松。勾手肘腕关节尽量上屈，臂向上举，上身要挺胸、塌腰。

3. 推掌弹踢

（1）右勾手变掌，屈肘收抱于右腰侧，屈腕使掌指朝下，掌心朝前；左掌开始变拳。

（2）上动不停，左掌变拳屈肘收抱于左腰侧，拳心朝上；同时右掌呈侧立掌从腰侧向前推出，掌指朝上。右脚不动，左脚随之向前水平弹踢，脚面绷平。眼看右掌。

要点：收拳、推掌、弹踢必须协调、连贯。弹踢时，先使弹踢腿屈膝，小腿后举，然后脚面绷平，膝关节猛然挺伸使小腿向前弹出，整个腿与地面平行，立地腿站稳，上身稍前倾。

4. 弓步上架推掌

左脚向前落步，左腿屈膝，右腿蹬直，呈左弓步。同时右掌和右臂内旋，屈肘横架于头顶上方，呈横掌（掌指朝前，掌心向斜上方）；左拳随即变掌，向前呈侧立掌平直推出，掌指朝上。眼看左掌。

要点：落步要轻，推掌要快。

5. 弓步双摆掌

上动稍停，左脚尖里扣，右脚尖外撇，上身随之从右向后转，左腿蹬直，右腿屈膝，呈右弓步。同时两掌向上、向右弧形绕环，至右侧方时，均呈侧立掌，右掌直臂平举，左臂屈肘使掌心靠近右肘，掌指均朝上。眼看右掌。

要点：与本段的弓步双摆掌相同，但左右相反。

6. 弓步撩掌

（1）右脚跟稍向外展，右腿全蹲，左腿伸直呈仆步，上身随之左转，向左脚处前探。

在转身的同时，右掌和右臂内旋，反臂上举呈勾手，勾尖朝上；同时左掌成掌，从身前向左脚处横搂。眼随左掌。

（2）上动不停，左掌继续向身后搂去，至身后反臂呈勾手，勾尖朝上；同时上身前移，右腿挺膝伸直，左腿屈膝半蹲，呈左弓步。在上身前移的同时，右勾手变掌，臂外旋使掌心朝下，以掌心为力点，从后向下、向前撩起，呈仰掌平举，肘、腕伸直，掌高不过肩。眼看右掌。

要点：与本段的弓步撩掌相同。

7. 推掌弹踢

（1）左勾手变掌，屈肘收抱于左膝侧，屈腕使掌指朝下，掌心朝前；右掌开始变拳。

（2）上动不停，右掌变拳之后，屈肘收抱于右腰侧，拳心朝上；同时左掌呈倒立掌从腰侧向前平直推出，掌指朝上。左脚不动，右脚随之向前水平弹踢，脚面绷平。眼看左掌。

要点：与本段的推掌弹踢相同。

8. 弓步上架推掌

右脚向前落步，右腿屈膝，左腿蹬直，呈右弓步。同时左掌和左臂内旋，屈肘横架于头顶上方，成横掌；右拳随即变掌，向前成倒立掌平直推出，掌指朝上。眼看右掌。

要点：与本段的弓步上架推掌相同。

收势：

（1）右脚跟稍向外展，右腿蹬直立起，同时上身稍向左转，左脚随之向右脚处靠拢并步；在并步的同时，两掌变拳，屈肘收抱于两腰侧，拳心均朝上；脸向左转，眼向左侧方平视。

（2）脸转向正前方，两拳变掌，直臂下垂，做立正姿势。

要点：立正收势时，头须端正，收下颔，挺胸，直腰，松肩，呼吸平稳，精神振作。

## 第三节　简化太极拳

### 一、太极拳简介

太极拳是一项心静体松、柔缓自然、连绵不断、动中寓静、着重自我控制和意念诱导的武术项目。简化太极拳是由我国原国家体育委员会于 1956 年组织部分太极拳专家，在“杨氏太极拳”的基础上改编的太极拳普及和竞赛套路。这套拳分为8组，共24个动作，又称“二十四式”。全套动作易学易懂，既不复杂，又能充分体现太极拳动作的柔和、缓慢、圆活、连贯的特点。

## 二、简化太极拳

预备势：身体自然直立，两脚并拢，两腿自然伸直，两手垂于大腿外侧，双眼平视前方。

扫一扫，观看录像视频“简化太极拳”

（一）起势

左脚向左分开半步，与肩同宽，两臂慢慢向前平举，两手心向下，指尖向前。两腿慢慢屈膝半蹲呈马步，同时两掌轻轻下按至腹前，两眼平视前方。

（二）左右野马分鬃

上体稍右转，右臂屈抱于右胸前，手心向下。左臂屈抱于腹前，手心向上，两手上下相对，左脚收至右腿内侧，脚尖点地。上体左转，左脚向左前方迈出一步，脚跟轻轻着地，左脚踏实，左腿屈膝前弓，右腿自然蹬直，呈左弓步，同时两掌前后分开，左手分至体前，手心斜向上，右手按至右胯旁，手心向下，指尖朝前，眼看左掌。

重心稍向后移，左脚尖翘起外撇，上体稍左转，左手翻转成手心向下，右手翻转前摆，手心向上，两手上下相对，重心移至左腿，右脚收至左脚内侧，脚尖点地，右脚向右前方迈出一步，脚跟轻轻着地，右腿屈膝前弓，同时左腿自然蹬直，呈右弓步，两手前后分开，右手分至体前，手心斜向上，左手按至左胯旁，手心向下，指尖向前，眼看右手。

（三）白鹤亮翅

上体稍左转，右脚向前跟半步，同时两手翻转相对，上体后坐，两手开始交替分开，左脚前脚掌着地呈左虚步；同时右手向上分至右额前，掌心向内，左手按在左腿旁，眼平视前方。

（四）左右搂膝拗步

左搂膝拗步：上体右转，两臂交叉摆动，右手自头前下落，经右胯侧向右后方上举，与头同高，手心向上，左手自左侧上摆，经头前向右划弧落至右肩前，手心向下，左脚回收落在右脚内侧，脚尖点地，上体稍左转，左脚向左前方迈出一步，右臂屈肘，右手收至肩上头侧，虎口对耳，左手落在腹前，左腿屈弓，右腿自然蹬直呈左弓步。左手经左膝前向左搂过，按于左腿外侧，掌心向下，指尖向前；右手向前推出，掌心向前，指尖向上，眼看右手。

右搂膝拗步：同左搂膝拗步，只是左右相反。

（五）手挥琵琶

右脚向前收拢半步，右臂稍向前伸展，左手向左、向上划弧摆至体前，手臂自然伸直，掌心斜向下，右手屈臂后引，收至胸前，掌心斜向上，左脚稍向前移，脚跟随着地，呈左虚步，两臂外旋，屈肘合抱，两手前后交错，侧掌合于体前。右手与左肘相对，掌心向左，两臂犹如抱琵琶的样子，眼看左手。

（六）左右倒卷肱

右倒卷肱：上体稍右转，两手翻转向上，右手随转体向下经腰侧向后上方划弧，手与头同高，左手翻转停于体前，上体稍左转；左脚提收向后退一步，右手收至肩上耳侧，掌心斜向下方，左手开始后收，收至左腰侧，手心向上，上体继续左转；重心后移，左脚踏实，右膝微屈呈右虚步，右手推至体前，掌心向前，眼看左手。

左倒卷肱：上体稍左转，左手向左后上方划弧，掌心向上，右手翻转停于体前，上体稍右转，右脚提收向后退一步，右手开始后收，右手向后、向下划弧，收至右腰侧，掌心向上，左臂屈卷，左手收至肩上耳侧，左膝微屈成左虚步，左手推至体前，掌心向前。下两次动作同前（略）。

（七）左揽雀尾

上体微右转，右手屈臂抱于右胸前，掌心翻转向下，左手划弧下落，屈抱于腹前，掌心转向上，两手上下相对如“抱球”状，左脚收至右脚内侧，脚尖点地，左脚向左前方迈出一步，左腿屈膝前弓，右腿自然蹬直，呈左弓步，两手前后分开，左臂半屈向体前掤出，腕与肩同高，掌心向内，右手向下划弧按于右胯旁，掌心向下，五指向前，眼看左手。左手向左前方伸出，掌心转向下，同时右臂外旋，右手经腹前向上、向前伸至左前臂内侧，掌心向上，上体右转；两手同时向下经腹前向右后方划弧后捋，右手举于身体侧后方，与头同高，掌心向外，左臂平屈于胸前，掌心向内，上体左转，正对前方，右臂屈肘，右手收至胸前，搭于左腕内侧，掌心向前，重心前移，左腿屈弓，右腿自然蹬直成左弓步，右手推送左前臂向体前挤出，两臂撑圆，重心后移，上体后坐，右腿屈膝，左腿自然伸直，左脚尖翘起，右手经左腕上方向前伸出，掌心也转向下。两手左右分开与肩同宽，两臂屈收，两手后引，经胸前收到腹前，手心斜向下，重心前移，左腿屈弓，右腿自然蹬直呈左弓步，两手沿弧线推按至体前，两掌心向前，指尖向上，眼看前方。

（八）右揽雀尾

上体右转，左脚尖内扣，两手平举于身体两侧，右脚收至左脚内侧，脚尖点地，左手屈抱于左胸前，手心向下，右手屈抱于腹前，手心向上，两手上下相对，右脚向右前方迈出一步，右腿屈膝前弓，左腿自然蹬直，呈右弓步，两手前后分开。右臂半屈向体前掤出，掌心向内，左手向下划弧按于左胯旁，手心向下，指尖向前，右手向右前方伸出，掌心转向下。同时左臂外旋，左手经腹前向上、向前伸至右前臂内侧，掌心向上，上体左转，两手同时向下经腹前向左后方划弧后捋，左手举于身体侧后方，掌心向外。右臂平屈于胸前，掌心向内，上体右转，正对前方，左臂屈收，左手收至胸前，搭于右腕内侧，掌心向前，右前臂仍屈于胸前，掌心向内，呈右弓步，左手推送右前臂向体前挤出，两臂撑圆，两手左右分开与肩同宽，两臂屈收，两手后引，经胸前收到腹前，手心斜向下两手沿弧线推按至体前，两掌心向前，指尖向上，右腿屈弓，左腿自然蹬直呈右弓步，眼看前方。

（九）单鞭

上体左转，右脚尖内扣，左脚收至右脚内侧，脚尖点地，右手至身体右前方变成勾手，勾尖向下，左脚向左前方迈出一步，左手经面前向左划弧，左手经面前翻转向前推出，左腿屈弓，右腿自然蹬直，呈斜向左前方的弓步，眼看左手。

（十）云手

上体右转，左脚尖内扣，收至右脚内侧，左手向右划弧，经腹前至右肩前，掌心向内。上体左转，左脚向左横开一步，右脚向左脚并拢，两腿屈膝半蹲，两脚平行，两脚相距10厘米，左手经头前向左划弧云转，掌心渐渐翻转向外。右手向下经腹前同时向左划弧云转，掌心渐渐翻转向内，左掌停于身体左侧，视线随左手转移（再做两遍）。

（十一）单鞭

上体右转，右手经头前向右划弧，至右前方掌心翻转变勾手，左手向下经腹前向右划弧转至右肩前，掌心转向内，左脚向左前方上步，脚跟落地，左手经面前向左划弧，掌心向内，眼看左手，上体继续左转，左腿屈弓，右腿自然蹬直，呈斜向左前方的弓步，左手经面前翻转向前推出，左肘与左膝上下相对，眼看左手。

（十二）高探马

后脚向前收拢半步，重心后移，右腿屈坐，呈左虚步，右手屈收，经头侧再向前推出，手心向前，左臂屈收，左手收至腹前，掌心向上，眼看右手。

（十三）右蹬脚

左脚提收向左前方迈出，右手稍向后收，左手经右手背向右前方穿出，两手交叉，腕关节相交，两手合举于头前，手心皆向外，两手同时向左右分开，两手向腹前划弧相交合抱，举至胸前，左腿支撑，右腿屈膝上提，右脚脚尖上勾，脚跟用力慢慢向右前上方蹬出。左腿微屈，右腿伸直，两手手心向外撑开，两臂展于身体两侧，右腿与右臂上下相对，方向为右前方约 30°，眼看右手。

（十四）双峰贯耳

右腿屈膝回收，脚尖自然下垂，右腿向右前方上步，两手收至两腰侧，掌心向上。右腿屈弓，左腿自然蹬直，呈右弓步。两手握拳从两侧向上、向前划弧摆至头前，两臂半屈呈弧形，两拳相对呈钳形，眼看前方。

（十五）转身左蹬脚

上体左转，右脚尖内扣，两拳松开，两臂微屈于身体两侧，两手向下划弧，于腹前交叉合抱，举至胸前，右腿支撑，左腿屈膝高提，左脚脚尖上勾，脚跟用力向左前上方慢慢蹬出，两掌心向外，眼看左手。

（十六）左下势独立

左腿屈收，左脚下垂收于右小腿内侧，上体右转，右手变勾手。左手摆至右肩前，右腿屈膝全蹲，左脚沿地面向左侧伸直呈左仆步，左手经腹前沿左腿内侧向左穿出并向上挑起，右勾手内旋，背手向后，勾尖朝上，右腿屈膝前提，脚尖自然下垂，左腿微屈独立支撑，呈左独立步，左手下落按于左胯旁，右勾手变掌，经体侧向前挑起，掌心向左，指尖向内。

（十七）右下势独立

右脚落于左脚右前方，左脚以脚掌为轴随之扭转，左手变勾手提举于身体左侧，右手经头划弧摆至左肩前，右脚提收至左小腿内侧，沿地面向右伸直，左腿屈膝全蹲，呈右仆步，右掌经腹前沿右腿内侧向右穿出。右腿屈膝前弓。左腿自然蹬直，右手继续前穿并向上挑起，左勾手内旋，背于身后，勾尖向上，左腿屈膝前提，呈右独立步，右手下落按于右胯旁，左勾手变掌，经体侧向体前挑起，眼看左手。

（十八）左右穿梭

左脚向左前方落步，手心翻转向下，眼看左手。右脚收于左踝内侧，两手在左肋前上下相抱。右脚向右前方上步，右手由下向前上方划弧，左手由上向后下方划弧，右转，右腿屈膝前弓，呈右弓步，右手翻转上举，架于右额角前上方，掌心斜向上。左手推至体前，上体右转，两手在右肋前上下相抱，左脚收至右脚内侧，上体左转，左脚向左前方上步，呈左弓步，左手由下向前上方划弧，右手由上向后下方划弧，左手翻转上举，架于右额角前上方，右手推至体前，眼看右手。

（十九）海底针

右脚向前收拢半步，右腿屈坐，左脚跟提起，脚前掌着地呈左虚步，右手下落经体侧屈臂抽提至耳旁，向前俯身，右手从耳侧向前下方斜插，左手向右划弧下落至腹前，经左膝按至大腿外侧，掌心向下。

（二十）闪通臂

左脚回收，以脚尖点地落至右脚内侧，左脚向前上步呈左弓步，两手内旋分开，右手上提至身前撑于头侧上方，左手屈臂收举推至体前，眼看前方。

（二十一）转身搬拦捶

右腿屈坐，左脚尖内扣，身体右转，右脚提收至左脚踝关节内侧，再向前迈出，两手向右侧摆动，右手摆至身体右侧，握拳收于右肋，拳经胸前向前搬压，拳心向上，左手摆至头侧，左手经右前臂外侧下落，按于左胯旁。左脚向前上步腿屈弓，右腿自然蹬直，成左弓步，左掌拦至体前，掌心向右，右拳自胸前打出，拳眼向上，左掌指附于右前臂内侧，掌心向右，眼看右拳。

（二十二）如封似闭

左手翻转向上，从右前臂下向前穿出，同时右拳变掌，也翻转向上，两手交叉伸举于体前，右腿屈坐，左脚尖翘起，两臂屈收，两手分至与肩同宽，收至胸前，左腿屈弓，右腿自然蹬直成左弓步，两手翻转，经腹前向上、向前推出，掌心向前，五指向上，眼看前方。

（二十三）十字手

上体右转，右脚尖外撇，右腿屈弓，左腿自然伸直，呈右横档步（侧弓步），左脚尖内扣，右手划弧，摆至身体右侧，两臂平举于身体两侧，掌心皆向外，上体左转，左腿屈弓，右腿自然伸直，脚尖内扣，两手下落划弧，在腹前交叉，抱于胸前，右手在外，掌心向内，上体转正，右脚轻轻向左收回半步，两腿慢慢直立，呈开立步，两手交叉合抱于体前，两腕交搭呈斜“十”字形，眼平视前方。

（二十四）收势

两臂内旋，两手翻转左右分开，两臂徐徐下垂，两手落于大腿外侧，左脚轻轻提起与右脚并拢，恢复成预备姿势，眼看前方。

## 第四节　散　打

### 一、散打概述

散打是一项徒手搏击格斗的技术，它的母体是中华民族传统体育的瑰宝——武术运动。武术是以技击为主要内容的民族传统体育项目，而散打是武术运动的对抗性形式，更是武术运动的最高表现形式，是武术的精髓。现代散打运动是以踢、打、摔、拿为主要技击内容，在比赛规则的限制下互以双方格斗搏击动作为转移的斗智、较技的对抗性体育竞赛项目。它是格斗双方智力、体力、技术和心理意志的综合抗衡，具有高度的攻防实战性和激烈对抗性。

## 二、散打基本拳法和摔法

### (一) 基本拳法解析

散打拳法主要包括冲拳、贯拳、抄拳、劈拳、扣拳、鞭拳、弹拳 7 种，其中以冲、贯、抄为主体。

#### 1. 拳法的技术要求

（1）出拳力量主要来源于后脚的蹬地，然后转髋带动转（压）肩，送臂出拳，要在击中对方的瞬间制动。

（2）出拳时切记肩关节的垂直线任何时候都不能超过自己前腿的脚踝关节，以免失去重心，被对手反击。

（3）出拳时击中对手的瞬间才突然握紧拳，击中与未击中都应迅速放松，以免动作僵硬。

（4）出拳后无论击中还是未击中，都应迅速收回，做好防守或再次进攻的准备。

#### 2. 基本拳法

（1）左冲拳。

动作要领：由实战姿势开始，即由左脚、左手在前的正架姿势开始，右脚微蹬地面，重心微向前脚移动，上体微右转。同时左肩由屈到伸并内旋 90°，发力于腰，力达拳面。

易犯错误及纠正方法：

①撩拳。由于冲拳前肘先于拳而动，形成拳往下撩的错误。纠正时，强调以拳领先，勿先动肘；或由同伴帮助以一手拉拳、一手按肘，慢慢体会要领。

②只动前臂。冲拳时不是以肩催臂，而是前臂屈伸。纠正时，强调肩先动，催肘送拳。

（2）右冲拳。

动作要领：由实战姿势开始，右脚微蹬地，并以前脚掌向内转，转腰送肩，上体左转。同时右臂由屈到伸并内旋 90°，直线向前冲出，力达拳面。

易犯错误及纠正方法：

①上体过于前倾。冲拳时，上体向前移动过多，腰没有向左拧转。纠正时，多体会

腰绕纵轴方向拧转的要领，克服向前俯身的毛病。

②翻肘撩拳。冲拳时前臂、肘关节先动并外翻，形成撩拳错误。纠正时，由教练员或同伴帮助，或面对镜子做慢动作练习。

③先后引拳，预兆明显。这是学习拳法的常见错误。纠正时，面对镜子或由同伴监督，用慢速放松练习，以体会出拳路线。

（3）左贯拳。

动作要领：由实战姿势开始，上体微向右转，同时左拳向外（约 45°）、向前、向内呈平面弧形横击，臂微屈，拳心朝下。同时转腰发力，力达拳面或偏于拳眼侧。

易犯错误及纠正方法：

①左拳向外绕行。纠正时，面对镜子，不追求用力，重点体会拳的运行路线。

②抄拳发力时上体后仰、挺腹。纠正时，重点体会蹬地转腰的要领及内力的运用。

③重心上提、歪胯。纠正时，由同伴帮助，一手按头，一手扶胯，边练习边提示。

（4）右贯拳。

动作要领：由实战姿势开始，右脚微微蹬地并以前脚掌向内转，合胯并向左转腰，右拳向外（约 45°）、向前、向内呈平面弧形横击。同时上体左转，腰胯发力，力达拳面或偏于拳眼侧。

易犯错误及纠正方法：参考左贯拳。

（5）左抄拳。

动作要领：上体微左转，重心略下沉，腰迅速向右转，发力于腰，左拳由下向前上方勾击，上臂和前臂夹角为 90° ～ 110°，拳心朝里，力达拳面。

易犯错误及纠正方法：

①左拳向外绕行。纠正时，面对镜子，不追求用力，重点体会拳的运行路线。

②抄拳发力时上体后仰、挺腹。纠正时，重点体会蹬地转腰的要领及内力的运用。

③重心上提、歪胯。纠正时，由同伴帮助，一手按头，一手扶胯，边练习边提示改进。

（6）右抄拳。

动作要领：由实战姿势开始，右脚蹬地，扣膝合胯，腰微右转。同时右拳向下、向前、向上勾击，上臂与前臂夹角为 90° ～ 110°，拳心朝里，力达拳面。

易犯错误及纠正方法：

①右拳后拉。练习者想加大动作力度，右拳先后拉再上勾，出现严重预兆。纠正时，应消除单纯用劲心理，着重体会用劲路线和全身协调配合。

②身体向上立起。练习者没有体会合胯转腰的用力方法，过分追求蹬地伸髋。纠正时，

由同伴协助控制重心的起伏，如一手按头、一手给靶（保持正确的高度），体会力从腰发的要领。

（二）基本摔法解析

“拳加跤，艺更高”，散打摔法可分为主动贴身摔和防守反击摔（接招摔）两类。贴身抱摔包括夹颈、抱腰、抱腿的各种贴身摔法，接招摔包括接住对方进攻的各种拳法和腿法之后运用夹臂和抱腿的摔法。散打中的摔法很多，不同的方法有不同的技术要领。

1. 摔法的技术要求

（1）借势。借势是指在运用各种摔法时，借助对手重心不稳或将要失去平衡的姿势，稍加力量将其摔倒。如甲方连续使用拳法追击，乙方在步步退守的情况下突然下蹲后倒，使用“蹬枝”方法将甲方摔下擂台，此招就是借助了对手连续打拳而突然击空，重心前倾的不利姿势，使用“蹬枝”的方法既省力，效果又好。再如，甲方以右边腿攻击，乙方在抄抱其腿的一刹那，快速上步切掌将其击倒，或者在接腿的瞬间用摇涮的方法将其击倒，这两招也借助了对手鞭腿身体向斜后侧的姿势。借势，关键是掌握好时机。一般来说，在动作发力的瞬间一旦击空，身体就会处于失衡状态，如果能在此时顺其失衡的同侧方位稍加外力，效果极佳。还有，在对手动作发力的同时，如果顺其发力的方向稍加外力，也会收到事半功倍的效果。

（2）掀底。掀底是指采用摔法（尤其是接腿摔法）时，为破坏对方的支撑而采用掀、拉、摇、托等方法，将对方摔倒。如甲方被乙方抱住右腿后，乙方尽量向上或向左右掀托其右腿，甲方必然会因左腿（底部）失去支撑能力而被摔倒。值得注意的是，对于下肢柔韧性较差的运动员，产生掀底效果较快；而对柔韧性较好的运动员来说，必须以掀至对方摔倒为止，不见效果不脱手。

（3）别根。别根是指通过自己身体的某一部位别绊对方支撑重心的根部（脚踝处），达到摔倒对方的目的。如接腿别腿、抱腿搂腿、折腰搂腿、接腿勾踢、接腿挂腿等摔法，正是运用了别根的要领，使摔法更加省力和巧妙。

（4）靠身。靠身是指通过身体向前挤靠的办法将对方摔倒。如抱腿摔法，除运用抱腿和搂腿的技法外，必须配合身体向前挤靠对方，效果才会更好。

散打中的摔法，除少数一些距离摔法（如接腿摇涮）外，绝大多数是主动进身抱摔和接腿、接拳的摔法。每一种摔法，尽管有其独特的关键性技术，如接腿勾踢摔主要是勾腿（即别根），接腿上托摔主要是掀底，抱腿前顶主要是靠身，但如果把借势、掀底、别根、靠身 4 种技巧结合运用，突出了散打摔法“快”的特点，那么效果更好。

2. 基本贴身摔法

（1）抱腿前顶。

动作要领：双方由实战姿势开始，上左步，身体下潜闪躲，然后两手抱对方双腿膝窝下部，两手用力回拉。同时用左肩前顶对方大腿根部或腹部，将对方摔倒。

易犯错误及纠正方法：

①抱不住双腿。纠正时，注意下潜接近对手。

②摔不倒对手。纠正时，应强调两臂后拉与肩顶配合协调。

（2）抱腿旋压。

动作要领：右脚蹬地，上左步，身体下潜，重心移至左腿。同时左手抄抱对方大腿内侧，右手抱住对方小腿后，以左脚掌为轴，身体向右后方旋转，以右手提、左肩压的合力，将对方摔倒。

易犯错误及纠正方法：

①抱腿不紧。纠正时，注意强调以胸、腹部贴紧对方腿部内侧。

②摔不倒对手。纠正时，应强调提、拉、顶与转腰配合一致。

（3）抱腿搂腿。

动作要领：上步，身体下潜闪躲，然后左手抱对方右后腰，屈肘；右手抱其左膝窝用力回拉，使对方的左腿离地。左腿抬起前伸，由前向后搂挂对方的支撑腿，同时用左肩向前顶靠对方肋部将其摔倒。

易犯错误及纠正方法：

①抱腿不紧。纠正时，强调进身马上破坏对方的重心，抱起对方的前腿使其单腿支撑。

②摔不倒对方。纠正时，应强调搂腿、手拉和肩顶用力一致。

（4）折腰搂腿。

动作要领：下闪，两臂抱住对方腰部，右腿抬起，并以小腿由前向后搂挂对方左小腿。同时两手抱紧对方腰，上体前压其胸，使其后倒。

易犯错误及纠正方法：搂不倒对方。纠正时，强调抱腰要紧并向回拉，上体前倾压胸和搂腿动作一致。

（5）压颈搂腿。

动作要领：双腿被对方抱住后，立即俯身屈髋并向左转腰，以左手压推对方后颈部，右手向上搂托对方左膝关节，将对方向前翻滚倒地。

易犯错误及纠正方法：对手不能倒地。纠正时，强调下蹲要及时，压推颈与搂托膝要用力一致。

3. 基本接招摔

（1）抱腰过背。

动作要领：对方用左贯拳攻击头部时，立即向左闪身，左脚向前上半步，同时左臂由对方右腋下穿过，搂抱对方后腰；右手挂挡对方左拳后迅速夹握对方左前臂。然后身体右转，右脚向后插半步，双腿屈膝，臀部抵住对方小腹。继而两腿蹬伸，弓腰，头向右转，将对方背起后摔倒。

易犯错误及纠正方法：摔不倒对方。纠正时，应强调上步、转身、屈膝、低头、弓腰、伸腿、转头动作快速连贯，用力完整、充分。

（2）夹颈过背。

动作要领：对方用左贯拳攻击头部时，立即以右手挂挡对方左拳后迅速夹握对方左前臂，同时左臂由对方右肩穿过后，屈臂夹住对方颈部。右脚向后插半部与左脚平行，两腿屈膝，臀部抵住对方小腹。然后身体右转，两腿蹬伸，弓腰，头向右转，将对方背起后摔倒。

易犯错误及纠正方法：

①夹颈不牢。纠正时，应强调身体贴住对方屈臂夹颈，屈臂夹颈要夹紧。

②背不起对方。纠正时，应强调以背部横贴对方胸腹部，插步、转身、低头、弓腰、蹬伸要快速、协调、连贯。

（3）穿臂过背。

动作要领：对方用左贯拳攻击头部时，立即向左闪身，同时左脚向前上半步，右手挂挡对方左拳后迅速夹握对方左前臂，同时左臂从对方左臂下穿过并上挑至肩上，身体右转，右脚向后插半步屈膝，臀抵住对方小腹。继而两腿蹬伸，弓腰，头向右转，将对方背起后摔倒。

易犯错误及纠正方法：

①抱不住对方的左臂。纠正时，应强调插步转身要快，双手上下配合一致。

②两腿蹬伸不直。纠正时，应增加转身、屈膝和伸腿的辅助练习。

（4）接腿前切。

动作要领：当对方以左踹腿或左鞭腿进攻时，立即用里抄抱腿方法，抄抱起小腿后，左脚即向前上步，换右臂掀抱其小腿，以左前臂下端外侧为力点向前切压对方的胸部或面部，使其摔倒。

易犯错误及纠正方法：摔不倒对方。纠正时，应注意上步与前臂的切压和后手上掀相配合，充分破坏对方的重心，使其向后倒地。

（5）接腿下压。

动作要领：当对方用左边腿进攻时，立即以里抄抱其腿后，右腿立即向后撤步，上体右转，左手回拉。同时躯干前屈，用肩胸下压对方左腿内侧，将对方摔倒。

易犯错误及纠正方法：摔不倒对方。纠正时，应注意撤步转身、肩胸下压及右手上掀协调配合，充分破坏对方的重心，使对方后倒。

（6）接腿挂腿。

动作要领：当对方用右腿进攻肋部时，立即以左腿抢先进步，用左手外抄抱其右小腿，右腿抬起前伸，以小腿由前向后搂挂其支撑腿。同时右手用力向前，向下推压其右肩，将其摔倒。

易犯错误及纠正方法：

①抱腿不紧。纠正时，要求接抱腿时抄抱对方腿的膝关节以上部位，并贴近自己肋部，使其不能逃脱。

②摔不倒对方。纠正时，强调搂挂腿和右手推压抱腿上掀动作用力一致。

通过散打基本拳法、摔法和腿法的解析，掌握了单个进攻技术动作环节，就掌握了散打攻防的基本手段。但要想在实战中克敌制胜，基本技术远远不够，还需要结合步法、防守技术和组合技术练习。

## 第五节 跆拳道

### 一、跆拳道概述

跆拳道，跆的意思是脚的踩、踢、跳、蹴；拳，是指用拳、掌、肘、膝的进攻或防御；道，则是一种方法、途径、技艺、精神，更表现为一种道理、道德、道义和礼仪。

（一）跆拳道的主要特点

1. 手脚并用，以脚为主

跆拳道动作简练、直接、威猛、实用，力求在最有效的距离内，用最快的速度，给对方以致命一击。因此，有人将跆拳道称为“无武装的自卫术”。

2. 以刚制刚，直来直往

在实战中，跆拳道极少采用闪躲防守方法，而多用格挡防守，直接接触对手，以刚制刚，招式简练硬朗，能在防守对方进攻后快速敏捷地反击对手。进攻时多采用快速连贯的组合腿法打击对手，尤其善用腾空腿击与旋转腿击高难度腿法，攻击目标主要是对方的头部，腿法起动尽量走直线，速度极快，命中率高，攻势凌厉，杀伤力强，使人防不胜防。

3. 功力测验，方法独特

功力测验分“威力”与“特技”两种，是跆拳道训练、表演、晋级、比赛的重要内容。因为跆拳道具有令人生畏的杀伤力，如在比赛中直接作用在对手身上，会给运动员造成伤害，故采用砖瓦或木板等物体做目标，让选手用规定的动作击碎击破，以检验选手的功力。

4. 强调武德，尊师重道

跆拳道因为具有惊人的破坏力和可怕的杀伤力，故跆拳道十分强调武德，注重内心训练和精神修养，注重礼貌待人、忍耐克己、谦虚宽容的高尚道德品质的养成。

（二）跆拳道的节奏与发声

节奏是指两次招式和出手之间的间隔时间，出招快则节奏快，出招慢则节奏慢。如果动作软弱无力、拖泥带水，则缺乏节奏感。发声要配合自己出招时的节奏。发声前吸一口气，有利于蓄劲，在攻击时发出“哈”或“呀”的声音，将废气吐出，劲力爆发。动作到位时，声音也刚发完。

（三）跆拳道的晋级与升段

跆拳道的训练和比赛规定服装采用白布缝制，白色象征纯洁和娴熟。高段位的师范、大师、专家可穿黑色道服。跆拳道充满竞争与魅力，有着严格的技术等级考核制度。选手水平的高低，以“级”和“段”来划分，共分十级、三品、九段。

（四）练习跆拳道的作用与意义

1. 强健体魄，防身自卫

跆拳道是一项激烈的搏击运动，其动作符合人体的生理特点。经常从事跆拳道训练，可以有效地提高练习者的耐力、速度、力量、柔韧和灵敏性等身体素质。

2. 竞技比赛，娱乐观赏

通过比赛，可提高自己的实力，体现自我价值。跆拳道属技巧型、智能型项目，既能丰富人民群众的文体生活，又能令观众领略跆拳道力与美综合的艺术魅力，鼓舞人心，激发斗志，振奋精神。

3. 开发潜能，磨炼意志

跆拳道的宗旨是开发人的智力、体力与精神的潜能，增强人的信心、勇气和正义感，陶冶人的情操，磨炼人的意志，振奋人的精神，使人具有创造性和建设性，使人达到自然、平衡、协调的状态。练习跆拳道，不仅仅是修炼手和脚的功夫，不仅仅是为了强身和防身自卫，也不仅仅是为了比赛和表演，更主要的应是经过长期艰苦的磨炼，在时间和汗水中磨炼意志、健全精神、塑造理想的人格。

4. 健全精神，完善人格

练习跆拳道一般在团体中进行，大家一起用声、用力、用神、用意、用每一招每一式来表达一个坚不可摧的躯体和勇敢顽强的拼搏精神。实践证明，跆拳道的学习和训练，可以使人从软弱变得坚强，从胆怯变得勇敢，从狭隘变得宽容，从狂傲变得谦虚，从自卑变为自信，从私欲变为大公，从务虚变为求实，进一步塑造自我，完善人格。

5. 超越平凡，走向成功

跆拳道的训练，能使练习者体形健美，充满朝气与活力。学习跆拳道的实质就是学会三种方法：一是做人处世的方法，二是战胜自我的方法，三是学会走向成功的方法。

## 二、跆拳道的基本动作

跆拳道以其变幻莫测、优美潇洒的腿法著称于世，被人们称为踢的艺术，这是跆拳道区别于其他格斗术的一个重要特点。跆拳道的腿法讲究变化多样和灵活多端，对人体的柔韧性、大脑反应的灵敏性、身体运动的稳定性都有很高的要求，它是对人体机能和体能的综合考验。

跆拳道实战中脚踢进攻时一般使用的部位包括脚前掌、脚趾、脚背、足刀、脚后跟、脚后掌（脚跟底部）。利用这些部位可以进行站立踢、跳动踢、助跑踢、转身踢和飞踢等不同形式的踢法进攻，而且每种踢法踢击的部位各有不同。实战过程中，运用脚踢时要根据具体情况，如对方所处位置、暴露的部位、防守的姿势及双方的距离，选择不同的踢法。脚踢时要利用步法保持身体的平衡，并有效接近对方做出踢击动作。注意两臂的防守，踢击完成马上回到准备姿势，准备下一次的进攻和防守。腿的回位动作要快，以免被对方抓住或抱住。脚踢的练习方法主要是靠平时用各种腿法踢击悬挂的沙袋，经过反复练习提高踢的力量、速度和高度。

下面介绍几种常用的基本动作：

（1）标准实战姿势。左脚在前叫左势，右脚在前叫右势。两脚前后开立与肩同宽，前脚尖45°斜向右前方，后脚跟抬起，膝关节微弯曲，重心在两脚之间。上身自然直立，45°斜向右前方，双手握拳，拳心相对。两臂弯曲置于胸前。头部直立向前，目视正前方。

动作要领：身体自然，肌肉放松。膝关节松而不懈，富有弹性。心无杂念，以无意为有意。

（2）前踢。实战姿势的基本姿势开始。右脚蹬地，髋关节向左旋转，双手握拳置于体侧，同时，右腿以髋关节为轴屈膝上提。当大腿抬至水平或稍高时，关节向前送、向前顶，小腿以膝关节为轴快速向前上方踢出，力达脚尖，整条腿踹直。踢击后迅速放松，右腿沿原路线弹回，将右脚放置在左脚前面仍呈实战姿势。

动作要领：膝关节夹紧，小腿放松，要有弹性；往前送，高踢时往上送；小腿回收与前踢的速度一样快。主要攻击部位有面部、下颌、腹部、裆部。前踢亦可用于防守。将前踢发力部位由脚尖改换为脚跟时，前踢动作就变为前蹬动作，动作方法要点相同，只是脚的形状发生了变化。

（3）侧踢。实战的基本姿势开始。右脚蹬地，右腿以髋关节为轴屈膝提起，两手握拳置于体侧；随即左脚以前脚掌为轴外旋180°，髋关节向左旋转，右腿以膝关节为轴向前蹬伸，右脚快速向右前上方直线踢出，力点在脚跟。发力后沿起腿路线收腿，放松，重心落下（原处或向前均可），再次回到实战姿势。

动作要领：起腿时大、小腿，膝关节夹紧；踢出发力时，头、肩、腰、髋、膝、腿和踝呈一直线；大、小腿直线踢出，原路线收回。侧踢动作的主要攻击部位有膝部、腹部、肋部、胸部和头面部。

（4）后踢。实战姿势开始。转身后腿后撤背对对方。重心后移至左脚，右脚蹬地后屈膝提起，右脚贴近左大腿，两手握拳置于胸前；随即左脚蹬地伸直，右脚自左大腿内侧向后方直线踢出，力达脚跟。踢击后右脚沿原路线快速收回，成实战姿势。

动作要领：起腿后上体和大、小腿折叠收紧；后踢时动作延伸要长，用力延伸；转身、提腿、出脚动作连续一次性完成，不能停顿；击打目标在正后偏右。后踢动作的主要攻击部位有膝部、腹部、裆部、胸部和头面部。

（5）下劈。实战姿势开始。右脚蹬地，重心前移至左脚。同时，右腿以髋关节为轴屈膝上提，两手握拳置于胸前；随即充分送髋，上提膝关节至胸部，右小腿以膝关节为轴向上伸直，将右腿伸直举于体前，右脚过头。然后放松向下以右脚后跟（或脚掌）为力点劈击，一直到地面，还原成实战姿势。

动作要领：腿尽量往高、往头后举，要向上送髋，重心往高起；脚放松往前落，落地要有控制；起腿要快速、果断；踝关节要放松。劈腿的主要攻击部位有头顶、脸部和锁骨。

（6）勾踢。实战姿势开始。右脚蹬地重心前移，右腿以髋关节为轴屈膝上提，两手握拳置于体侧；左脚以前脚掌为轴外旋180°，右腿以膝关节为轴继续向前上方伸呈直线，顺势右脚的脚掌用力向右侧屈膝鞭打，顺鞭打之势上体右转，右腿屈膝回收，右脚落回原处，还原成实战姿势。

动作要领：提膝、伸直、右侧屈膝鞭打动作要连贯快速，没有停顿；击打点在体前偏右侧，以脚掌为击打点；左脚旋转支撑以保持平衡，踹击后迅速将腿收回。攻击的主要部位是头面部和腹胸部。

（7）后旋踢。实战姿势开始。两脚以两脚掌为轴均内旋约 180°，身体随之右转约 90°，两拳置于胸前。上体右转，与双腿拧成一定角度。右脚蹬地将蹬地的力量与上体拧转的力量合在一起，右腿继续向右后旋摆鞭打，同时上体向右转，带动右腿弧形摆至身体右侧，右腿屈膝回收；右脚落到右后，还原成实战姿势。

动作要领：转身旋转、踢腿连贯进行，一气呵成，中间没有停顿；击打点应在正前方，呈水平弧线；屈膝起腿的旋转速度要快；重心在原地旋转 360°。后旋踢攻击的主要部位有面额和胸部。

（8）推踢。实战姿势开始。右脚蹬地，重心前移，右脚以髋关节为轴提膝前蹬，用右脚脚掌向前蹬推，力点在脚掌，推力向正前方。

动作要领：提膝后尽量收紧膝关节；重心往前移，利用身体的重量和力量；推的时候腿往前伸展，送髋；推的路线水平往前。推踢的主要攻击目标是腹部。

（9）横踢。实战姿势开始。右脚蹬地，重心前移至左脚，右脚屈膝上提，两拳置于胸前；左脚前脚掌碾地内旋，髋关节左转，左膝内扣；随即左脚掌继续内旋至 180°，右腿膝关节向前抬至水平状态，小腿快速向左前横向踢出；击打目标后迅速放松收回小腿。右腿落回原地，还原成实战姿势。

动作要领：膝关节夹紧，向前提膝，尽量走直线；支撑脚外旋 180°；髋关节往前顺，身体与大、小腿呈直线；严格注意击打的力点在正脚背；踝关节放松，击打的感觉是“面团”“鞭梢”。横踢攻击的主要部位有头部、胸部、腹部和肋部。

（10）跳踢。它是指先跳起使身体腾空，然后在空中完成各种踢法的攻击技术。跳踢包括旋风踢、双飞踢、腾空后踢、腾空劈腿、腾空后旋踢、跳步横踢等多种方法，是跆拳道中的高难技术动作。

（11）单腿连踢。同一条腿连续进行两次以上的进攻方法。这种技术也属于跆拳道高难技术动作。

（12）双腿连踢。两条腿连续进行两次以上的进攻。这种技术同样属于跆拳道高难技术动作。

## 三、跆拳道的礼节

跆拳道练习虽然是以双方格斗的形式进行，但是不管它怎样激烈，由于双方都是以提高技艺和磨炼意志品质为目的，所以在双方内心深处都必须持有向对方表示敬意和学习的心理。因此，在练习或比赛前后都一定要向对方敬礼，即跆拳道运动始终倡导的“以礼始，以礼终”的尚武精神。跆拳道是练习者精神和身体的综合修炼，使练习者在艰苦的磨炼中培养出理想的人格和体魄，并能够真正掌握防身自卫的本领，因而对练习者的精神锻炼就必须包括礼仪的教育和熏陶。礼仪是跆拳道运动中必不可少而且十分重要的组成部分。

### （一）练习时的礼节

跆拳道练习者应注意如下礼节：

（1）练习者进入场地时，首先向老师敬礼。

（2）练习前双方应相互敬礼，练习后再次相互敬礼。

### （二）比赛开始前的礼节

在比赛开始前，跆拳道运动员应注意如下礼节：

（1）运动员依照主裁判“立正”“敬礼”令，立正向陪审席行标准礼。标准礼为鞠躬的自然姿势，腰部前倾 15°，头部下倾 45°，两手握拳贴于双腿两侧。

（2）运动员依主裁判“向左向右转”的口令，内转相对，立正站好，再依“敬礼”的口令，相互敬礼。

### （三）比赛结束后的礼节

在比赛结束后，跆拳道运动员应注意如下礼节：

（1）比赛结束时，运动员在各自的位置相对站立。

（2）运动员依主裁判“立正”“敬礼”的口令，相互敬礼。

（3）运动员依主裁判“向左转”“向右转”及“敬礼”的口令转向监督官，向监督官行标准礼。

# 第十二章　游　泳

## 第一节　游泳概述

游泳是一种凭借自身肢体动作和水的作用力，在水中活动或前进的技能活动，是深受人民群众喜爱的体育项目之一。

1828 年，英国在利物浦乔治码头修建了第一个室内游泳池。19 世纪 30 年代，这种游泳池在英国各大城市相继出现。1837 年，第一个游泳组织在英国伦敦成立，同时举办了英国最早的游泳比赛。1869 年，大城市游泳俱乐部联合会（现英国业余游泳协会的前身）在伦敦成立，并把游泳作为一个专门的运动项目正式固定下来。

随着游泳运动的发展，游泳被分为实用游泳、竞技游泳和花样游泳三大类。实用游泳又分为侧泳、潜泳、反蛙泳、踩水、救护、武装泅渡，竞技游泳分为蛙泳、爬泳、仰泳、蝶泳。竞技游泳，从 1896 年第一届夏季奥运会起，就被列为奥运会正式项目，发展到现在，各种锦标赛、国际大型比赛不断推动着竞技游泳的发展，使它的技术动作更加完善，运动员们也创造了一个又一个优异的成绩。花样游泳，也称为艺术游泳，是集舞蹈、体操、游泳等项目于一体的竞技体育项目，对运动员的身材、泳装、头饰、音乐、动作、编排都有很高的要求。花样游泳分为单人、双人、集体等比赛项目，通过运动员的肢体在水面上的运动并与音乐配合，展现出各种优美动作和各种造型的艺术性技巧，给人们美的享受，故有“水上芭蕾”的美誉。

2012 年伦敦奥运会，中国游泳队 5 金、2 银、3 铜的成绩大幅超越 2008 年北京奥运会的 1 金、3 银、2 铜，也超越了 1992 年巴塞罗那奥运会的 4 金、5 银，创造了中国游泳队自 1984 年参加奥运会以来的最好成绩。

## 第二节　蛙　泳

蛙泳是竞技游泳的姿势之一。人体俯卧水面，两臂在胸前对称，直臂侧下屈划水，两腿对称屈伸蹬夹水，似青蛙游水。蛙泳比较省力，易持久，实用价值大，常用于渔猎、泅渡、救护、水上搬运等。

### 一、身体姿势

扫一扫，观看录像视频“蛙泳”

蛙泳时，身体位置不是固定不动的，而是不断变化的，在一个动作周期（一次蹬腿、一次划手）结束后，有一个短暂的相对稳定的滑行时间，此时两臂和两腿并拢伸直，身体较水平俯卧在水面，头略微抬起，身体纵轴与水平面的较小夹角为 5° ～ 10°。身体保持一定的紧张度，以维持较好的流线型。当划手和抬头吸气时，头抬出水面，肩部上升，开始收腿，这时身体与水平面的夹角约 15°。

### 二、腿部技术

蛙泳的腿部技术非常重要，可使身体产生向前的推动力，正确的腿部动作可产生较大的推动力。腿部动作可分为四部分，即收腿、翻脚、蹬腿和滑行，这四个动作是紧密相连的完整动作。

（一）收腿

收腿时会给身体带来阻力。开始收腿的同时屈膝屈髋，两膝边慢慢分开边向前收腿，小腿和脚应跟在大腿和臀部的后面，以较慢的速度和较小的力量使脚后跟向臀部靠拢，以减小阻力。收腿结束后，大腿与躯干之间呈 130° ～ 140° 角，大腿与小腿之间呈 40° ～ 45° 角（图 12–1）。

（二）翻脚

在收腿没有结束时开始翻脚，翻脚时应脚尖朝外，并使脚和小腿内侧对准蹬水方向。翻脚结束时，两脚之间的距离要大于两膝之间的距离（图 12–2）。

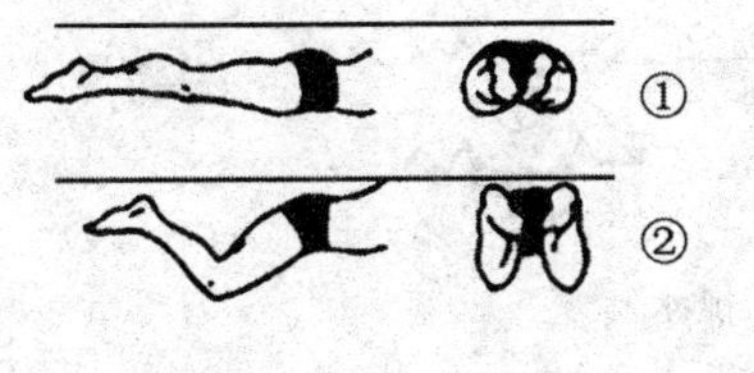


图 12–1　收腿

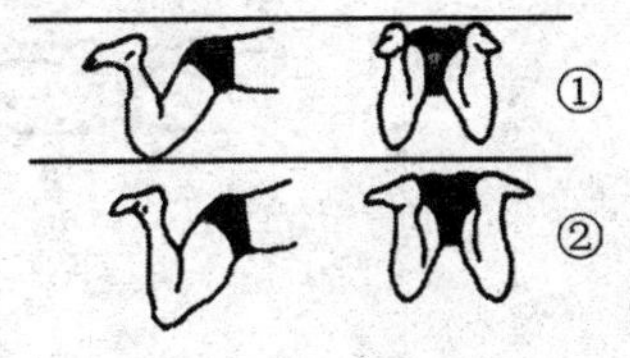


图 12–2　翻脚

（三）蹬腿

蹬腿应该说是蹬夹水，先伸展髋关节，从大腿发力向后蹬水，小腿和脚掌做向下和向后的鞭水动作。腿在后蹬的同时向中间夹紧，蹬腿结束时两腿应并拢伸直，脚面伸直（图 12–3）。用较大的力量快速完成蹬夹水动作，才能产生较大的推进力。

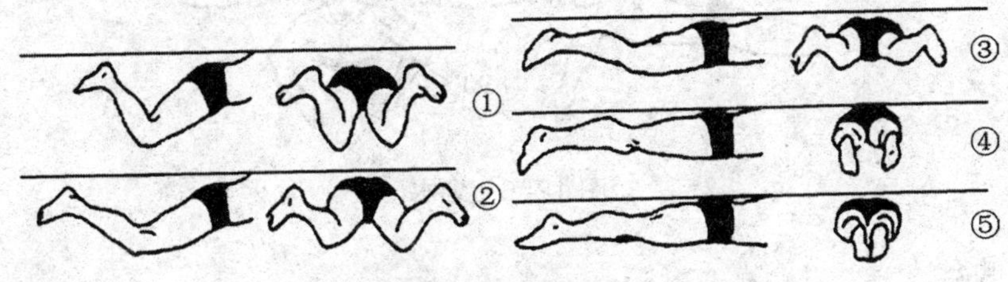


图 12–3　蹬腿

（四）滑行

在完成蹬夹水动作后，由于惯性作用身体有一个短暂的滑行阶段，这时两腿伸直并拢并自然放松，为下一个周期做好准备。

### 三、手臂技术

蛙泳的手臂技术非常重要，特别是现代蛙泳技术，更加强调手臂技术的作用。蛙泳手臂动作可分为开始姿势、抓水、划水、收手、移臂等几个部分。

（一）开始姿势

两臂自然放松伸直，手指自然并拢，掌心向下，两手尽量接近水面，这种姿势可使身体在较高的位置上保持稳定，整个身体呈流线型（图 12–4）。

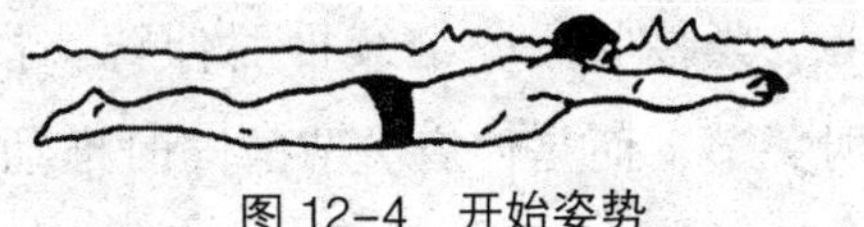

图 12–4　开始姿势

（二）抓水

抓水也叫滑下，滑行时五指自然并拢并向外、向下方勾手，应感觉到水对前臂和手掌的压力（图 12–5）。

图 12–5　抓水

（三）划水

划水开始时，两手继续外分，手臂向外旋转，同时屈肘、屈腕，保持高肘划水。整个过程肘高于手，肘前于肩。划水的前一部分，手臂同时向外、向下和向后运动，后一部分手臂同时向内、向下和向后运动（图 12–6）。

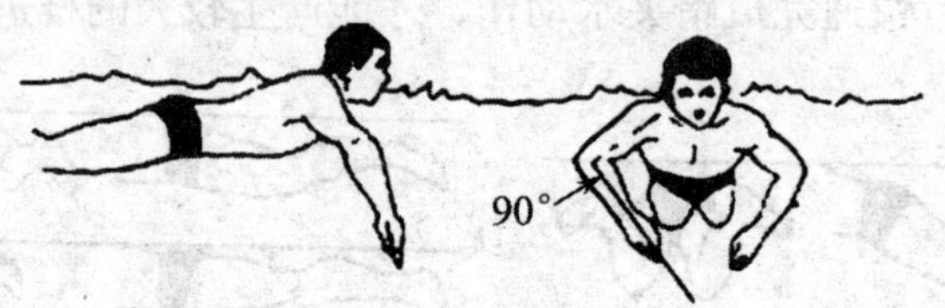


图 12–6　划水

（四）收手

收手是从结束划水开始的。结束划水后，手掌在向内上移动的同时，大臂外旋，向前推肘，即手向前内上，肘从向下到向内前，手肘相对移动，手提到下颌的下前方，掌心相对，斜向内下。收手结束时，肘的位置低于手，肘关节弯曲成较小的锐角（图 12–7）。

图 12–7　收手

（五）移臂

紧接收手，继续推肘伸臂。推肘，不是先伸肘关节，而是伸肩关节的同时推动伸肘来完成的。通过向前伸肩和伸肘，两臂前移至开始姿势。移臂时，掌心可以向下，也可向内，在即将结束时，再转为向下（图 12–8）。

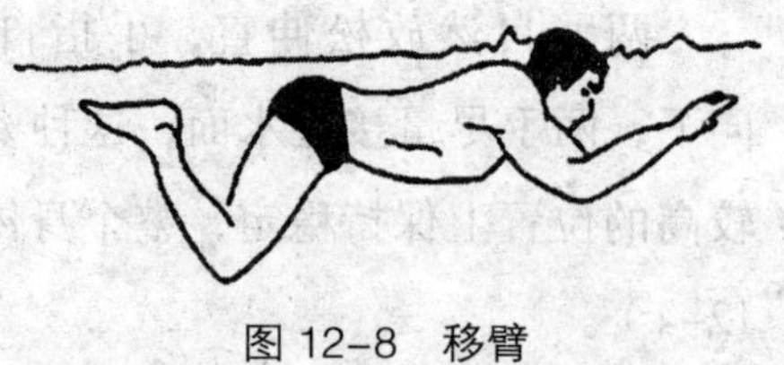

图 12–8　移臂

## 四、呼吸和动作配合

蛙泳时，靠颈后肌的收缩，向前抬头吸气，但不应抬头过猛，以保持身体的稳定。

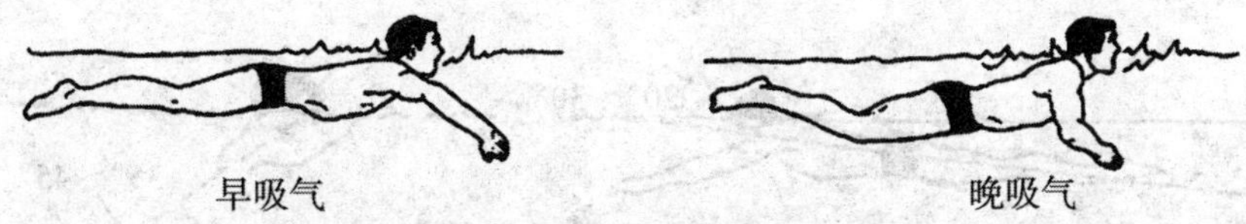


图 12-9 早吸气和晚吸气

相对于划水来说，有早吸气和晚吸气两种配合形式。早吸气是指手臂刚开始划水时抬头吸气，吸气时间较长，收手和移臂时低头吸气，这种配合易于掌握，可以利用划水时的下压，产生升力，有助于上身浮起，抬头吸气；晚吸气是指划水结束收手时吸气，吸气时间较短，移臂时低头呼气，这种技术有一定的难度，但由于抬头时间短，身体重心和浮心失去平衡的时间短，因此阻力小，一般被高水平运动员采用（图 12-9）。

蛙泳臂腿配合技术较为复杂。为了保持游进速度的均匀性，臂腿的配合应尽量使游进过程中每个动作周期内的每个阶段都有推进力产生。正确的配合技术是手臂划水时，腿自然放松伸直，收手时腿自然屈膝，开始移臂时收腿，并快速蹬腿。

## 第三节 自由泳

自由泳是竞技游泳比赛项目之一，对技术没有规则限制。比赛时，运动员多采用最快的爬泳技术，因此人们也称自由泳为爬泳。自由泳采用两臂交替划水和两腿交替打水配合，形成现代自由泳模式。这种姿势是速度最快，也是目前自由泳唯一的姿势，其结构合理、阻力小、速度均匀，是最省力的一种游泳姿势。

### 一、身体姿势

自由泳时身体几乎水平地俯卧于水面呈流线型。头部姿势对身体姿势和动作都有一定的影响，因此在游进中应保持头部平稳。身体要保持水平姿势，水面接近发际，髋部略低于肩，身体纵轴与水平面成很小的锐角。游进中身体往往随划水和呼吸动作绕纵轴做有节奏的转动，转动角度在 40° 左右（图 12-10）。

扫一扫，观看录像视频“自由泳”

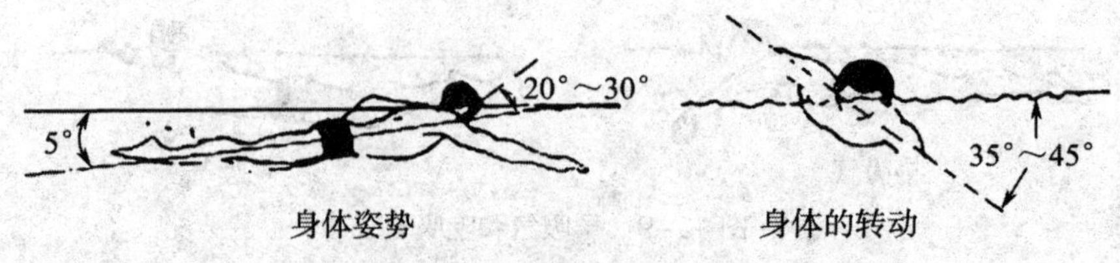


图 12-10　自由泳身体姿势

## 二、腿部动作

自由泳时，起主要推进作用的是臂部动作，腿部动作也有一定的推进作用，但主要是起保持身体的稳定和协调两臂的平衡作用。自由泳打腿基本上是在矢状面上完成的，由向下打腿和向上打腿两部分构成。向下打腿主要产生推进力的作用，打腿时两脚应稍内扣，踝关节放松，由髋关节发力，传到大腿，带动小腿和脚，做有力而有弹性的鞭状打水。向上打腿时，大腿带动小腿向上移动，当整条腿移到水面并与水面平行时，大腿首先停止继续上移，转入向下打腿，但此时小腿和脚由于惯性的作用仍在继续上移，膝关节弯曲成 140° ～ 160° 角，然后小腿和脚在大腿的带动下开始向下打水。当大腿向下打水到最低处并开始向上打水时，小腿仍未完成向下打水，直到小腿伸直，随打腿随转入向上打水。自由泳打水动作应该向下屈腿打水，向上直腿打水，打水幅度为 30 ～ 40 厘米。向下打水时踝关节尽量伸直，不要勾脚，使脚背向后下方用力，使身体获得向前的反作用力。如果勾脚打水，不但不能推动身体前进，反而给了身体向后的反作用力，使身体倒退。

## 三、手臂动作

手臂动作是自由泳时推动身体前进的主要动力。为了便于分析动作，把一个周期分为入水、抱水、划水、出水和空中移臂五个不可分割的阶段。从侧面看，自由泳的划水动作像船桨一样，只是在一个平面向后划动，其实不然。手臂在向后划的同时，还经历了向外、向下、向内、向外、向上的三维动作，手的划水路线类似“S”形（图 12-11）。

图 12-11　自由泳手臂动作

### （一）入水

完成空中移臂后，手在控制下自然放松地入水。手的入水点一般在身体纵轴和肩关节前方的延长线间。入水并不产生推进力，它的目的是使手臂伸展到适当的位置，为划水做好准备。入水阶段手的运动方向是向前、向下和向外，没有向后的分量。手臂入水时，肘关节微屈并高于手，手五指自然并拢伸直，由大拇指领先，斜插入水，然后前臂和上

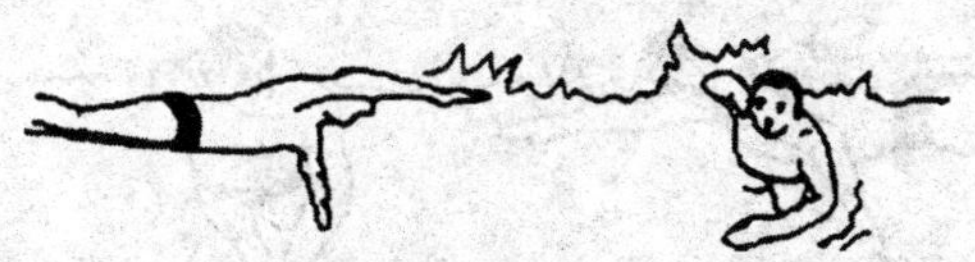

图 12–12 入水

臂依次入水（图 12–12）。

（二）抱水

臂入水后，再积极向前下方插入，使手臂伸直，然后逐渐屈肘，使肘高于手。高肘的目的是使前臂和手最大限度地向后推水。当手臂抱至与水平面约 40° 角、肘关节屈至约 150° 角时，抱水结束（图 12–13）。整个动作手臂像抱一个大圆球，肩带肌肉群充分伸展，为加速划水做好准备。

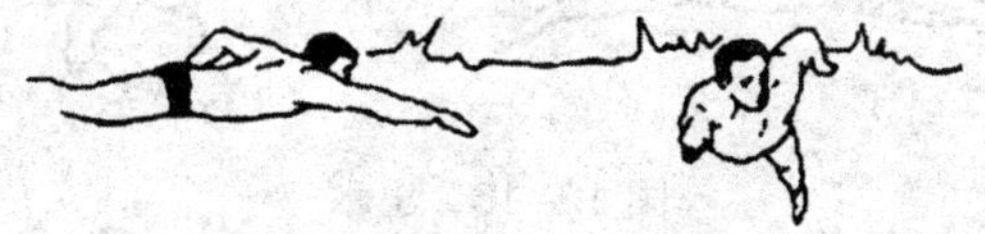

图 12–13 抱水

（三）划水

划水是发挥最大推进作用的主要阶段，它可分为拉水和推水两个部分。

拉水时，手同时向内、向上和向后运动，保持高肘姿势。拉水结束时，手在身体下方靠近身体中线，手臂与水平面基本垂直，屈肘角度约 90°（图 12–14），继而进入推水阶段。

图 12–14 拉水

推水时，手同时向外、向上和向后运动，在拉水的基础上加速连贯动作的完成，中间不能有停顿，特别是经过肩的垂直面时，大臂要保持内旋姿势，带动小臂，用力向后推水。同时，使肩部后移，以加长有效的划水路线。向后推水，有一个从屈臂到伸臂的加速过程，有一个手掌从内向外、从下向上的动作路线。当手臂在后方与水平面呈约 20° 角时，推水结束，转入出水阶段（图 12–15）。

图 12-15　推水

（四）出水

划水结束后，臂由于惯性的作用很快地靠近水面，这时，应立即在肩的带动下将手臂提出水面。出水的顺序是肩、上臂、前臂和手。出水动作应快速连贯，但前臂和手应尽量放松（图 12-16）。

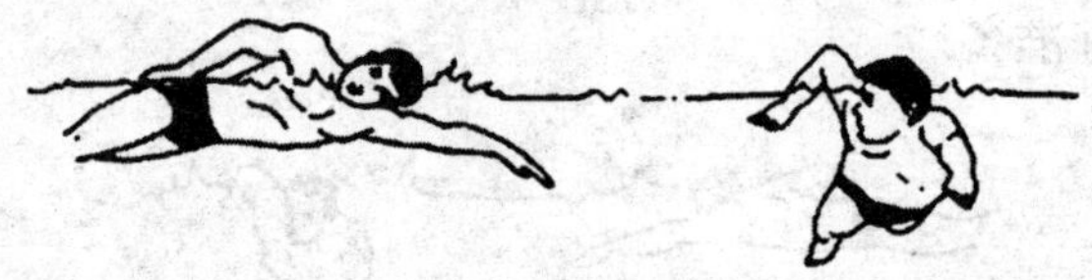

图 12-16　出水

（五）空中移臂

紧接臂的出水，不停顿地进入空中前移。移臂要尽量放松，肘高于手，向外上方做提拉动作，将前臂和手提出水面。动作应借助于肩关节的自然转动，手的速度要快于前臂和上臂的速度，因为移臂开始时手落后于肘关节，而移臂结束时手应在最前方领先入水（图 12-17）。

图 12-17　空中移臂

（六）两臂的配合

自由泳两臂的配合是前进速度均匀性的重要条件。两臂的交叉划水配合有三种基本形式，即前交叉、中交叉和后交叉配合。

## 四、呼吸和动作配合

（一）呼吸与手臂的配合

自由泳呼吸技术是一个难点，是因为它采用人们所不习惯的侧边转头吸气。吸气的时机要掌握好，如果向右转头，右手入水后，嘴和鼻开始徐徐呼气，右臂开始划水至肩

图 12–18 右手入水，头部复原

上，开始向右侧转头和增大呼气量。右臂推水即将结束，则用力呼气。右臂出水时，张嘴吸气，至空中移臂的前半部为止，并开始转头还原。右手入水时，头部应已复原并保持稳定（图 12–18）。

（二）完整配合

自由泳配合技术有多种，其中6∶2∶1配合比较常见，即6次打腿、2次划水、1次呼吸。此外，还有4∶2∶1、2∶2∶1等配合。一般在短距离自由泳时采用6∶2∶1配合的较多。中长距离则多采用4∶2∶1和2∶2∶1的配合。6∶2∶1配合一般被初学者所采用，所以教学中多采用6∶2∶1的配合。

## 第四节 仰 泳

仰泳是竞技游泳项目之一，又称背泳，是一种人体仰卧在水中的游泳姿势。仰泳包括反蛙泳和反自由泳，因为脸在水面上，呼吸很方便，但是游泳者看不到在往哪里游，容易游错方向。

### 一、身体姿势

仰泳时身体平直地仰卧于水中，自然伸展，头和肩部略高于腰部和腿部。头要稳定，后脑浸入水中，脸露出水面。腰腹部应保持适度的紧张，以保持身体的流线型（图 12–19）。

图 12–19 仰泳身体姿势

### 二、腿部动作

仰泳的腿部动作与自由泳的动作一样，有一定的推进作用，主要是保持身体平衡。腿的动作是大腿带动小腿下压和上踢，形成鞭状踢水动作。下压动作是大腿带动小腿直腿完成的，到一定深度时转入上踢过程。这时小腿和脚在惯性的作用下仍继续下压，使膝关节呈 130° 角，大腿带动小腿和脚依次完成下压动作（图 12–20）。

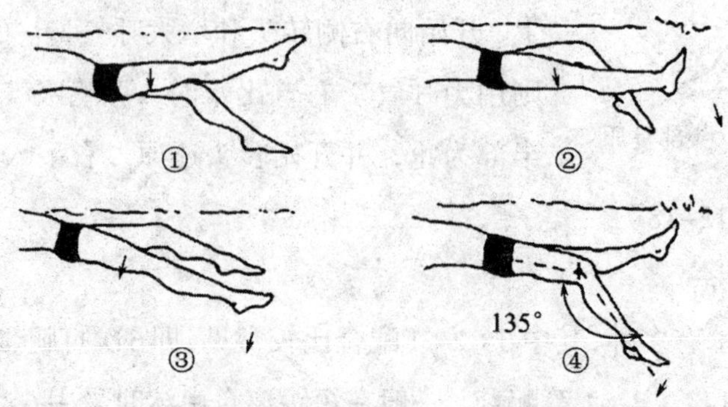

图 12-20 仰泳腿部下压动作

上踢动作产生推进力，当大腿上踢到一定高度，膝关节即将露出水面时，大腿结束向上移动，转为下压。小腿和脚仍上踢，形成鞭状踢水动作（图 12-21）。

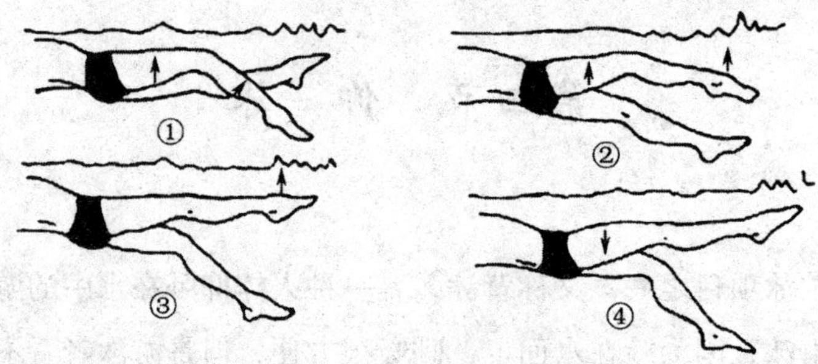

图 12-21 仰泳腿部上踢动作

## 三、手臂动作

手臂动作是推进身体的主要动力。为了便于分析动作，把一个周期分为入水、抱水、划水、出水和空中移臂、两臂配合六个环节。

（一）入水

入水时手臂自然伸直，掌心朝外下方，小指领先入水。入水时手掌与前臂形成一个 150° ～ 160° 角。

（二）抱水

手臂入水后应积极下滑抓水后转入抱水。身体围绕纵轴的转动和积极伸臂，手臂向外旋转，屈腕，使手臂对准水，以便划水时充分发挥力量（图 12-22）。

图 12-22 抱水

（三）划水

仰泳的划水动作是身体前进的主要动力。整个动作从屈臂抓水开始，划到大腿下方为止。划水动作可分为拉水和推水两个部分。

紧接抱水，肘关节屈成 150°，使手掌和小臂达到良好的对水姿势。随着身体绕纵轴继续转动，肘关节下降，手在向后划水的同时向上移动，使屈肘的程度逐渐加大，当手臂划到肩下与水平面垂直时，身体转动角度约 45°，肘关节弯曲 90° ~ 100°，手掌距水面 15 厘米左右，拉水结束（图 12–23）。

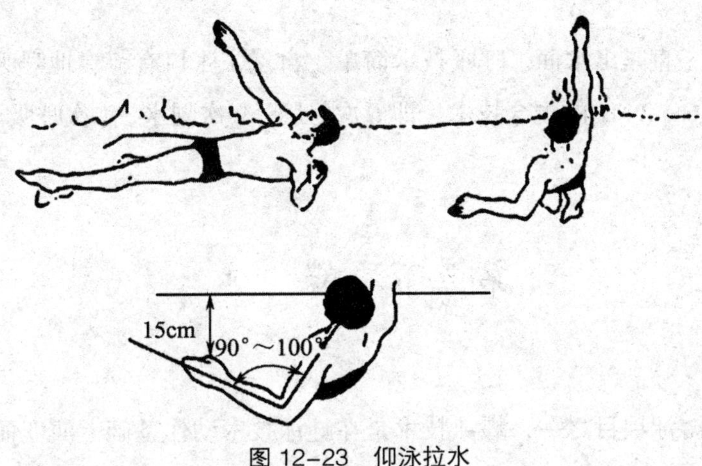

图 12–23　仰泳拉水

推水开始后，使手领先于臂和肘关节用力向后推水，大臂带动小臂和手加速内旋推水，并以手的下压结束推水动作。推水结束时，手掌朝下，手臂伸直，手掌距水面 40 ~ 50 厘米（图 12–24）。

图 12–24　仰泳推水

（四）出水

利用手臂内旋下压的反作用力和三角肌的适当收缩，手臂迅速提拉出水面。出水时，先压水后提肩，使肩露出水面后，由肩带动上臂、小臂和手依次出水。手出水最好以大拇指领先，这样阻力小，而且手臂较自然放松。

（五）空中移臂

臂出水后，手臂应迅速由后向前移动，臂要自然，放松伸直，上臂贴耳。手臂移过垂直部位后应向外旋转，使掌心向外，为入水做好准备。

（六）两臂配合

两臂动作始终是在对角交叉的位置上交替划水。一臂入水时，另一臂推水结束，两臂基本处于相反的位置，保证动作的连贯性和前进速度的均匀性。

### 四、呼吸和动作配合

仰泳时，脸一直露出水面，呼吸技术简单、自然，张口有节奏地呼吸。现代仰泳技术中较常见的是 6 ∶ 2 ∶ 1 的配合技术，即 6 次打腿、2 次划水、1 次呼吸。

## 第五节　蝶　泳

蝶泳是竞技游泳项目之一，蝶泳技术是在蛙泳技术动作基础上演变而来的。当蛙泳技术发展到第二阶段，也就是 1937 ～ 1952 年这一时期时，在游泳比赛中，有些运动员采用两臂划水到大腿后提出水面，再从空中迁移的技术，从外形看，好像蝴蝶展翅飞舞，所以人们称它为蝶泳。蝶泳在四种竞技游泳姿势中是最后发展起来的泳姿，由于它的腿部动作酷似海豚，所以又被称为海豚泳。

### 一、身体姿势

游蝶泳时，运动员俯卧于水中，躯干与腿联合有节奏地做上下鞭打动作，身体做波浪动作形成上下起伏，没有固定的身体位置。蝶泳的身体姿势应力求稳定，身体有节奏地起伏，给臂和腿部动作提供有利条件，身体不应起伏摆动过大，注意保持身体的相对平稳和流线型。

### 二、躯干和腿部动作

蝶泳时，虽然主要推进力来自臂部动作，但腿部打水动作也起着明显的推进作用。打水时，两腿应自然并拢，两脚稍内扣，两腿的动作应同时进行。向下打腿时，用大腿带动小腿，屈膝，踝关节伸直，用脚背对准水向下快速打水（图 12–25）。

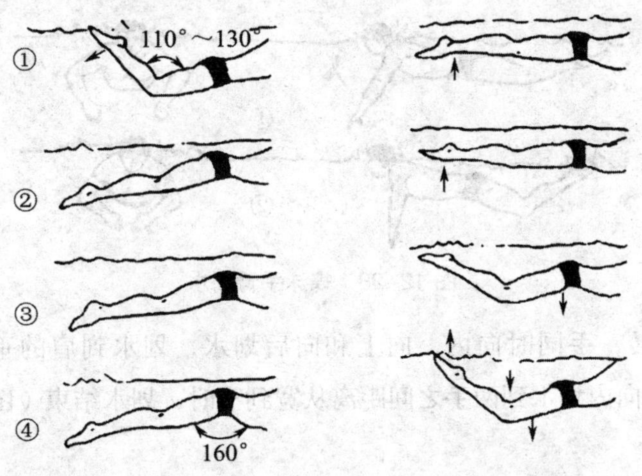

图 12-25 蝶泳躯干和腿部动作

## 三、手臂动作

蝶泳臂部动作是推进身体的主要动力。蝶泳划水可分为入水、抱水、划水、推水、出水和空中移臂动作。

（一）入水

紧接空中移臂，保持臂内旋，高抬肘，掌心斜向外下方。入水应以大拇指领先，斜插入水，然后前臂和上臂依次入水（图 12-26）。

图 12-26 蝶泳手臂入水

（二）抱水

紧接入水后，手和前臂向外旋转，手臂同时向外、向后和向下运动，手臂有支撑住水的感觉，像是用手抱个大圆球一样，开始屈肘、屈腕，为划水做好准备（图 12-27）。

图 12-27 蝶泳手臂抱水

（三）划水

紧接抱水，两臂屈臂向后加速划水。划水时，继续屈肘，并保持高肘姿势。

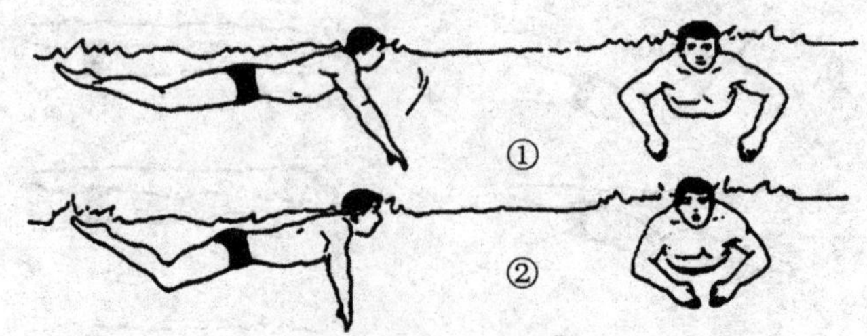


图 12-28　蝶泳手臂划水

手臂继续向外旋转，手同时向内、向上和向后划水，划水到肩的垂直平面时，屈肘 90° ～ 100°。继续向内划水到两手之间距离从宽到窄时，划水结束（图 12-28）。

（四）推水

当两手距离最近时进入推水阶段。推水时，手臂同时向外、向后和向上运动，一直推到大腿两侧，推水结束（图 12-29）。

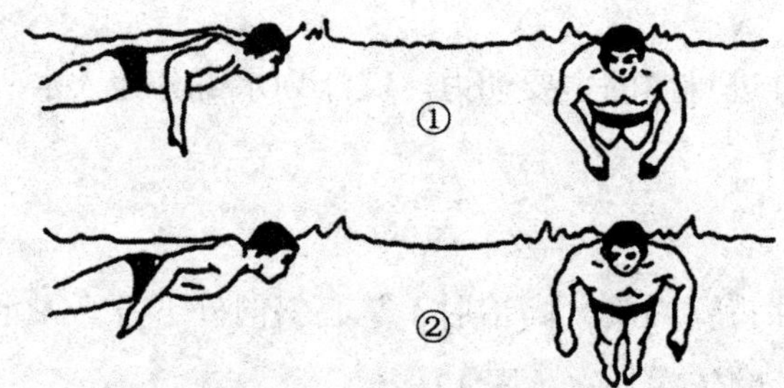


图 12-29　蝶泳手臂推水

（五）出水

向后推水结束前，肘开始向上抬起，推水结束时，靠三角肌和斜方肌的适当收缩，顺推水的惯性，肘和肩带动手臂提拉出水（图 12-30）。

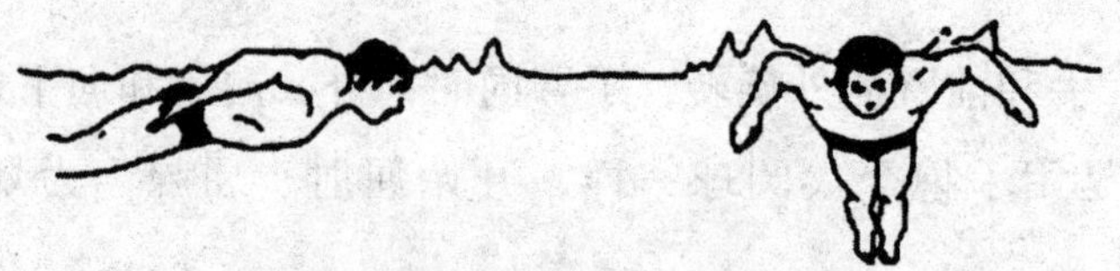

图 12-30　蝶泳手臂出水

（六）空中移臂

出水后，在肩的带动下，手臂迅速从空中前移到头前，准备入水和下一个周期的动作。出水时，手掌几乎是向上的，移臂至肩的垂直面时向后，入水时则斜向外下方（图 12-31）。

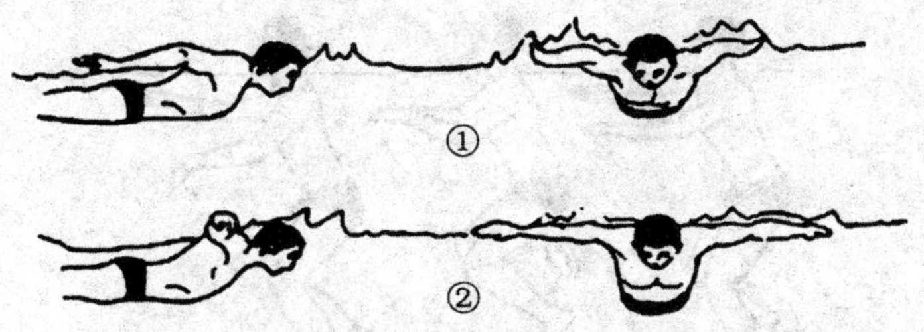

图 12-31　蝶泳空中移臂

## 四、呼吸和完整动作配合

蝶泳的吸气有早吸气和晚吸气。初学者可采用早吸气技术，即在划水开始时就抬头吸气，臂出水和移臂时低头入水。蝶泳运动员多采用 2∶1∶1 配合技术，即 2 次打腿、1 次划水、1 次呼吸。臂腿配合时机：臂入水时打 1 次腿，臂划水至腹下时打 2 次腿（图 12-32）。

图 12-32　蝶泳呼吸和完整动作配合

# 第六节　踩　水

踩水也称立泳，是实用游泳姿势之一。采用立泳时，身体与水面构成的角度很大，接近于直立（图 12-33）。

身体姿势：整个身体几乎垂直于水面，稍前倾，头部始终露在水面，下颌接近水面。

图 12-33 踩水姿势

腿部动作：踩水的腿部动作几乎和蛙泳一样，只是需要注意的是它的收蹬腿的幅度要小。收腿时膝关节可外翻，蹬腿时膝关节向内扣压，同时小腿和脚内侧蹬夹，两腿尚未蹬直并拢即开始做第二次的收腿动作，动作熟练之后，也可进行两腿交替蹬夹水。

臂部动作：两臂稍弯曲，在体侧前做向外、向内的摸压水的动作，动作幅度不能太大。向外时，手掌心向外侧下，有分开水的感觉；向内时，手掌心向内侧下，有挤水的感觉。向内摸压至肩宽距离即分开。两手掌摸压水的路线呈双“︵”弧形。

臂、腿、呼吸配合：臂腿的动作配合要连贯、协调，一般是两腿做蹬夹水时，两臂向外做摸压水的动作，收腿时则向内摸压，呼吸要跟随臂腿自然进行。蹬夹水（臂向外）时吸气，收腿（臂向内）时呼气。可以一个动作做一次呼吸，也可以几个动作做一次呼吸。用踩水游进时，可以采用身体的不同侧向以及蹬夹和摸压的方向来改变游进的方向。向前，则身体稍前倾，脚稍向侧后蹬夹水，两臂稍向后拨水，反之亦然。踩水动作熟练后，仅用双腿的蹬踩动作也可使身体浮起，那么单手或双手就可以在水面上自由持物，人直立深水中，两腿交替上抬下踩，使身体不下沉，并且能前进。

## 第七节　游泳时常见的问题与自救

游泳是一项深受人们喜爱的运动，它不但能使人的身体得到全面的发展，而且可以培养人们勇敢顽强的精神和坚韧不拔的意志。游泳时我们要了解一些常见的问题和自救常识，以更好地进行游泳运动。

## 一、游泳时常出现的不适及其处理

### (一) 呛水及其处理

由于呼吸技术不够熟练，没有养成用嘴吸气的习惯，水容易从鼻腔进入呼吸道而呛水，这就会产生呼吸困难，连续呛水会产生溺水事故。呛水时不能惊慌，要马上做踩水动作，或抬头蛙泳，或仰浮水面，这样险情就会消除。防止呛水的关键是预防，初学者不要去深水区游泳，不能在水中打闹，以防止意外事故的发生。

### (二) 耳朵进水及其处理

游泳时耳朵经常进水，让人们听力减弱、感觉不适。这时将头偏向进水耳朵的一侧，用手掌压在进水的耳朵上，反复几次提、压手掌就可将水吸出来，或站在岸上，将头偏向有水一侧，用同侧单腿连跳几次，水就可从耳内流出来。

### (三) 肌肉拉伤及其处理

运动量过大、准备活动不充分、进行大强度的长时间游泳、肌肉和韧带承受不了超负荷的运动以及错误的游泳动作，都可能造成肌肉拉伤。要防止肌肉拉伤，游泳前要充分做好准备活动，尤其是肩、肘、膝关节和腿部。准备活动要做到身体发热为止。游泳动作要正确，用力不要过猛。

## 二、游泳注意事项

为确保游泳安全，应该掌握下列知识和技能：

（1）游泳的用具，如游泳衣裤、水镜等需经常清洗消毒。每次游泳后宜用清水洗眼，再滴几滴眼药水。对于耳中积水，可将头侧偏，用单腿原地跳动让水流出。

（2）训练时，不经教师同意不能擅自下水游泳。

（3）下水之前先做准备活动，以免不适。在救生员在场时方可下水。

（4）身体患病者不要去游泳。

（5）忌饭前、饭后游泳。空腹游泳会影响食欲和消化功能，也会在游泳中发生头昏乏力等意外情况；饱腹游泳也会影响消化功能，还会产生胃痉挛甚至呕吐、腹痛现象。

（6）初学游泳者不要到深水区游泳。

（7）不要在游泳池区域内奔跑。

（8）服从教师管理，严禁跳水，不能做危险的动作和游戏。

（9）参加高强度体力劳动或剧烈运动后，不能立即跳进水中游泳，尤其是在满身大汗、浑身发热的情况下，不可以立即下水，否则易引起抽筋、感冒等。

（10）不要在游泳池浅的一边跳水。

（11）游泳后宜休息片刻再进食，否则会突然增加胃肠的负担，久之容易引起胃肠道疾病。

## 三、游泳时的自救

游泳者由于技术不熟练、游泳水平不高，到深水区游泳时，心理上过度紧张，偶尔呛水，会造成惊惶失措、乱抓乱蹬、身体下沉、动作变形。在得不到外人救护时，要保持心理放松，踩水吸气或仰卧水面，调整好呼吸后缓慢游进。

在身体不舒服的情况下，有的游泳爱好者还坚持游泳，由于较低的水温对身体的凉刺激较大，加上游泳时的能量消耗大，使身体更加虚弱，这就可能发生事故，故身体不舒服时不要下水游泳。

由于准备活动不充分，加上凉水的刺激和精神紧张，常引起小腿、大腿、手指、脚趾和腹部抽筋，如果不及时正确处理也会危及生命。当发生抽筋时，要镇静，可牵拉抽筋肌肉，让收缩的肌肉松弛和伸展。抽筋时的注意事项：

（1）手指抽筋时，将手指捏紧、张开，连续做，直至抽筋消除。

（2）手掌抽筋时，两掌心相对，连续做交替屈伸动作，直至抽筋消除。

（3）大臂抽筋时，握拳后以肘关节为轴做屈伸动作，直至抽筋消除。

（4）小腿和脚趾抽筋时，身体仰卧在水面，用抽筋腿的同侧手压住膝部，抽筋腿勾脚伸直，异侧手抓住脚趾用力做牵拉动作，直至抽筋消除。

（5）大腿抽筋时，身体仰卧在水面，两腿弯曲，双手抱住膝部，用力使大腿尽量靠近腹部，再将腿伸展。连续多次，直至抽筋消除。

（6）在水中解除各种抽筋后，要及时上岸保暖并做肌肉按摩和放松。

有的人在游泳时爱潜水。由于潜水次数过于频繁，潜水时间过长，常常因为大脑缺氧而休克。因此，潜水不要过于频繁和时间过长，要互相照顾和提醒。

# 第十三章　休闲健身运动

## 第一节　毽球运动

### 一、毽球运动概述

毽球是我国一项流传很广、有着悠久历史的民族体育活动。经常进行这项活动，可以活动筋骨，促进健康。新中国成立后，这项民族体育运动得到了普及推广。1984 年，原国家体育运动委员会将毽球列为正式比赛项目，并组织了全国毽球邀请赛。1987 年 9 月，中国毽球协会成立，标志着毽球运动在中国进入了新的发展阶段。1993 年，首届国际毽球邀请赛在我国重庆举办。1999 年，世界毽球联合会成立。2000 年 7 月，第一届世界毽球锦标赛在匈牙利乌义东海斯市举办。由于占地面积小、器械简单、男女老少皆宜，毽球已成为重要的全民健身活动。毽球运动在走向世界的过程中，将以崭新的姿态活跃在世界体育大家庭中，受到更多人的喜爱。

### 二、毽球运动的特点与技术

（一）毽球运动的特点

毽球运动对身心健康极为有益。其主要用下肢做接、落、跳、绕、踢等动作，使下肢的关节、肌肉、韧带都得到很大的锻炼，同时也使腰部得到锻炼。而跳踢时，则不但要跳，腰部动作也很重要，上肢随着摆动，有时颈部也要运动。经常参加这项运动，不仅可使下肢肌肉、韧带富有弹性，关节灵活，而且可使心、肺系统得到全面锻炼，起到增进身体健康的作用。

（二）毽球运动的技术

1. 准备姿势

准备姿势是运动员在场上未接球时身体的一种等待状态。保持良好的姿势，是使身体能随时在瞬间由静变动、由被动状态变为主动状态的关键。准备姿势一般分两种：

（1）左右开位站势。这种站势使运动员能从静止状态快速转向左右的移动状态，尤其适用于比赛的防守过程。

（2）前后开位站势。这种站势使运动员能从静止状态快速转向前后的移动状态，较多应用在比赛过程中的接发球和防守当中。注意后脚跟离地，身体重心要向前移，随时保持静中带动的状态。

2. 步法移动

步法是移动的灵魂，没有纯熟的步法移动技巧，在比赛中就不能变被动为主动。步法移动一般有八种，分别为前上步、后撤步、滑步、交叉步、并步、跨步、转体上步、跑动步。只有熟悉各种步法的移动运用，在比赛中才能更具主动性和灵活性。

3. 基本踢法

（1）脚内侧踢球。膝关节向外张，大腿向外转动，稍有上摆、不要过大，髋和膝关节放松，小腿向上摆，踢毽时踝关节发力，脚放平，用内足弓部位踢球。脚内侧踢球主要用在传接球方面。要想成为一名出色的球员，无论是一传手、二传手还是攻球手，都必须熟练、稳定地掌握好脚内侧踢球。

（2）脚外侧踢球。要稍侧身，向体侧甩踢小腿，勾脚尖，用脚外侧踢球。注意要想获得较低的托球点，必须使支撑脚做适当的弯曲。还要注意身体重心放在支撑脚上。

（3）脚背踢球。用脚背踢球，一般用正脚背，要注意绷脚尖和抖动脚腕发力击球。此踢法的技术是相对其他基本技术中难度较大的一种，主要动作不但要快，还要有一定的准度，一旦抖动脚腕发力击球的节奏过快或过慢都会影响踢球的质量。

（4）触球。在身体膝关节以上部位的踢球都称为触球，可以分为大腿触踢球、腹部触踢球、胸部触踢球和头部触踢球。大腿触踢球时，要注意抬大腿迎球，放松小腿，用大腿正面前段击球。腹部触踢球、胸部触踢球、头部触踢球，都要注意触球时将腹部、胸部或头部稍微向前去主动迎接球，并控制球落在自己的前方，然后用脚将球踢出。

4. 起球技术

毽球的起球技术有脚内侧起球、脚外侧起球、脚背起球和腿部起球。

5. 发球技术

发球动作一般有 3 种：脚内侧发球、脚正背发球、脚外侧发球。脚内侧发球的时候

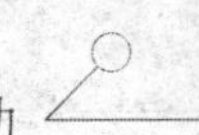


要抬大腿带小腿，用内足弓部位向前上方送髋推踢，特点是既稳又准、破坏性强。脚正背发球时要注意绷脚尖，用正脚背向前上方发力挑踢，特点是平、快、准。脚外侧发球时要注意稍侧身站位，绷脚尖，用脚外侧发力扫踢，特点是既快又狠、攻击力强。发球是比赛的开始，又是一项进攻技术，发球的时候可以采用盯人、找空、压后、吊前等手段发出各种战术球，以达到破坏对方组织进攻或直接得分的目的。

6. 攻球技术

攻球技术是将高于网沿的球直接攻入对方场区的一种击球动作。头攻球时，一般是从限制区外助跑起跳，靠腰部、颈部发力在空中用额头的正面、侧面或头发击球。这种攻球的特点是力量大、速度快、变向多，如果能熟练运用也能给对方防守带来一定难度。

7. 踏球技术

脚踏球是向上抬腿后，向下发力，用前脚掌部位推压击球。脚踏球的特点是视野开阔、目的性强、球速快、变化多，既可以压踏前场，又可以推踏后场，还可以抹吊近网。由于脚踏球与倒钩球相比，在力量方面较弱，因此必须充分发挥其快、刁的特点，攻其不备才能给对方的防守带来较大的威胁，令防守者防不胜防。

8. 倒钩技术

（1）倒钩攻球。其要点是以大腿带动小腿向上摆动、加速发力，特点是击球点高、球速快、力量大、易控制、变化多。在通常情况下，根据对方不同的阵型可攻出直线、斜线、外摆、内扫、轻吊和凌空等不同特性的球，以给对方造成很大的威胁。

（2）斜线攻球。可以用站位方向的变化和脚尖内扣来达到变线攻球的目的。

（3）外摆攻球。要注意击球瞬间外翻脚腕，用转体和向外摆动腿来控制球的力量和落点。

（4）内扫攻球。用脚尖部位或脚内侧，向异侧腿前上方边转体边扫踢击球。

（5）轻吊攻球。起跳动作和发力倒钩攻球时一样，只是在击球瞬间改用前脚掌部位，将球轻轻推托过网。

（6）凌空攻球。它是现有攻球技术中难度最大的一种，要求运动员有较好的制空能力、弹跳力与协调性，要注意落地时运动员的自我保护。

## 第二节　定向越野

定向越野要求借助标有若干检查点和方向线的地图和指北针，须在陌生野外选择行进路线，并依此寻找各个检查点，用最短时间完成全程，是一项既有利于身心健康、又具有实用价值的综合体育项目。

### 一、定向越野的起源

定向越野起源于瑞典，最初只是一项军事体育活动。“定向”这两个字在 1886 年首次使用，意思是在地图和指北针的帮助下，越过不被人所知的地带。真正的定向比赛于 1895 年在瑞典斯德哥尔摩和挪威奥斯陆的军营区举办，标志着定向越野运动作为一种体育比赛项目的诞生。

定向越野运动本身作为一种体育项目得以开展是从 20 世纪初在北欧开始的，到 20 世纪 30 年代，已在芬兰、挪威、瑞典、丹麦得到推广。1932 年，举办了第一次世界定向运动比赛。1961 年国际定向联合会（IOF）在丹麦哥本哈根成立，是世界定向运动的行政实体，是国际体育联合会总会之一。定向运动也是国际奥委会承认的运动项目。

### 二、定向越野基本技能

（一）辨别方向

1. 正确使用指北针

（1）辨别方向。当指北针的磁针静止后，其 N 端（通常都有标志）所指的方向即为北方。

（2）标定地图。先使指北针圆盒内的定向箭头“T”朝向地图上方，使箭头两侧的平行线与越野图上的磁北线重合或平行，然后转动地图，使磁针北端对正磁北方向，地图即已标定。

（3）确定站立点。选择图上和现场都有的两个明显的地形点，并用指北针分别测出至该两处地形点的磁方位角，将所测磁方位角图解在地图上。图解磁方位角时，要先转动指北针的分度盘，让指标分别对准已测的方位角值；再将指北针的直长边分别切于图上被照准的两处地形点符号并转动指北针；待磁针与定向箭头重合后，分别沿直长边描方向线，两方向线的交点就是站立点的图上位置。

2. 利用地物判别

（1）房屋。房屋一般门朝南开，在我国北方尤其如此。

（2）庙宇。庙宇通常也向南设门，尤其是庙宇群的主要殿堂。

（3）树木。树木通常朝南的一侧枝繁叶茂，色泽鲜亮，树皮光滑；向北的一侧则相反，朝北一侧的树干上可能有苔藓。

（4）凸出地物。墙、地埂、石块等，其向北一侧的基部较潮湿，并可能生长苔藓类植物。

（5）凹入地物。河流、水塘、坑等，其向北一侧的边缘（岸、边）的情况与凸出地物相同。

（二）越野地图

1. 越野图的比例尺

（1）比例尺的概念。图上某线段的长度与相应实地水平距离之比，叫地图比例尺。如某幅图上长为 1 厘米，相应实地的水平距离为 15000 厘米，则这幅地图是按实地缩小 15000 倍测制的，1 与 15000 之比就是地图比例尺。

（2）用直尺量算实地距离。先从图上量取所求两点间长度，然后乘以该图比例尺倍数，即得出相应的水平距离。

2. 符号分类

（1）依比例尺表示的符号。方圆面积较大的地物，如森林、河流、城镇、湖泊等，其符号图形的外部轮廓都是按比例尺缩绘的。这类符号的轮廓线与实地地物的轮廓相似，按比例尺可量读相应的实地长、宽，并计算面积。轮廓线的转折点可作为定向越野比赛组织者设置的检查点，也可供参赛者在比赛途中确定方向和确定站立点。

（2）半依比例尺表示的符号。实地的线状地物，如道路、沟渠、电线等，这类地物符号的长度是按比例尺缩绘的，而宽度不是，因此在越野图上只能量读其长度，而不能量读其宽度。线状地物的转弯点、交叉点也可以作为比赛组织者设置的检查点，以及参赛者在运动途中确定运动方向和确定站立点用。

（3）不依比例尺表示的符号。实际面积很小，但对定向越野运动有影响和有方位意义的独立地物（如窑、独立树等），在越野图上其长与宽都不能依比例尺表示，只能用规定的符号表示。在定向越野运动中，独立地物比大面积地物与线状地物作用更大，因为不但位置准确，而且大多数独立地物突出地面，明显易找，有利于参加者在运动中进行图地对照，准确判定运动方向和确定站立点。准确判定检查点的实地位置，有利于比赛组织者设计出理想的比赛路线。

（4）越野图符号的颜色。专用定向越野图采用不同颜色表示不同的地形内容，使之层次分明，清晰易读。一般原则是，蓝色表示水系，棕色表示地面起伏，绿色表示植被，其他内容用黑色。对于禁区或不可逾越的障碍，还要用蓝、黄颜色或专门符号表示。

3. 地貌形态

（1）等高线显示地貌的原理。设想把一座山从下至上按相等的高度一层一层地水平切开，这时山的表面便形成了若干大小不同的截口线，将这些截口线垂直投影到一个水平面上，形成一圈套一圈的等高线圈，可显示出该山的形态。

等高线示意图

（2）等高线显示地貌的特点。在同一条等高线上，各点的高度相等，并各自闭合。在同一幅地图上比较，等高线条数多，山就高；等高线条数少，山就低；等高线间隔大，则坡度平缓；等高线间隔小，则坡度较陡；等高线的弯曲形状与相应实地的地貌形态相似。

（3）等高距的规定。等高距是相邻两个水平截面之间的垂直距离。等高距的大小，在很大程度上决定着地貌表示的详略。等高距越小，等高线越多，地面表示就越详细；等高距越大，等高线越少，地貌表示得越概略。因此，国际定向运动联合会对越野图的等高距作了专门规定，并要求将等高说明印制在每张越野图的显著位置。一般等高距均为5米。

（4）地貌起伏的判定。判定地貌的起伏，也就是判定地貌的斜坡方向。利用示坡线判定：顺示坡线方向为下坡，逆示坡线方向为上坡。利用等高线注记：朝字头方向为上坡，朝字脚方向为下坡；通常是山地高、平地低，山顶高、鞍部低，山背高、山谷低，山脊高、山脚低。

（5）地貌结构的判定。判定地貌的结构，首先应利用图中明显的标高点、河流、谷地等，大概地判明该区域总的升降方向，并弄清楚大的地貌的起伏、分布规律，然后将主要注意力放在弄清楚地貌结构线、特征线和特征点（即山脊线、坡度变换线、山顶、鞍部等）的平面位置及高度、坡度的比较上。为了便于判定地貌，在时间、条件允许时，可以运用粗细不等的实线和虚线、圆圈、“×”等，在图上分别标出大小等级不同的山脊（山背）、山谷、山顶和鞍部，借此建立对地貌结构的基本概念，并由此估计它们可能给运动带来的影响。

## 三、定向越野实地练习

### （一）实地识图

第一步：跟着教师 / 领队走，认知地物符号，认知比较地图上的符号在实际地形中是怎样的。

第二步：沿指定路线走，保持地图定向在沿指定路线行走时时刻用指北针给地图定向。

第三步：峰顶俯视。按等高线找出一片高地，到峰顶去四处环视，进行研究、判断。

第四步：用指北针定向找到点标，练习取定指北针的方向，并顺其而行。

第五步：路线选择。找一起点和四个要经过的点标，点标间用多种路线行走练习。

### （二）派对练习

2～4人一组。其中，一个人拿着地图，并决定到达点标的路线选择；其他人执图（此图上无练习标记）跟随其后，试图记住一路上明显的地物地貌。当到达目的地后，跟随者必须在地图上标出他们此刻在哪里、是怎样到达的。然后，换另外一个人选择一个新的点标，并带路。

## 四、定向越野注意事项

进行定向越野活动时，要特别注意以下事项：

（1）随时标定地图（地图指北方向与实地一致，可用指北针）；

（2）看清地图上点标的位置及走向，切勿漏找点；

（3）看清地图上检查点说明表各点标的编码、具体位置的相关符号及找点标的总数；

（4）出发前，要看清地图上起点、终点的位置，特别是第一个点标的具体方位和进行的最佳路线；

（5）在行进中，可借助身旁的景观、建筑物、小桥、亭子等地物、地貌来分辨自身站立点及所要找的点标的具体方位；

（6）每找到一个点标，都要注意看清点标的编码是否与要找的点标编码相一致，确实核准后再打卡，切不可操之过急盲目打卡。

# 第三节　跑酷运动

## 一、跑酷运动简介

跑酷是结合攀爬、跳跃、急跑、翻滚等多种技巧的一种运动。跑酷最初由法国的士兵们发起，2002 年在英国开始盛行，后来法国人大卫·贝尔把它发扬光大。2006 年跑酷运动进入中国，由杜易泽创建中国跑酷俱乐部。跑酷运动能使人通过敏捷的运动来增强身心对紧急情况的应变能力，是训练人体快速移动能力的一种自然的方式。它将我们周围任何可以利用的环境设施“为我所用”，是一个人移动技巧的提炼，同时进行自我的展现，掌握身体与环境的关系。

## 二、跑酷运动基本技术

### （一）基本功及锻炼方法

1. 韧带要求

进行跑酷运动前，可对身体各部位的韧带加以拉伸练习。

2. 弹跳能力

弹跳能力可以利用蛙跳来锻炼，慢慢地从矮到高、从近到远，而且要锻炼着地的准确性。

3. 手 / 肘弹跳

在奔跑的过程中碰到角落及障碍物，或要加大跳跃距离时，可同时利用手或肘部在墙壁上的推动来增加跳跃的距离。

4. 准确 / 精确跳跃

锻炼从一个目标跳到另一个目标。从开始的近距离跳跃，到最远距离的跳跃，是为了锻炼着地的准确性。

5. 翻墙

翻墙是最基本的锻炼之一。一阵轻松的助跑之后，快到目标时力量开始上提，先利用一个脚顶着墙壁，再手抓着墙，然后马上用另一只脚推墙，将第一只踏墙的脚顶上去，双手再助力一下。一般分成正面双手按跳上去和背坐式转身上去。

6. 单杠练习

单杠练习可以用来锻炼手抓力量。对一般想练空翻的朋友来说，先从单杠上翻转找到空中翻身或转身的感觉是最安全的。

（二）基本动作

1. 走栏杆

走栏杆属于平衡练习，练习身体的协调性，保证在高处或者狭隘的地方仍可以站稳。

2. 猫爬

猫爬是比走栏杆更保险的单线穿越法，姿势很重要，身体应该尽量与栏杆平行，控制平衡，两手握住栏杆。

3. 基本落地

从低往高练，前脚掌着地，声音尽量小。

4. 立定跳远

跳得越远可以过的障碍越多，别让距离成为一道阻碍。

5. 倒立

锻炼手臂力量、腰部力量及协调性。

6. 精确跳远

慢慢从大目标练到小目标，不可操之过急，否则很危险，是基本落地的升华式，要求脚部有良好的定力。

7. 钻栏杆

要求有很好的准确性，不管是头或者脚先过，如果半路动作变形都会导致腰碰到栏杆。

8. 股墩跳

腿部先过障碍，然后由手在身后支撑身体。目前分为两种动作，一种是双手支撑身体后把腿抬高再落地，这样视觉上很不错；还有一种是过障碍后再用双手前拨障碍，腿与地面呈弓形，由双手发出的力使身体落地远一点。

# 第十四章 速度轮滑

## 第一节 速度轮滑概述

轮滑运动是从滑冰运动发展而来的。据记载，轮滑在18世纪由荷兰人发明。最初，有位荷兰的滑冰运动员为了在不结冰的季节还能继续进行训练，尝试把木线轴安在皮鞋下，在平坦的地面上滑行，经多次失败和改进后终于获得了成功，创造了用轮子鞋“滑冰”的历史，从此轮滑运动在欧洲诞生，并得到了较快的发展。

1863年，美国人詹姆斯·普利姆普顿用金属轮子代替木质轮子，滑行起来具有更多的优越性，深受大家的欢迎，他的发明推动了各国轮滑运动的发展。

1892年4月1日，国际轮滑联盟在瑞士成立，使轮滑运动向正规化、国际化发展迈出了坚实的一步。1937年，美国制定了第一个速度轮滑比赛规则，同年，第一届世界速度轮滑锦标赛在意大利蒙扎举办，国际轮滑联合会确定每年举办一次速度轮滑锦标赛（包括公路赛和场地赛）。1940年4月28日，在罗马举行的第43届国际奥林匹克委员会会议正式承认了轮滑项目的国际联合会，速度轮滑委员会设在意大利罗马。从此，速度轮滑在世界各地蓬勃发展起来，并真正地走上了轮滑竞赛的道路，成为人们比赛、休闲、健身的运动项目。1980年，我国成为轮滑协会会员，我国轮滑运动从此进入了快速发展时期，全国各地纷纷开设了“溜冰场”，吸引广大青少年参加轮滑运动。我国轮滑运动水平与世界先进水平还有一定距离，我们要奋起直追，提高训练水平。

速度轮滑场地可在公路上进行，也可在场地上进行，所使用器材便于随身携带，技术灵活。比赛的方式有计时赛、淘汰赛、记分赛、群滑赛、定时赛、追逐赛、分段赛等。速度轮滑是一项速度和力量相结合的运动。滑行时要脚穿轮滑鞋，佩戴头盔、手套、护膝、

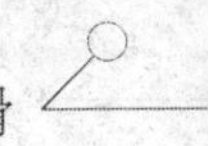


护肘等，采用蹲屈身体姿势，靠两腿交替向侧方蹬地产生动力，臂、腿及其他动作配合滑行。速度轮滑运动水平的提高，对器材性能的依赖性较大。近年来，出现了新型活轴轮滑鞋，代替过去的双排鞋，使轮滑的运动水平大幅提高。速度轮滑以其特有的魅力吸引着越来越多的人参与，特别是广大的青少年学生，充分体现着速度轮滑不仅有很好的健身价值，还具有竞技、娱乐、交通代步等多种功能。速度轮滑能全面地发展人体的速度、力量、耐力、灵敏度、柔韧性等身体素质，又能培养人们勇敢、顽强、勇于拼搏的优秀品质，使人在赏心悦目的运动中获得美的享受。

## 第二节　初学者基本技术

### 一、基本站立技术

两脚呈“八”字形自然分开，两脚跟靠近，上体稍前倾，身体重心落在两脚之间，两臂自然下垂。

### 二、原地移动重心练习

（一）原地左右脚间转换重心

由预备姿势开始，两脚相距5～10厘米，平行开立或呈内“八”字形，两眼看前方4～5米处，上体微前倾，腰背部放松，含胸收腹，两臂自然下垂或背于腰后，重心落在两脚中间。逐渐将重心移至一脚，另一脚抬起，两脚交替进行，逐渐延长单脚支撑时间。

（二）原地蹲起

两脚与肩同宽，重心在两脚之间，两臂自然下垂，做下蹲起练习。

（三）左右跨步移动

由预备姿势开始，重心移至一腿，另一腿以抬膝、脚平抬平落的方式向侧跨30～50厘米，迅速将重心移至落地腿，支撑腿以同样的方式向落地腿并拢一步，连续向左、向右移步练习。

## 三、行进间的移动技术

（一）向前踏步移动

由预备姿势开始，重心移至左腿，右腿以抬膝、脚平抬平落的方式向前踏出10～15厘米，落地后迅速将重心移至右腿，同时左腿以同样方式向前踏出一小步落地并支撑重心。

（二）向后踏步移动

由向后滑行的基本预备姿势开始，重心移至左腿，右腿以抬膝、脚平抬平落的方式向后踏出10～15厘米，即右脚的脚尖落放在左脚的足弓附近，落地后迅速将重心移至右腿，同时，左腿以同样的方式向后踏出一小步，落地并支撑重心。

（三）单脚蹬地双脚支撑滑行

两脚呈外"八"字形站立，一脚用轮内刃（轮内侧）向侧后蹬地，然后迅速收回成两脚平行支撑滑行，接着换另一只脚蹬地练习。如此反复进行练习。

（四）两脚交替蹬地单脚支撑滑行

两脚呈"八"字形站立，右脚蹬地把身体重心推向滑行的左脚，呈左脚单支撑滑行姿势，右脚前收同时左脚用内侧蹬地，右脚落地支撑至右脚支撑滑行。如此反复进行练习。

## 四、停止法基本技术

（一）借助制动器停止法

1. 停止向前滑行

在向前滑行的过程中，身体重心落在两脚间，呈两脚平行开立的向前基本姿势，惯性向前滑行时准备开始制动。制动时，重心下降，将装有制动器的滑行脚向前伸出20～30厘米，脚尖抬起，使制动器与地面接触摩擦地面，以达到减速制动直到停止的目的。

2. 停止向后滑行

在向后滑行的过程中，身体重心落在两脚间，呈两脚平行开立的向后基本姿势，惯性向后滑行时准备开始制动。制动时，重心下降，将装有制动器的滑行脚向前伸出20～30厘米，脚尖抬起，使制动器与地面接触摩擦地面，以达到减速制动直到停止的目的。

（二）借助滑轮停止法

1. 向前"八"字形制动

在向前滑行的过程中，身体重心落在两脚间，呈两脚平行开立的向前基本姿势，惯性滑行时准备开始制动。制动时，重心下降，上体根据滑行的速度和制动距离稍后倒，双脚分开略比肩宽，两脚尖内扣，脚跟外张，呈内“八”字形，用轮滑鞋内侧轮与地摩擦，以达到减速制动直到停止的目的。

2. 向后“八”字形制动

在向后滑行的过程中，身体重心落在两脚间，呈两脚平行开立的向后基本姿势，惯性滑行时准备开始制动。制动时，重心下降，上体根据滑行的速度和制动距离稍前倒，双脚分开略比肩宽，两脚尖外张，脚跟向内，呈向后“八”字形，用轮滑鞋轮子的内侧轮与地摩擦，以达到减速制动直到停止的目的。

3. 向前“T”字形制动

在向前滑行的过程中，将重心落在左脚上，左膝微屈，上体根据滑行的距离、滑行的速度和制动的距离稍后倒，同时抬起右脚，脚尖外转，横放在左脚后呈“T”字形，用右脚轮滑鞋内侧轮与地摩擦，减轻滑行速度，同时重心继续下降，并逐渐移向右脚，加大摩擦直到停止滑行。以同样的方法可进行左右脚交换后的“T”字形制动。

## 第三节　速度轮滑基本技术

速度轮滑的滑跑技术，是指在规定的距离内，以最快的速度、最省力的方法滑完全程所采用的合理动作。速度轮滑的滑跑技术包括直道滑跑、弯道滑跑、起跑及冲刺等。

### 一、直道滑跑技术

直道滑跑技术包括身体姿势、蹬地、收腿、着地、惯性支撑滑进、摆臂及整体动作配合等。

（一）滑跑基本姿势

速度轮滑直道滑跑采用上体前倾的半蹲式姿势，髋、膝、踝三关节呈屈的状态。正确的滑跑姿势：上体前倾与地面呈 15° ～ 30° 角，上体自然放松，肩略高于臀部，在滑行中重心落在脚心处，膝关节角度一般为 117° ～ 135°，踝关节角度一般为 76° ～ 85°，两手放于背后，头微抬起，目视前方 20 ～ 30 米。选择合理的蹲屈角度，应与个人的训练水平和腿部力量相适应。蹲屈较高，体力消耗小，但推进力不大。蹲屈姿势较低，蹬地力量大，效果好，有效地减小空气阻力，但体力消耗大。

（二）蹬地技术

速度轮滑的蹬地是在向前滑进的过程中进行的，蹬地动作包括开始蹬地、蹬地的最大用力和蹬地结束三个阶段。

（1）当惯性滑进结束时，进入蹬地阶段，运动员开始由轮子平刃面滑进，过渡到轮子内刃滑行。这时，运动员呈现的身体倾斜状态的滑进，转入了开始蹬地阶段。开始蹬地阶段对运动员腿部动作的技术要求：在伸展髋关节的同时膝关节向前压，踝关节的前屈角度略有缩小，并保持这个姿势开始向身体的侧后方蹬地。

（2）当完成开始蹬地阶段的技术动作后，就进入了蹬地最大用力阶段。此阶段，运动员的蹬伸腿位于身体的侧方，身体倾斜度达到最适宜角，即上体前倾与地面呈 15° ～ 20° 角，大腿与躯干呈 40° 角，膝关节弯曲 125° 左右，踝关节前屈 50° ～ 70°。这时，运动员快速伸展膝关节，同时伸展髋、踝关节。

（3）结束阶段是运动员完成了蹬地的最大用力阶段后，髋、膝、踝三关节完全伸直并准备收腿的蹬地最后阶段。此时应最大限度地用力伸展踝关节，充分发挥踝关节的最后蹬地力量。

（三）收腿技术和着地技术

当蹬地腿完成蹬地技术后，浮腿抬离地面至再次着地前的过程称为收腿。收腿的动作方法：浮腿的大腿带动小腿以最短的路线拉回，使浮腿的膝关节靠近支撑腿。收腿时髋关节内收，膝关节弯曲形成自然的钟摆动作。收腿的任务是连接蹬地与着地动作，配合身体重心的移动保持平衡及放松等。

着地包括两个动作阶段：一是向前摆腿，二是滑轮着地。着地动作的方法：以大腿屈的动作为主，从后向前提拉，以后轮领先，在靠近蹬地腿内侧的前方着地，着地时小腿有明显的积极前送下落动作并使浮腿充分放松，浮腿的滑轮着地的开角不要过大，浮腿的滑轮在着地的瞬间浮腿暂不承担体重，在蹬地腿蹬地结束的一刹那才迅速地承担体重。

（四）惯性滑进技术

惯性滑进是一腿蹬地结束后，另一腿承接身体重量，维持好身体的平衡，借助惯性向前滑进的动作。自蹬地脚离开地面起到移动重心止，惯性滑进动作持续的时间与不同的项目有关，其技术动作也有区别。长距离滑跑时，滑进持续时间比短距离滑跑的长，一般占一个单步幅的 1/2 长，而短距离滑跑则占一个单步幅的 1/3 或 1/4 左右。在支撑滑进过程中，最好利用滑轮正面支撑，减少轴向用力导致对轴承压力过大造成的速度损失。

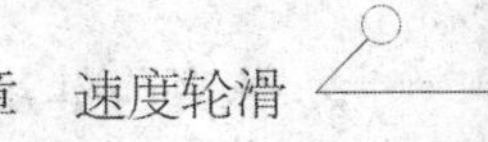


（五）直道滑跑摆臂技术

摆臂是与支撑腿的蹬地动作协调配合的动作，是配合蹬地获得速度的重要因素，从短距离到长距离滑行都采用摆臂。摆臂可有效地提高蹬地的力量和加快重心的移动而提高频率。摆臂主要用于短距离滑跑和终点冲刺。长距离滑跑根据需要采用单臂或单、双臂交替摆臂。摆臂的方法：左腿蹬地时，左臂向右前上方摆，而右臂向右后上方摆；右腿蹬地时，右臂向左前上方摆，左臂向左后上方摆，以肩为轴，协调地配合支撑腿的蹬地用力动作。

（六）直道滑跑配合技术

配合技术在滑跑过程中起着动作之间相互协调，促进、带动和节能的重要作用，同时配合技术效果也有利于完成和发挥技术的意图。直道滑跑动作由两腿动作及两臂动作配合构成。

（1）两腿间配合。以一侧腿的动作为例，其动作顺序是蹬地——收腿——着地。动作配合：右腿开始蹬地，左腿开始收腿，右腿蹬地最大用力后，左腿滑轮着地；左腿开始蹬地，右腿开始收腿，左腿最大用力后，右腿滑轮着地。

（2）臂与腿动作配合。两臂的摆动与腿部动作配合：蹬地腿的同侧臂向前摆动，异侧臂向后摆动，两臂摆至前后最高点时，蹬地腿蹬地动作结束，浮腿的滑轮着地，两臂前后交替摆动配合。

## 二、弯道滑跑基本技术

弯道滑跑是轮滑运动最重要的技术部分，既要保持高速滑行，又要保持平衡。弯道滑跑的基本动作是由弯道滑跑基本姿势、蹬地、收腿、着地、摆臂及全身动作配合构成的，但没有单脚支撑自由滑行阶段。

（一）基本姿势

弯道滑跑采用身体向左侧前方倾斜的姿势，是由圆周运动力学关系所决定的。上体前倾，支撑腿髋、膝、踝三关节保持屈的状态。在弯道滑跑过程中，身体始终向圆心倾斜，并使鼻与支撑腿的膝关节、前轮都处在同一纵轴平面上，倾斜的幅度较大，蹬地角为 40° ～ 45°，单臂或双臂前后自然摆动，身体重心的位置以落在滑轮的中部位置为宜。

（二）蹬地技术

弯道滑跑技术动作与直道滑跑技术动作相比有明显的不同。由于身体重心投影点始终在身体的左侧，并在离心力与向心力的作用下，形成了维持身体平衡使身体重心沿弧线方向运动的规律，自然形成了左脚外侧和右脚内侧交替、连续、快频率向右蹬地的动作技术。

右腿的蹬地动作是以伸髋、展髋、伸膝的动作为主完成的，左腿的蹬地动作是以伸髋、内收髋关节、伸膝的动作为主完成的。

（三）收腿技术

弯道收腿动作是弯道滑跑周期动作的一个阶段，是指蹬地腿滑轮离开地面起，将浮腿收至支撑腿左侧某一点的过程。收腿动作结构与方法：为适应弯道滑行的特性，两腿的收腿动作不相一致，右腿的收腿动作是以内收、屈髋、屈膝关节的动作为主，以背屈踝关节动作为辅，膝关节领先，滑轮贴近地面向左移，跨过左腿和左脚滑轮至左脚滑轮左侧稍偏前的适宜位置。左腿的收腿动作：以外展髋、屈髋和屈膝动作为主，以背屈踝关节为辅，使左踝关节保持放松状态，滑轮贴近地面向左上方做提拉腿的动作，将左腿收至支撑腿的左侧较适宜的位置。

（四）着地技术

弯道滑跑滑轮着地动作过程只是滑轮着地的瞬间动作，在滑跑中起到确定滑行方向、调节蹬地时机、协调配合蹬地动作、建立和保持平衡等作用。右腿滑轮的着地动作：在右腿收腿动作结束后，利用右脚踝关节的背屈动作使滑轮的正面后轮在支撑腿（左腿）前内侧较适宜的位置轻轻着地。左腿滑轮着地动作：在左腿的收腿动作结束后，左腿踝关节背屈，使前滑轮稍稍翘起，利用滑轮外侧后部在右脚滑轮的前内侧较适宜的位置轻轻着地。

（五）摆臂技术

弯道摆臂的动作：右臂摆动与直道滑跑基本相同，但摆臂的幅度要稍大，方向更向左侧前方一些；左臂摆臂动作是上臂贴靠上体，前臂做前后摆。左臂的摆动只起平衡协调作用，因而也可置于体侧或背于身后。

（六）全身配合技术

两腿之间的动作配合技术：右腿开始蹬地，左腿开始收腿，右腿蹬地最大用力后，左腿滑轮着地，左腿开始蹬地，右腿开始收腿，左腿蹬地最大用力后，右腿着地。两臂的摆动与腿部动作配合：蹬地腿的同侧臂向前摆动，异侧臂向后摆动，两臂摆至前后最高点时，蹬地腿蹬地动作结束，浮腿滑轮着地，两臂前后交替摆动配合，下肢蹬地、收腿着地构成完整的弯道滑行动作。

## 三、起跑技术

起跑是各项距离滑跑的开始，其任务是在最短的时间内获得较高的速度。起跑由预备姿势、起动、疾跑、衔接四部分动作组成。

（一）预备姿势

预备姿势目前有多种，如“丁”字形预备姿势、平行预备姿势、“八”字形预备姿势、前点地预备姿势等。前点地预备姿势更优越一些。它的特点：面对起跑方向，两腿分开，两脚间相距 35 ～ 55 厘米，两脚间开 50° ～ 70° 角。前脚与起跑线呈 65° ～ 70° 角，后脚与起跑线呈 10° ～ 15° 角。上体前倾，两臂自然下垂，身体重心放于两脚中间或偏前一些，蹲屈程度可根据腿部力量、个人特点而定。

（二）起动

当听到发令枪声，迅速抬起前脚，后脚用力蹬地迅速伸直，上体前倾，髋关节前送，两臂用力摆动，整个身体迅速向前冲去。由于预备姿势的不同，第一步起动也有所不同。

（三）疾跑

第一步起动后，运动员进入了紧张的疾跑段。疾跑段身体重心较高，频率快，蹬地有力。随着滑速的提高，身体重心由高变低，滑出角度由大变小，蹬地用力方向逐渐向侧后改变，步伐由小变大，逐渐向滑跑过渡。疾跑技术常用的有切跑式和扭滑式。

（四）衔接

运动员在疾跑段已经获得了相当大的速度，如何将这一速度转移为途中滑跑的速度，这就是衔接技术的任务，衔接技术的关键在于获得速度后 1 ～ 2 步的调整，将疾跑与途中滑跑有机地衔接起来。

### 四、终点冲刺技术

冲刺是全程最后跑程上的拼搏，是比赛决定胜负的最后一关，因而冲刺也是非常重要的。运动员在越来越疲劳的情况下，应努力保持最合理的滑跑技术。为了避免速度的下降，可以通过改变滑跑姿势、缩短惯性滑进时间、加快节奏、提高频率来赢得多次的蹬地加速。在所有的比赛项目中，冲刺时运动员都要摆臂滑跑，应像短距离滑跑那样，力求提高速度。

## 第四节　速度轮滑规则介绍

速度轮滑比赛在“封闭环形式”公路跑道或场地跑道上，按逆时针方向进行竞赛。它包括场地速度轮滑和公路速度轮滑两种，具体分为计时赛、淘汰赛、群滑赛、定时赛、计分赛、接力比赛、分段赛和追逐赛等。

## 一、起点出发

所有比赛的起跑均为站立式，用发令枪或哨子发出起跑信号。

发令员在起点召集运动员时，如运动员未到，1 分钟后重新召集，仍不到者立即取消比赛资格。

起跑信号应在运动员站在起跑线后面，相互间距 50 厘米，身体稳定后才能发出。运动员所站的位置由抽签决定。

集体出发的起跑，运动员在起跑线后按抽签顺序依次站好。

## 二、抵达终点与终点名次

计时性比赛和集体出发的比赛（淘汰赛、计分赛、接力赛及其他集体出发的比赛），要根据运动员的轮子触及终点线的先后顺序决定运动员的终点名次。先通过终点线的前脚轮子必须接触地面，否则以后脚轮子通过终点的时刻为到达终点。

在自由换人的接力比赛中，以各队最后一名运动员的轮子首先通过终点线的队为优胜。

在定时比赛中，如规定时间已到，则运动员所滑到的地点即为终点。

在场地或在“封闭环形式”公路跑道上集体出发时，已被超越或即将被超越的运动员应及时淘汰。被超越运动员的名次顺序为被淘汰的逆顺序。运动员通过最后一圈时摇铃示意，但只给第一名运动员摇铃。

在集体出发的比赛中，有数名运动员一起抵达终点，无法确切地区分他们的名次顺序，此时可认定他们的名次相同，其顺序可按其姓氏笔画排列。运动员扣圈或被扣圈都应报剩余圈数，第一名运动员滑最后一圈时摇铃。

如果有两名或有更多运动员到达终点的时间相同，则要重新组织一次确定名次顺序的计时对抗赛，每个运动员的比赛成绩在到达终点后立即宣布。

运动员到达终点前的最后一个直线跑道上，领先的运动员要保持直线滑行，切不可以任何方式妨碍紧跟其后的运动员的正常滑行。假如违背，则领先运动员的名次列在受影响运动员的名次之后。

公路比赛最长时间的限制是第一名运动员所用时间加上 25%，大众参与的公路赛最长时间可以为第一名运动员所用时间加上 50%～100%。

## 三、速度轮滑的比赛场地

速度轮滑的比赛场地分为场地跑道和公路跑道两类。场地跑道为椭圆形，由两条长度相等的直线和两个对称具有相同半径的弯道组成。跑道周长不少于 125 米、不超过 400 米，宽度最小为 5 米。标准比赛场地的长度为 200 米，宽度为 6 米。场地的地面可用任何材料铺成，但要求完全平坦，有一定的光滑度，不易摔倒。一般比赛场地用水磨石、硬木地板、合成塑料较好，但也有用沥青、水泥等铺成的。比赛跑道要求完全平坦，但弯道可有一定的倾斜度。有倾斜度的部分要从内侧边缘逐渐均匀平稳地升高，直到外侧边缘。终点线要用 5 厘米的白线标出，一般情况下终点线不能设在弯道处。

公路跑道分为起点与终点不衔接的直线开放式、起点与终点相衔接的封闭环行式两种。封闭式环行公路，路线最短不少于 250 米，最长不超过 1000 米。公路的宽度全程不得小于 5 米。公路的路面应平坦而光滑，没有断裂，路面不平坦部分不应超过其宽度的 3%。公路跑道斜坡部分不得超过 5%，即使在特殊情况下其倾斜部分也不得超过全部路线的 25%。终点线与起点线均以 5 厘米宽的白色线标出，起、终点线不能设在弯道处（除非无法避开时），起点线应设在距离弯道 50 米以外的地方，终点线应设在距最后一个弯道的直弯道分界线前 50 米处。

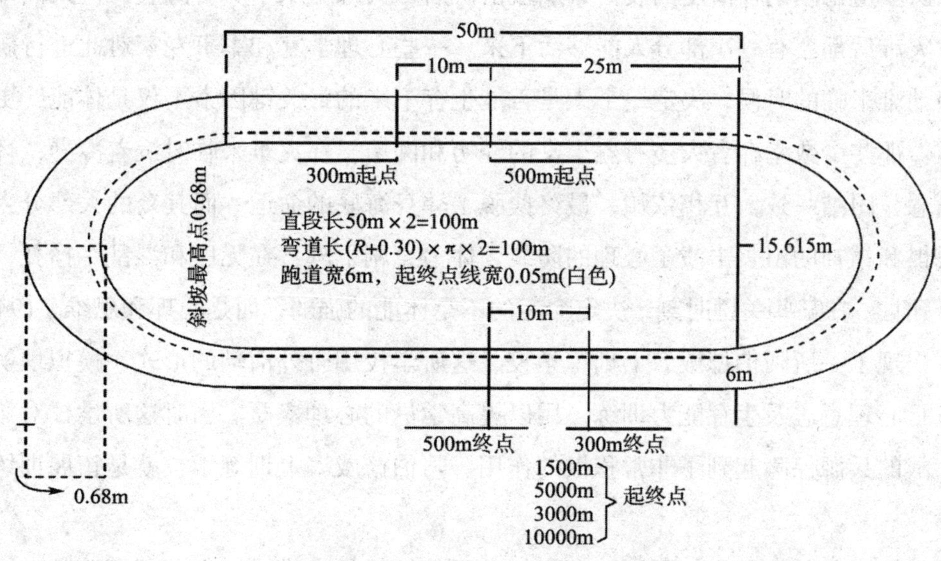


速度轮滑比赛 200 米跑道场地示意图

# 第十五章　拓展训练

## 第一节　拓展训练概述

### 一、拓展训练的起源与发展

拓展训练是一种户外体验式训练，起源于第二次世界大战时期。当时，英国在大西洋的船队屡遭德国纳粹潜艇的袭击，船被击沉后，大部分水手葬身海底，但人们却发现每一次灾难后都会有一小部分人能够活下来。一些心理学家和军事专家对此进行研究发现：当劫难来临的时候，决定一个人是否能生存下来的最关键因素不仅是体能，更是心理素质。那些少数幸存者大多有着丰富的经历和阅历，在灾难来临时沉着冷静，怀着坚定的信念，团结一致，互相依赖，最终摆脱了葬身海底的命运。而其余的大部分人被灾难的恐惧和精神的沮丧击溃了心理的防线，体力急剧下降，在无序和混乱中挣扎，最终导致了死亡。在某些关键时刻，决定命运的不是体能的强弱，而是心理和思维。1942 年，在英国出现了一所阿伯德威海上训练学校。这所学校用野外活动的形式，模拟现实的环境，进行心理意志及生存能力训练，用以提高学员的心理素质。当时这所学校对第二次世界大战的兵源保障起到了非常积极的作用。阿伯德威海上训练学校就是拓展训练最初的雏形。

经过几十年的发展，拓展训练已经打破了传统的教育模式，它并不灌输某种知识或训练某种技巧，而是设定一个特殊的环境，让参训人员直接参与整个教学过程，在参与的同时，去完成一种体验，进行自我反思，获得某些感悟，让参训人员在解决问题、面对挑战的过程中达到“磨炼意志、开发潜能、熔炼团队、完善人格”的目的。拓展训练

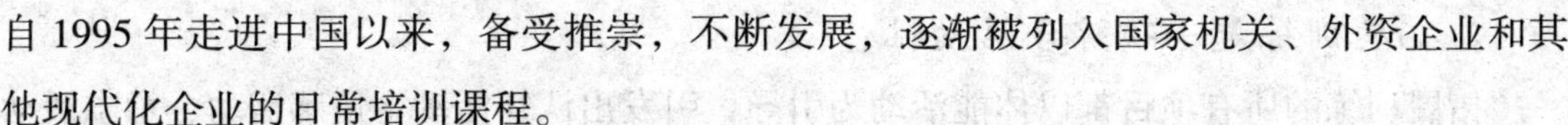

自 1995 年走进中国以来，备受推崇，不断发展，逐渐被列入国家机关、外资企业和其他现代化企业的日常培训课程。

## 二、拓展训练的功能与特点

### （一）拓展训练的功能

1. 提高自信心，勇于超越自我

建立相互接纳、相互支持、相互信任的团体气氛。让参加者在活动中开放自我，超越自我，从而开发自身潜能，肯定自我价值，提高自信心。

2. 激发潜能，完善人格

认识自我潜在能力和极限，克服恐惧心理和思想障碍，锻炼动手能力和创造力，培养自信心和自我管束能力，完善人格。培养学生上进心理，增强抗挫折和突破能力，使个性变得坚强而富有韧性。

3. 学会合作，培养团队精神

引导参加者发现在团体生活中合作的价值和团体中个人的责任。教学生明白团队的巨大力量与合作精神的重要性，克服排他情绪和性格孤僻心理，培养与人沟通融合能力，感受分享带来的无穷乐趣。

4. 学会沟通，融洽人际关系

拓展训练能让学生了解生活，学会沟通，学会感恩，学习正确建立人际关系的方式方法。

5. 自我教育的功能

培训师只是在课前把课程的内容、目的、要求及必要的安全注意事项向学生讲清楚，活动中一般不进行讲述，也不参与讨论，充分尊重学生的主体地位和主观能动性。即使在课后的总结中，培训师也只是点到为止，主要让学生自己来讲，达到了自我教育的目的。

### （二）拓展训练的特点

1. 拓展训练是以体验为基础的训练

拓展训练抓住了人类学习习惯的要害，以各种方式模拟我们在实际的工作和生活中可能会遇到的矛盾，虚拟各种场景让参与者去亲身感受。有研究表明，人类对听到的信息大约可以记住 10%，对看到的信息大约可以记住 25%，对亲身经历过的大约可以记住 70%。

2. 拓展训练是一项综合活动性

拓展训练的所有项目都以体能活动为引导，引发出认知活动、情感活动、意志活动和交往活动，有明确的操作过程，要求学生全身心地投入。

3. 小游戏大道理

拓展训练所采用的活动看上去都非常简单，其实这些项目中绝大多数是经过几十年心理学、管理学、团队科学等方面论证，能够提升个人心理素质和团队实力的项目，其科学性不言自明。

4. 集体中的个性

拓展训练实行分组活动，强调集体合作，力图使每一名学生竭尽全力为集体争取荣誉，同时从集体中获取巨大的力量和信心，在集体中显示个性。拓展训练并非体育加娱乐，也不是所谓的“魔鬼训练”，它要告诉我们的是：知识和技能作为可衡量的资本固然重要，但人的意志和精神作为一种无形的力量，往往更能起到决定性作用。以体验、分享为教学形式的拓展训练，是在设定一个特殊的环境，调动学生的积极性，全身心地投入每个项目中，让学生体验、面对各种不同的环境及挑战，开发出那些一直潜藏在他们身上却从未真正被了解的力量。弄清自己与他人的沟通和信任到底能深到什么程度，有效地破除个人自我中心概念，改变对他人和社会的冷漠态度，这才是拓展训练的真正意义所在！

## 三、拓展训练的分类与流程

### （一）拓展训练的分类

拓展训练项目的分类方法很多，有按参与者类型分类的，有按训练活动项目分类的，等等。从训练项目对心智、体能的影响和提升方面来分类，可将其分为心理素质拓展、体能素质拓展、沟通能力拓展、团队信任拓展、合作能力拓展、创新精神拓展、竞争意识拓展等部分。

### （二）拓展训练的流程

1. 体验

任何一个训练项目的开始都是学生去经历一种模拟的场景，去完成一项任务，并以观察、表达和行动的形式进行，这种初始的体验是整个过程的基础。

2. 感受

这个环节是极其重要的，因为从心理学的角度讲，感觉经过表达后会被强化。学生通过置身其中，得到最真实的感受，这种感受将是全方位的、印象深刻的。这时学生将开始自发地回想刚才经历的过程，对这一过程进行分析，并开始产生一些观点。

3. 共享

有了体验以后，每个人都把自己的感受拿出来分享，每个人就会得到数倍的经验。在这个过程中，培训师会积极地鼓励学生发言，灵活运用提问等技巧，引导大家的思维在原有观点的基础上更进一步，群策群力，使众人的观点得以向着正确的方向被归纳。

4. 整合

当大家的观点趋于成熟时，培训师将根据大家讨论的结果，结合相关的理论知识，总结出原则或归纳提取出精华，把学生的认识由感性上升到理性，以帮助参加者进一步定义和认清体验中得出的成果。

5. 应用

这个过程是在培训之后的学习和生活中由学生自己完成的，完成认识由实践中来、最终用来指导实践的循环上升的过程。而应用本身也成为一种体验，有了新的体验，循环又开始了，因此参加者可以不断进步。这也是拓展训练的终极目的所在。

## 四、拓展训练的安全管理

### （一）拓展训练的安全要求

1. 拓展训练的安全指导方针

“科学系统的课程设计、随时随地的安全意识、国际认证的器材装备、严格规范的操作方法、丰富实用的教学经验、灵活有效的安全预案”是拓展训练得以安全开展的保障。安全对拓展训练不仅意味着完善的体系、严密的制度，更是培训者思想意识的一部分，将融入参加拓展训练人员的日常生活习惯中。安全与不安全之间没有过渡，只要踏出 100% 的安全一步，就进入 100% 的不安全。

2. 拓展训练的安全原则

拓展训练因其选择的场地、器械的特殊性，活动内容的未知性以及特有的心理挑战等，决定了拓展训练具有一定的风险性。为了消除隐患，降低风险，需要遵守以下安全原则：

（1）双重保护原则。课程设计时所有需要安全保护的训练项目，都必须进行双重保护演练，其中任何一种保护方法均足以保证在实施过程中人员的安全。

（2）器械备份原则。任何需要器械保护之处，都必须安置备份器械。

（3）多次复查原则。所有的安全保护器械必须合理使用，完成后必须再复查一遍，操作中部分保护器械要多次检查，消除操作失误的可能性。

（4）全程监护原则。拓展教师对项目进行中可能遇到的安全问题进行全程监护，将隐患消除在萌芽中。

（二）拓展训练的行为管理

1. 参加拓展训练的前期准备工作

（1）充分认识到拓展训练是一种体验式教育。

（2）参加拓展训练前需要将自己真实的状况和要求与组织方进行沟通。

（3）拓展训练出发前需要准确地填报自己的姓名、民族、身份证号、既往病史、有无伤病等情况。

（4）与组织方说明个人生活习惯的特殊要求。

（5）检查自己是否有意外伤害与医疗保险。

（6）根据环境因素，穿着合适的服装，准备自己常备的部分物品；准备常规药品，并知道其正确用法。

2. 拓展训练的纪律要求

参加拓展训练活动必须遵守纪律，尤其在团队训练的项目中，纪律已经不仅仅是完成任务的基本保障，它更是团队精神的最直接体现。参加拓展训练应遵守以下纪律：

（1）按时作息，这是保证正常参加拓展训练的先决条件。

（2）各队队长有义务、有责任保证在集体活动时每一位队员及时、准确地来到集合地点。

（3）如果有人掉队，必须全体等待，除非达成默契，由专人管理。

（4）如无特殊情况而出现部分人员迟到、早退等情况，需在其归队后，全队接受“惩罚”。

## 第二节　拓展训练典型项目介绍

### 一、团队热身项目

团队热身项目旨在引导队员学习在新环境下如何打破坚冰，尽快组建团队，营造积极进取、主动参与的团队气氛及顺畅的沟通渠道，增强队员的归属感和凝聚力。

（一）有轨电车

1. 项目介绍

队员站在带有齐腰高拉绳的两块长条木板上，让两块长木板在所有队员的共同努力下“走”起来，以顺利到达预定目标为成功。在行进过程中强调站在木板上的学生要步调一致，共同完成（木板的长度可根据参加的人数设定，一般5～10人为宜）。

2. 培训目标

（1）确立团队目标，达成共同愿景。

（2）团队目标的完成需要所有团队成员的共同努力。

（3）默契无间，是高效团队的特征。

### （二）盲人方阵

1. 项目介绍

让所有队员戴上眼罩，在不能进行语言交流的情况下，根据教师的要求在规定时间内，将一根绳子拉成一个最大的正方形、三角形、长方形等。

2. 培训目标

（1）培养团队成员的沟通意识。

（2）理解团队领导人及其领导风格对完成任务的影响和重要作用。

（3）培养团队决策能力，培养队员科学的思维方式。

（4）使队员理解角色定位及尽职尽责完成本职工作的重要性。

### （三）雷区取水

1. 项目介绍

利用3根各长15米的绳子、若干个水瓶，在直径为5～6米的绳圈内，将所有水瓶放置在圆心。将所有队员按照每8～10人为一组进行分组，每组队员利用手中的绳子，在规定的时间内，采取一切方法，取出圆心的水瓶。

2. 培训目标

（1）培养队员勇于创新的精神。

（2）培养在团队需要时勇于贡献自己力量的精神。

（3）使队员明白没有分工就无法协作，没有相互信任的团队精神就无法密切配合，要理解活动开始前的细致分工与活动进行中的相互信任是成败的关键。

### （四）解手结

1. 项目介绍

将所有队员按照每8～12人为一组进行分组，每组站成一个向心圆。教师讲解的同时大家跟着做：先举起你的右手，握住对面那个人的手；再举起你的左手，握住另外一个人的手。现在大家面对一个错综复杂的手结，在不松开的情况下，想办法解开。大家一定可以解开，答案会有两种：一种是一个大圆，另外一种是两个套着的环。

2. 培训目标

（1）认识解决团队问题的步骤。

（2）合理表达自己的观点。

（3）认识聆听和合作精神在沟通中的重要性。

（五）齐眉齐心

1. 项目介绍

将所有队员按每组 10 ～ 12 人分组。每组队员面对面站立，共同用食指托起一根棍子到眉心高度，按照教师的要求，将木棍降落到地面，任何队员手指离开棍子即失败。这是考察一个团队是否能够同心协力的项目。

2. 培训目标

（1）使队员们体会到队员间的抱怨对于团队的危害性，应找出正确的办法来处理工作中出现的问题。

（2）在一个团队中如果遇到困难或出现了问题，很多人马上会找出别人的不足，却很少发现自己的问题。这个项目告诉大家：照顾好自己就是对团队最大的贡献。

（3）培养队员对工作的责任感。

（4）提高队员在工作中相互配合、相互协作的能力。

（5）统一的指挥对于团队成功起着至关重要的作用。

（6）培养队员创新的意识，并使其认识到合理分工的重要性。

（六）同舟共济

1. 项目介绍

将所有队员按照每组 10 ～ 12 人进行分组，每组队员集中站在一张报纸上，队员身体不得接触报纸以外的地面，否则重新开始。按照教师的要求，保持姿态达到规定时间即视为成功。站立过程中，不得借助任何外力。

2. 培训目标

（1）团队面临危机时，在积极思考解决办法的同时，更要注重思想的统一性，用强有力的执行去弥补思考、计划的不足。

（2）团队沟通进入无序状态时，用最快的速度建立团队秩序，彰显领导者的领导力。

（3）当团队管理混乱的时候，能够迅速地树立领导权威，打造以人为本、以管理为准则、有凝聚力和执行力的核心团队。

## 二、团队项目

### （一）孤岛求生

1. 项目介绍

孤岛求生

如图所示，将所有队员平均分成三部分，分别交代各自背景情况（珍珠岛、哑巴岛、盲人岛），然后分别到各自的岛屿开始游戏。盲人岛要先蒙眼睛，后给课题纸。

（1）背景说明：一艘船被海浪打翻，大家被分别冲至三个岛屿。

珍珠岛：所处的岛屿非常安全，衣食无忧。请队员按课题纸完成课题。

哑巴岛：所处的岛屿将在 30 分钟内被海水淹没，神秘原因使队员们失去了语言能力。请按课题纸完成课题，如发出声音将被扣分。

盲人岛：所处的岛屿将在 30 分钟内被海水淹没，神秘原因使队员们失去了视觉。请按课题纸完成课题，如有偷看行为将被扣分。

（2）课题：

珍珠岛：①用 4 根筷子、1 张白纸、1 卷胶带，将 1 个乒乓球架起来，使它不落地。②请填出括号内横线上的数字（3、7、17、55、_____、85、98）。可用物品有 4 根筷子、1 张白纸、1 根细绳、1 个乒乓球、1 支笔。任何物体落入水中都将冲至盲人岛。

哑巴岛：①帮助盲人岛的人完成课题。②帮助盲人岛上的人共同移动到珍珠岛。可用物品有泡沫板 5 块。任何物体落入水中都将冲至盲人岛。

盲人岛：①将 1 个羽毛球丢入桶内。②在哑巴岛人的帮助下移动到珍珠岛。可用物品有羽毛球 1 个、桶 1 个。任何物体落入水中都将冲至盲人岛。

2. 培训目标

（1）体验在不同工作岗位之间（例如学生会各个部之间或不同岗位人员之间）有效沟通的重要性。

（2）认识群体的作用，增进对集体活动的参与意识，改善人际关系，学会关心他人，学会如何融洽地与他人合作。

（3）改善自身形象，克服心理惰性，磨炼战胜困难的毅力，启发想象力与创造力，提高解决问题的能力。

3. 回顾总结

（1）充分认识个人和团队的竞争力来自于每一个人不可替代的价值。局部利益服从整体利益，以双赢的心态创造最大动力。

（2)结合队员在实际学习和工作中的一些情况，请队员分析三个岛各代表高层、中层、基层的哪一个层级，并确认理由和获得其他队员的认同。如果争议较大，可以想一想“高层是不是决定、制订整体计划与目标的”“哪个岛知道最终的任务”“哪个群体需要别人不断指挥按要求工作”“投球的人没人指挥能完成吗”等问题。

（3）充分认识到主动性、创新、自我发展等积极的品质是成功的关键。

（4）认识群体的作用，增进对集体活动的参与意识与责任心。

（5）认识到积极主动的工作愿望、努力想办法完成任务的能力和懂得如何去开展工作的重要性，而不是瞎干、胡干。

（6）认识到师生之间、舍友之间、同学之间彼此的信任与全局观的重要性。

4. 重点细节

（1）盲人的安全、哑人的自律、健全人的受指责要合理处理。

（2）回顾总结一定要朝着积极向上的愿景发展。

（3）准备4根筷子、1张白纸、1卷胶带、1个乒乓球、1支笔、1个羽毛球、1个桶、8个眼罩、2块木板、3个岛、2个隔桩、3个课题纸。

（二）穿越电网

1. 项目介绍

在全体队员面前悬挂一张“电网”，网上的洞口大小不一，要求队员在规定时间内，从网的一边依次通过到达另一边。在此过程中，队员身体的任何部位都不允许碰网，否则洞口将被封闭。每一洞口只能用一人次。此项目强调整体的协作与配合、资源的重要性，好胜与莽撞都将遭遇淘汰，只有依靠团队的力量才能顺利完成任务。

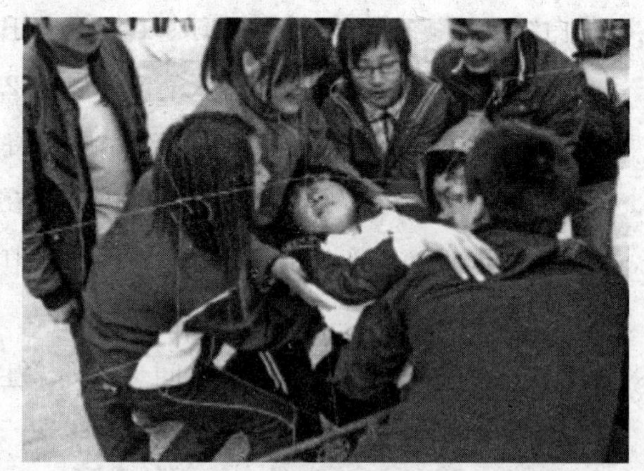

穿越电网

2. 培训目标

（1）加强队员在学习、生活和工作中合理计划、有效组织、统一行动、亲密协作的意识。

（2）培养队员充分利用和配置资源（图书资源、网络资源等）的能力。

（3）认识合理分工与服从组织安排的重要性。

（4）培养团队的科学决策方法和严谨细致的工作作风。

（5）认识合理节约时间的意义和作用。

3. 回顾总结

（1）成功来自于每一个人的努力和贡献，是团队协作的结晶。共享成功的经验和有益成果。

（2）在专业技能的学习和自身综合素质全面提高等方面，是否做到了可利用资源效率的最大化。

（3）细节决定成败，良好的监督机制对完成任务起重要的作用。

4. 重点细节

（1）设置网眼时，三角形网眼不超过网眼总数的 1/3，以适当降低对学生的心理冲击力。

（2）重点关注第一位和最后一位通过的学生，对第一位要求要严，对最后一位要根据情况适当掌握尺度。

（3）发现有体重过大的学员时，在腰高的部位适当调整出相对容易通过的网眼。

## （三）信任背摔

1. 项目介绍

信任背摔是一项心理素质拓展的活动，目的是使同学之间建立起彼此信任的关系。同时，这个活动还可以锻炼心理素质，克服恐惧，对学生心理素质提升有很大帮助。项目任务：全队每个人轮流登上背摔台，背向队友，双脚后跟 1/3 露出台面，身体重心上移，尽量垂直水平倒下去，下面的队员安全地把他接住即为完成。

信任背摔

做这个项目需要注意：

（1）背摔队员在背摔台上必须严格按照动作要领来做才可以保证足够安全，特别要遵守以下四点：不要向后蹿跃，倒下时肘关节收紧不要打开，不要垂直向下跳，要控制自己的双脚不要上下摇动或打开。

（2）搭人床的第1组队员的肩膀距背摔台沿约30厘米，个子可以不用很高，通常可以安排女生，第2、第3组应安排力度最强的4个人。如果背摔者的个子较高，则受力点应向后调节。每组队员的肩膀应紧密相连勿留空隙，人床形状应保持由低渐高的坡状，剩下的队员要用双掌推住最后一组队友的肩膀处，以保护人床的牢固。所有队员在任何时候都不可以撤手或撤退。当听到背摔队员的询问“准备好了吗”时，人床的队员头要向后仰，同时侧向队友的背部。当队友倒下来后一定要遵守“先放脚后将身体扶正”的原则。另外，做保护的队员不要迅速撒手或鼓掌，以免发生其他意外。最后，第2、第3组队员在承接几名队员后要互相交换组位，以免疲劳。

2. 培训目标

（1）培养团队内部的相互信任感。

（2）增强队员挑战自我的勇气。

（3）发扬团队精神，互相帮助。

（4）通过挑战懂得合理突破本能的重要意义。

（5）感悟制度的制定与保障对完成任务的价值。

（6）培养学生换位思考的意识。

3. 回顾总结

（1）通过此项目谈谈自信和互信的问题。以开放的心态，应对变化，积极进取。

（2）突破本能，挑战自我。懂得取长补短，把理想和现实结合起来，才能取得成功。

（3）积极的工作态度和人生态度是拓展精神的核心。乐观自信，从我做起，环境因我而变。

4. 重点细节

（1）训练前要摘除身上的佩戴物品，取出口袋内的硬物。

（2）承接的队员做好右弓步，双手伸出，手掌掌心向上交叠放在对方锁骨上（要注意五指并拢，拇指不能向上），第1组的两个人要将脚和膝关节贴紧，腰挺直，抬头斜向上45°角看背摔者。

（3）背摔者手部的准备动作：前伸、内翻、相扣、翻转抵住下颌。绑带后，令背摔者站在站台上进行以下动作：脚跟并拢、膝关节绷直、腰挺直、含胸、低头、手抵住下颌，准备背摔。

胜利墙

## （四）胜利墙

### 1. 项目介绍

所有队员在规定的时间内翻越一面高 4.2 米的光滑墙面。该项目训练使队员懂得个人目标与团队目标的关系，只有团队获得胜利才是真正的胜利。训练过程中，不能借助任何外界工具，包括衣服、皮带、绳子等。所能用的资源只有每个人的身体。

### 2. 培训目标

（1）提高危急时刻的生存技能。

（2）培养团队内部及团队之间的凝聚力。

（3）认同差异，合理分工，学习最优的资源配置方法。

（4）科学评估方案，不断创新。

### 3. 回顾总结

（1）将合理分工运用到自己的学习和工作中，提高自己的综合素质。

（2）在团队活动中要具备应对挫折和自我心理调控、防御的能力。

（3）在学校生活中是否意识到自律原则的重要性，将自律精神作为自己的一种生活习惯。

（4）人和事因认真而完美，注重细节是专业化的表现。坚守承诺，积累信用。

### 4. 重点细节

（1）教师应全程监控每一个轮换过程和细节。

（2）记录活动中的典型行为和关键点以及关键人物发挥的作用。

（3）活动中强调纪律，禁止嬉笑打闹，强调注意力集中。

空中单杠

## （五）空中单杠

### 1. 项目介绍

空中单杠是一个以个人挑战为主的项目。设备为高约 10 米的铁架，一根和铁架相同高度的柱子。柱子顶端有一个仅能容下双脚的圆盘，离圆盘约 1.2 米远的空中悬挂着一根短棒（悬在空中的单杠）。参与队员要自己爬上铁架的顶端，并且成功站在柱子的圆盘上面，竭尽全力跳向目标“单杠”，并且双手要抓住单杠。它属于高空高难度项目，整个过程需独立完成。该项目不仅是对个人勇气的考验，也是对判断力和冒险精神的考验，培养参训者危急情况下的正确思维能力。

2. 培训目标

（1）克服恐惧心理，勇往直前，挑战自我，激发潜能。

（2）以积极的心态去争取和获得机会。

（3）培养面对困难时的互助精神。

（4）掌握目标管理与控制的成功经验。

（5）明确队员的挑战顺序与团队内部组织方法的关系。

3. 回顾总结

（1）开始接受任务时，心里渴望成功；面对困难时，不能选择放弃，依靠顽强的意志最终会取得成功。

（2）积极的心态促使自己完成了任务，是今后人生飞跃的关键。

（3）挑战自己的能力极限，跨越“极限”。

## （六）高空断桥

1. 项目介绍

高空断桥是一个以个人挑战为主的项目。参训队员爬上9米高的断桥，站立于断桥桥面之上，从桥的一端跨到另一端，然后顺另一钢柱下来。它属于高空类高心理冲击的项目，整个过程需独立完成。该项目培养参训者冷静思考和精细操作的能力，“断桥一小步，人生一大步”浓缩了这个活动的精华。

高空断桥

2. 培训目标

（1）克服恐惧心理，勇往直前，认识自我，战胜自我。

（2）学会自我说服与自我激励，体会鼓励他人和获取鼓励的重要性。

（3）发扬面对困难时的互助精神，培养团队意识。

（4）明确队员的挑战顺序与团队内部组织方法的关系。

（5）了解心态对行动的影响，学会缓解心理压力。

3. 回顾总结

（1）每一位队员都讲讲自己的感受，与其他队员分享成功的经验。

（2）在地面跨越和在高空跨越的感觉有何不同？自己的心态在其中起了怎样的变化？

（3）自己想要放弃时，是靠什么说服自己完成项目的？勇于面对困难是取得成功的开始。

（4）人生一步一步前进的路途中难免会遇到困难和意外，要用积极的心态去面对。

（七）勇攀高峰

1. 项目介绍

勇攀高峰也叫垂直天梯，是一个以两人共同挑战和团队配合相结合的项目。参训的队员（2～3名）运用手的拉力和脚踩横梯的蹬力，使身体向上攀越，充分发挥队员之间的协作互助优势，共同到达预期目标。项目具有一定的难度和心理冲击力，需要消耗较大的体力。队员在执行任务时，团队协作意识和奉献精神是综合素质的重要组成部分。该项目使受训队员对协作和风险意识产生更深层次的认识。

勇攀高峰

2. 培训目标

（1）全力以赴，合理分工，互相鼓励，充满信心，克服心理障碍实现目标。

（2）培养队员之间相互协作的意识。

（3）体会团队内部人员合理搭配对实现整体目标的价值。

（4）体会阶段性目标对于实现最终目标的重要意义。

（5）共同学习，总结经验，体会提高整体工作效率的重要性。

（6）珍惜别人的帮助，懂得感恩，是能够继续前进的无形助力。

3. 回顾总结

（1）克服心理惰性，磨炼战胜困难的毅力。在完成任务的过程中，哪些地方体现了相互合作的重要性？

（2）最困难的地方在哪里？自己的安危和别人需要帮助之间，你是如何选择的？

（3）队员面对困难时应该合理分工、优劣互补、珍惜别人的帮助。

（八）攀峰越险

1. 项目介绍

攀峰越险是以个人挑战为主的项目。桥面距离地面 8 米，由短圆木连接铁索构成，桥长约 5 米。队员要在高空中努力控制自己的身体，保持平常心，勇往直前。有时困难不一定一闪而过，需要勇敢地一步一步走过。

攀峰越险

2. 培训目标

（1）挑战自我，激发潜能，认识自我，战胜自我。

（2）克服恐惧心理，增强心理承受能力。

（3）培养自我说服与自我激励、面对困难的顽强拼搏精神。

（4）砥砺意志，强健体魄，感悟在特殊困境下，脚踏实地战胜困难的心理过程。

3. 回顾总结

（1）感受队友的关爱和支持，从集体中吸取巨大的力量和信心。

（2）遇到困难时是怎样想的？准备放弃过吗？队员的激励对自己的成功起到了什么作用？今后如何帮助他人？

（3）学会换位思考，用积极的心态去争取和获得机会，实现奋斗目标。

（4）认识自身潜能，增强自信心，改善自身形象。

# 第十六章 《国家学生体质健康标准》简介

## 第一节 概 述

### 一、体质的基本概念

体质是人体的状态和适应能力，它是在先天遗传和后天获得的基础上表现出来的人体形态结构、生理功能和心理因素的综合性的、相对稳定的特征。

体质是人们从事一切生命活动的基础，它在形成和发展的过程中，具有明显的个体差异和阶段性。在人的生命活动的各个阶段，从儿童、青少年到中老年，体质状况不但具有某些共同的特征，而且是不断变化的。

### 二、体质的范畴

体质的范畴包括人体形态结构、生理生化功能、身体素质和运动能力水平、心理因素以及适应能力等多个方面。

（1）身体形态发育水平，即体格、体型、姿势、营养状况及身体组成成分等。

（2）生理生化功能水平，即机体新陈代谢水平以及各器官、系统的效能等。

（3）身体素质和运动能力发展水平，即速度、力量、耐力、灵敏度、柔韧性等素质及走、跑、跳、投、攀爬等身体活动能力。

（4）心理发育（或发展）水平，即本体感知能力、判断力、意志力、情感、行为、个性、性格等。

（5）适应能力，即对内外环境条件的适应能力、应急能力和对疾病的抵抗力等。

## 三、体质测定与评价的目的和意义

进行体质测定与评价的目的是为了掌握测定对象体质的状况及其发展变化，检查、评定体育教学和体育锻炼对增强体质的效果，分析研究影响体质强弱的各种因素，并从加强科学的体育教学和锻炼以及改善营养、卫生条件等方面，及时采取适宜的措施，从而更有效地增强体质。体质测定与评价的主要意义如下：

（1）可以方便学校和有关部门了解和掌握学生体质的现状；体质测定和评价获得的数据，经过分析研究，可了解学生体质变化的内在规律，并可检查、衡量体育教学和身体锻炼对增强体质的效果。

（2）为制订切合实际的体育教学大纲、计划，确定适宜的教育内容和方法提供了科学的依据，同时也为制订科学的锻炼计划提供客观的依据。

（3）使学生了解自己的发育程度、机能水平、身体素质和运动能力以及各个时期体质的发展和变化。增强学生关注自己体质状况的意识，激发和培养学生科学锻炼身体的自觉性和积极性。

（4）体质测定和评价过程中收集和积累的数据资料，能促进学校体育卫生工作的科学研究。

（5）能更有效地完善学校体育、卫生、营养、生活制度并改进相关工作，从而进一步增强学生的体质，提高健康水平。

# 第二节　学生体质健康评分标准

## 一、国家学生体质健康标准说明（节选）

1.《国家学生体质健康标准》（2014 年修订）（以下简称《标准》）是国家学校教育工作的基础性指导文件和教育质量基本标准，是评价学生综合素质、评估学校工作和衡量各地教育发展的重要依据，是《国家体育锻炼标准》在学校的具体实施，适用于全日制普通小学、初中、普通高中、中等职业学校、普通高等学校的学生。

2.本标准的修订坚持健康第一，落实《国家中长期教育改革和发展规划纲要（2010—2020 年）》《国务院办公厅转发教育部等部门关于进一步加强学校体育工作若干意见的

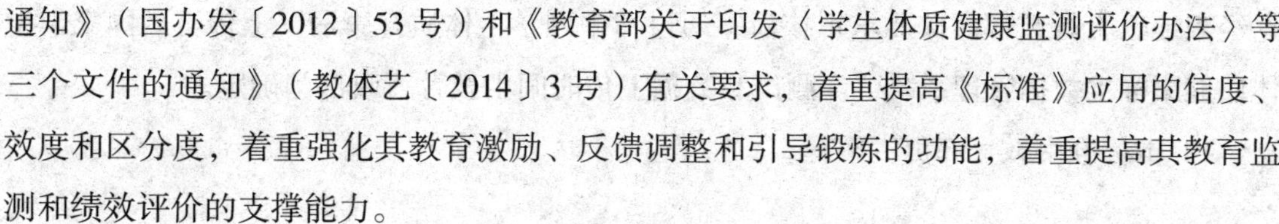

通知》（国办发〔2012〕53号）和《教育部关于印发〈学生体质健康监测评价办法〉等三个文件的通知》（教体艺〔2014〕3号）有关要求，着重提高《标准》应用的信度、效度和区分度，着重强化其教育激励、反馈调整和引导锻炼的功能，着重提高其教育监测和绩效评价的支撑能力。

3. 本标准从身体形态、身体机能和身体素质等方面综合评定学生的体质健康水平，是促进学生体质健康发展、激励学生积极进行身体锻炼的教育手段，是国家学生发展核心素养体系和学业质量标准的重要组成部分，是学生体质健康的个体评价标准。

4. 本标准将适用对象划分为以下组别：小学、初中、高中按每个年级为一组，其中小学为6组、初中为3组、高中为3组。大学一、二年级为一组，三、四年级为一组。

5. 小学、初中、高中、大学各组别的测试指标均为必测指标。其中，身体形态类中的身高、体重，身体机能类中的肺活量，以及身体素质类中的50米跑、坐位体前屈为各年级学生的共性指标。

6. 本标准的学年总分由标准分与附加分之和构成，满分为120分。标准分由各单项指标得分与权重乘积之和组成，满分为100分。附加分根据实测成绩确定，即对成绩超过100分的加分指标进行加分，满分为20分；小学的加分指标为1分钟跳绳，加分幅度为20分；初中、高中和大学的加分指标为男生引体向上和1000米跑，女生1分钟仰卧起坐和800米跑，各指标加分幅度均为10分。

7. 根据学生学年总分评定等级：90.0分及以上为优秀，80.0～89.9分为良好，60.0～79.9分为及格，59.9分及以下为不及格。

8. 每个学生每学年评定一次，记入《〈国家学生体质健康标准〉登记卡》（附表1～3）。特殊学制的学校，在填写登记卡时可以按规定和需求相应地增减栏目。学生毕业时的成绩和等级，按毕业当年学年总分的50%与其他学年总分平均得分的50%之和进行评定。

9. 学生测试成绩评定达到良好及以上者，方可参加评优与评奖；成绩达到优秀者，方可获体育奖学分。测试成绩评定不及格者，在本学年度准予补测一次，补测仍不及格，则学年成绩评定为不及格。普通高中、中等职业学校和普通高等学校学生毕业时，《标准》测试的成绩达不到50分者按结业或肄业处理。

10. 学生因病或残疾可向学校提交暂缓或免予执行《标准》的申请，经医疗单位证明，体育教学部门核准，可暂缓或免予执行《标准》，并填写《免予执行〈国家学生体质健康标准〉申请表》（附表3），存入学生档案。确实丧失运动能力、被免予执行《标准》的残疾学生，仍可参加评优与评奖，毕业时《标准》成绩需注明免测。

11. 各学校每学年开展覆盖本校各年级学生的《标准》测试工作，《标准》测试数据经当地教育行政部门按要求审核后，通过“中国学生体质健康网”上传至“国家学生体质健康标准数据管理系统”。测试和数据上传时间由教育行政部门确定。

12. 本标准由教育部负责解释。

## 二、单项指标与权重

表 16–1　　单项指标与权重

| 测试对象 | 单项指标 | 权重（%） |
|---|---|---|
| 小学一年级至大学四年级 | 体重指数（BMI） | 15 |
| | 肺活量 | 15 |
| 初中、高中、大学各年级 | 50 米跑 | 20 |
| | 坐位体前屈 | 10 |
| | 立定跳远 | 10 |
| | 引体向上（男）/1 分钟仰卧起坐（女）<br>坐（女） | 10 |
| | 1000 米跑（男）/800 米跑（女） | 20 |

注：体重指数（BMI）＝体重（千克）/ 身高 $^2$（米 $^2$）。

## 三、评分表

### （一）单项指标评分表

表 16–2　　男生体重指数（BMI）单项评分表（单位：千克 / 米 $^2$）

| 等级 | 单项得分 | 高一 | 高二 | 高三 | 大学 |
|---|---|---|---|---|---|
| 正常 | 100 | 16.5 ～ 23.2 | 16.8 ～ 23.7 | 17.3 ～ 23.8 | 17.9 ～ 23.9 |
| 低体重 | 80 | ≤ 16.4 | ≤ 16.7 | ≤ 17.2 | ≤ 17.8 |
| 超重 | | 23.3 ～ 26.3 | 23.8 ～ 26.5 | 23.9 ～ 27.3 | 24.0 ～ 27.9 |
| 肥胖 | 60 | ≥ 26.4 | ≥ 26.6 | ≥ 27.4 | ≥ 28.0 |

表 16–3　　女生体重指数（BMI）单项评分表（单位：千克 / 米 $^2$）

| 等级 | 单项得分 | 高一 | 高二 | 高三 | 大学 |
|---|---|---|---|---|---|
| 正常 | 100 | 16.5 ～ 22.7 | 16.9 ～ 23.2 | 17.1 ～ 23.3 | 17.2 ～ 23.9 |
| 低体重 | 80 | ≤ 16.4 | ≤ 16.8 | ≤ 17.0 | ≤ 17.1 |
| 超重 | | 22.8 ～ 25.2 | 23.3 ～ 25.4 | 23.4 ～ 25.7 | 24.0 ～ 27.9 |
| 肥胖 | 60 | ≥ 25.3 | ≥ 25.5 | ≥ 25.8 | ≥ 28.0 |

表 16-4　　肺活量单项评分表（单位：毫升）

| 男生肺活量单项评分表 | | | | | | | 女生肺活量单项评分表 | | | | | | |
|---|---|---|---|---|---|---|---|---|---|---|---|---|---|
| 等级 | 单项得分 | 高一 | 高二 | 高三 | 大一大二 | 大三大四 | 等级 | 单项得分 | 高一 | 高二 | 高三 | 大一大二 | 大三大四 |
| 优秀 | 100 | 4540 | 4740 | 4940 | 5040 | 5140 | 优秀 | 100 | 3150 | 3250 | 3350 | 3400 | 3450 |
| | 95 | 4420 | 4620 | 4820 | 4920 | 5020 | | 95 | 3100 | 3200 | 3300 | 3350 | 3400 |
| | 90 | 4300 | 4500 | 4700 | 4800 | 4900 | | 90 | 3050 | 3150 | 3250 | 3300 | 3350 |
| 良好 | 85 | 4050 | 4250 | 4450 | 4550 | 4650 | 良好 | 85 | 2900 | 3000 | 3100 | 3150 | 3200 |
| | 80 | 3800 | 4000 | 4200 | 4300 | 4400 | | 80 | 2750 | 2850 | 2950 | 3000 | 3050 |
| 及格 | 78 | 3680 | 3880 | 4080 | 4180 | 4280 | 及格 | 78 | 2650 | 2750 | 2850 | 2900 | 2950 |
| | 76 | 3560 | 3760 | 3960 | 4060 | 4160 | | 76 | 2550 | 2650 | 2750 | 2800 | 2850 |
| | 74 | 3440 | 3640 | 3840 | 3940 | 4040 | | 74 | 2450 | 2550 | 2650 | 2700 | 2750 |
| | 72 | 3320 | 3520 | 3720 | 3820 | 3920 | | 72 | 2350 | 2450 | 2550 | 2600 | 2650 |
| | 70 | 3200 | 3400 | 3600 | 3700 | 3800 | | 70 | 2250 | 2350 | 2450 | 2500 | 2550 |
| | 68 | 3080 | 3280 | 3480 | 3580 | 3680 | | 68 | 2150 | 2250 | 2350 | 2400 | 2450 |
| | 66 | 2960 | 3160 | 3360 | 3460 | 3560 | | 66 | 2050 | 2150 | 2250 | 2300 | 2350 |
| | 64 | 2840 | 3040 | 3240 | 3340 | 3440 | | 64 | 1950 | 2050 | 2150 | 2200 | 2250 |
| | 62 | 2720 | 2920 | 3120 | 3220 | 3320 | | 62 | 1850 | 1950 | 2050 | 2100 | 2150 |
| | 60 | 2600 | 2800 | 3000 | 3100 | 3200 | | 60 | 1750 | 1850 | 1950 | 2000 | 2050 |
| 不及格 | 50 | 2470 | 2660 | 2850 | 2940 | 3030 | 不及格 | 50 | 1710 | 1810 | 1910 | 1960 | 2010 |
| | 40 | 2340 | 2520 | 2700 | 2780 | 2860 | | 40 | 1670 | 1770 | 1870 | 1920 | 1970 |
| | 30 | 2210 | 2380 | 2550 | 2620 | 2690 | | 30 | 1630 | 1730 | 1830 | 1880 | 1930 |
| | 20 | 2080 | 2240 | 2400 | 2460 | 2520 | | 20 | 1590 | 1690 | 1790 | 1840 | 1890 |
| | 10 | 1950 | 2100 | 2250 | 2300 | 2350 | | 10 | 1550 | 1650 | 1750 | 1800 | 1850 |

表 16-5　　50 米跑单项评分表（单位：秒）

| 男生 50 米跑单项评分表 | | | | | | | 女生 50 米跑单项评分表 | | | | | | |
|---|---|---|---|---|---|---|---|---|---|---|---|---|---|
| 等级 | 单项得分 | 高一 | 高二 | 高三 | 大一大二 | 大三大四 | 等级 | 单项得分 | 高一 | 高二 | 高三 | 大一大二 | 大三大四 |
| 优秀 | 100 | 7.1 | 7.0 | 6.8 | 6.7 | 6.6 | 优秀 | 100 | 7.8 | 7.7 | 7.6 | 7.5 | 7.4 |
| | 95 | 7.2 | 7.1 | 6.9 | 6.8 | 6.7 | | 95 | 7.9 | 7.8 | 7.7 | 7.6 | 7.5 |
| | 90 | 7.3 | 7.2 | 7.0 | 6.9 | 6.8 | | 90 | 8.0 | 7.9 | 7.8 | 7.7 | 7.6 |
| 良好 | 85 | 7.4 | 7.3 | 7.1 | 7.0 | 6.9 | 良好 | 85 | 8.3 | 8.2 | 8.1 | 8.0 | 7.9 |
| | 80 | 7.5 | 7.4 | 7.2 | 7.1 | 7.0 | | 80 | 8.6 | 8.5 | 8.4 | 8.3 | 8.2 |
| 及格 | 78 | 7.7 | 7.6 | 7.4 | 7.3 | 7.2 | 及格 | 78 | 8.8 | 8.7 | 8.6 | 8.5 | 8.4 |
| | 76 | 7.9 | 7.8 | 7.6 | 7.5 | 7.4 | | 76 | 9.0 | 8.9 | 8.8 | 8.7 | 8.6 |

（续表）

| 男生 50 米跑单项评分表 | | | | | | | 女生 50 米跑单项评分表 | | | | | | |
|---|---|---|---|---|---|---|---|---|---|---|---|---|---|
| 等级 | 单项得分 | 高一 | 高二 | 高三 | 大一大二 | 大三大四 | 等级 | 单项得分 | 高一 | 高二 | 高三 | 大一大二 | 大三大四 |
| 及格 | 74 | 8.1 | 8.0 | 7.8 | 7.7 | 7.6 | 及格 | 74 | 9.2 | 9.1 | 9.0 | 8.9 | 8.8 |
| | 72 | 8.3 | 8.2 | 8.0 | 7.9 | 7.8 | | 72 | 9.4 | 9.3 | 9.2 | 9.1 | 9.0 |
| | 70 | 8.5 | 8.4 | 8.2 | 8.1 | 8.0 | | 70 | 9.6 | 9.5 | 9.4 | 9.3 | 9.2 |
| | 68 | 8.7 | 8.6 | 8.4 | 8.3 | 8.2 | | 68 | 9.8 | 9.7 | 9.6 | 9.5 | 9.4 |
| | 66 | 8.9 | 8.8 | 8.6 | 8.5 | 8.4 | | 66 | 10.0 | 9.9 | 9.8 | 9.7 | 9.6 |
| | 64 | 9.1 | 9.0 | 8.8 | 8.7 | 8.6 | | 64 | 10.2 | 10.1 | 10.0 | 9.9 | 9.8 |
| | 62 | 9.3 | 9.2 | 9.0 | 8.9 | 8.8 | | 62 | 10.4 | 10.3 | 10.2 | 10.1 | 10.0 |
| | 60 | 9.5 | 9.4 | 9.2 | 9.1 | 9.0 | | 60 | 10.6 | 10.5 | 10.4 | 10.3 | 10.2 |
| 不及格 | 50 | 9.7 | 9.6 | 9.4 | 9.3 | 9.2 | 不及格 | 50 | 10.8 | 10.7 | 10.6 | 10.5 | 10.4 |
| | 40 | 9.9 | 9.8 | 9.6 | 9.5 | 9.4 | | 40 | 11.0 | 10.9 | 10.8 | 10.7 | 10.6 |
| | 30 | 10.1 | 10.0 | 9.8 | 9.7 | 9.6 | | 30 | 11.2 | 11.1 | 11.0 | 10.9 | 10.8 |
| | 20 | 10.3 | 10.2 | 10.0 | 9.9 | 9.8 | | 20 | 11.4 | 11.3 | 11.2 | 11.1 | 11.0 |
| | 10 | 10.5 | 10.4 | 10.2 | 10.1 | 10.0 | | 10 | 11.6 | 11.5 | 11.4 | 11.3 | 11.2 |

**表 16–6　　坐位体前屈单项评分表（单位：厘米）**

| 男生坐位体前屈单项评分表 | | | | | | | 女生坐位体前屈单项评分表 | | | | | | |
|---|---|---|---|---|---|---|---|---|---|---|---|---|---|
| 等级 | 单项得分 | 高一 | 高二 | 高三 | 大一大二 | 大三大四 | 等级 | 单项得分 | 高一 | 高二 | 高三 | 大一大二 | 大三大四 |
| 优秀 | 100 | 23.6 | 24.3 | 24.6 | 24.9 | 25.1 | 优秀 | 100 | 24.2 | 24.8 | 25.3 | 25.8 | 26.3 |
| | 95 | 21.5 | 22.4 | 22.8 | 23.1 | 23.3 | | 95 | 22.5 | 23.1 | 23.6 | 24.0 | 24.4 |
| | 90 | 19.4 | 20.5 | 21.0 | 21.3 | 21.5 | | 90 | 20.8 | 21.4 | 21.9 | 22.2 | 22.4 |
| 良好 | 85 | 17.2 | 18.3 | 19.1 | 19.5 | 19.9 | 良好 | 85 | 19.1 | 19.7 | 20.2 | 20.6 | 21.0 |
| | 80 | 15.0 | 16.1 | 17.2 | 17.7 | 18.2 | | 80 | 17.4 | 18.0 | 18.5 | 19.0 | 19.5 |
| 及格 | 78 | 13.6 | 14.7 | 15.8 | 16.3 | 16.8 | 及格 | 78 | 16.1 | 16.7 | 17.2 | 17.7 | 18.2 |
| | 76 | 12.2 | 13.3 | 14.4 | 14.9 | 15.4 | | 76 | 14.8 | 15.4 | 15.9 | 16.4 | 16.9 |
| | 74 | 10.8 | 11.9 | 13.0 | 13.5 | 14.0 | | 74 | 13.5 | 14.1 | 14.6 | 15.1 | 15.6 |
| | 72 | 9.4 | 10.5 | 11.6 | 12.1 | 12.6 | | 72 | 12.2 | 12.8 | 13.3 | 13.8 | 14.3 |
| | 70 | 8.0 | 9.1 | 10.2 | 10.7 | 11.2 | | 70 | 10.9 | 11.5 | 12.0 | 12.5 | 13.0 |
| | 68 | 6.6 | 7.7 | 8.8 | 9.3 | 9.8 | | 68 | 9.6 | 10.2 | 10.7 | 11.2 | 11.7 |
| | 66 | 5.2 | 6.3 | 7.4 | 7.9 | 8.4 | | 66 | 8.3 | 8.9 | 9.4 | 9.9 | 10.4 |
| | 64 | 3.8 | 4.9 | 6.0 | 6.5 | 7.0 | | 64 | 7.0 | 7.6 | 8.1 | 8.6 | 9.1 |
| | 62 | 2.4 | 3.5 | 4.6 | 5.1 | 5.6 | | 62 | 5.7 | 6.3 | 6.8 | 7.3 | 7.8 |
| | 60 | 1.0 | 2.1 | 3.2 | 3.7 | 4.2 | | 60 | 4.4 | 5.0 | 5.5 | 6.0 | 6.5 |

（续表）

| 男生坐位体前屈单项评分表 | | | | | | | 女生坐位体前屈单项评分表 | | | | | | |
|---|---|---|---|---|---|---|---|---|---|---|---|---|---|
| 等级 | 单项得分 | 高一 | 高二 | 高三 | 大一大二 | 大三大四 | 等级 | 单项得分 | 高一 | 高二 | 高三 | 大一大二 | 大三大四 |
| 不及格 | 50 | 0.0 | 1.1 | 2.2 | 2.7 | 3.2 | 不及格 | 50 | 3.6 | 4.2 | 4.7 | 5.2 | 5.7 |
| | 40 | −1.0 | 0.1 | 1.2 | 1.7 | 2.2 | | 40 | 2.8 | 3.4 | 3.9 | 4.4 | 4.9 |
| | 30 | −2.0 | −0.9 | 0.2 | 0.7 | 1.2 | | 30 | 2.0 | 2.6 | 3.1 | 3.6 | 4.1 |
| | 20 | −3.0 | −1.9 | −0.8 | −0.3 | 0.2 | | 20 | 1.2 | 1.8 | 2.3 | 2.8 | 3.3 |
| | 10 | −4.0 | −2.9 | −1.8 | −1.3 | −0.8 | | 10 | 0.4 | 1.0 | 1.5 | 2.0 | 2.5 |

**表 16–7　立定跳远单项评分表（单位：厘米）**

| 男生立定跳远单项评分表 | | | | | | | 女生立定跳远单项评分表 | | | | | | |
|---|---|---|---|---|---|---|---|---|---|---|---|---|---|
| 等级 | 单项得分 | 高一 | 高二 | 高三 | 大一大二 | 大三大四 | 等级 | 单项得分 | 高一 | 高二 | 高三 | 大一大二 | 大三大四 |
| 优秀 | 100 | 260 | 265 | 270 | 273 | 275 | 优秀 | 100 | 204 | 205 | 206 | 207 | 208 |
| | 95 | 255 | 260 | 265 | 268 | 270 | | 95 | 198 | 199 | 200 | 201 | 202 |
| | 90 | 250 | 255 | 260 | 263 | 265 | | 90 | 192 | 193 | 194 | 195 | 196 |
| 良好 | 85 | 243 | 248 | 253 | 256 | 258 | 良好 | 85 | 185 | 186 | 187 | 188 | 189 |
| | 80 | 235 | 240 | 245 | 248 | 250 | | 80 | 178 | 179 | 180 | 181 | 182 |
| 及格 | 78 | 231 | 236 | 241 | 244 | 246 | 及格 | 78 | 175 | 176 | 177 | 178 | 179 |
| | 76 | 227 | 232 | 237 | 240 | 242 | | 76 | 172 | 173 | 174 | 175 | 176 |
| | 74 | 223 | 228 | 233 | 236 | 238 | | 74 | 169 | 170 | 171 | 172 | 173 |
| | 72 | 219 | 224 | 229 | 232 | 234 | | 72 | 166 | 167 | 168 | 169 | 170 |
| | 70 | 215 | 220 | 225 | 228 | 230 | | 70 | 163 | 164 | 165 | 166 | 167 |
| | 68 | 211 | 216 | 221 | 224 | 226 | | 68 | 160 | 161 | 162 | 163 | 164 |
| | 66 | 207 | 212 | 217 | 220 | 222 | | 66 | 157 | 158 | 159 | 160 | 161 |
| | 64 | 203 | 208 | 213 | 216 | 218 | | 64 | 154 | 155 | 156 | 157 | 158 |
| | 62 | 199 | 204 | 209 | 212 | 214 | | 62 | 151 | 152 | 153 | 154 | 155 |
| | 60 | 195 | 200 | 205 | 208 | 210 | | 60 | 148 | 149 | 150 | 151 | 152 |
| 不及格 | 50 | 190 | 195 | 200 | 203 | 205 | 不及格 | 50 | 143 | 144 | 145 | 146 | 147 |
| | 40 | 185 | 190 | 195 | 198 | 200 | | 40 | 138 | 139 | 140 | 141 | 142 |
| | 30 | 180 | 185 | 190 | 193 | 195 | | 30 | 133 | 134 | 135 | 136 | 137 |
| | 20 | 175 | 180 | 185 | 188 | 190 | | 20 | 128 | 129 | 130 | 131 | 132 |
| | 10 | 170 | 175 | 180 | 183 | 185 | | 10 | 123 | 124 | 125 | 126 | 127 |

表 16-8　　男生引体向上单项评分表（单位：次）

| 等级 | 单项得分 | 高一 | 高二 | 高三 | 大一大二 | 大三大四 |
|---|---|---|---|---|---|---|
| 优秀 | 100 | 16 | 17 | 18 | 19 | 20 |
| | 95 | 15 | 16 | 17 | 18 | 19 |
| | 90 | 14 | 15 | 16 | 17 | 18 |
| 良好 | 85 | 13 | 14 | 15 | 16 | 17 |
| | 80 | 12 | 13 | 14 | 15 | 16 |
| 及格 | 78 | | | | | |
| | 76 | 11 | 12 | 13 | 14 | 15 |
| | 74 | | | | | |
| | 72 | 10 | 11 | 12 | 13 | 14 |
| | 70 | | | | | |
| | 68 | 9 | 10 | 11 | 12 | 13 |
| | 66 | | | | | |
| | 64 | 8 | 9 | 10 | 11 | 12 |
| | 62 | | | | | |
| | 60 | 7 | 8 | 9 | 10 | 11 |
| 不及格 | 50 | 6 | 7 | 8 | 9 | 10 |
| | 40 | 5 | 6 | 7 | 8 | 9 |
| | 30 | 4 | 5 | 6 | 7 | 8 |
| | 20 | 3 | 4 | 5 | 6 | 7 |
| | 10 | 2 | 3 | 4 | 5 | 6 |

表 16-9　　女生一分钟仰卧起坐单项评分表（单位：次）

| 等级 | 单项得分 | 高一 | 高二 | 高三 | 大一大二 | 大三大四 |
|---|---|---|---|---|---|---|
| 优秀 | 100 | 53 | 54 | 55 | 56 | 57 |
| | 95 | 51 | 52 | 53 | 54 | 55 |
| | 90 | 49 | 50 | 51 | 52 | 53 |
| 良好 | 85 | 46 | 47 | 48 | 49 | 50 |
| | 80 | 43 | 44 | 45 | 46 | 47 |
| 及格 | 78 | 41 | 42 | 43 | 44 | 45 |
| | 76 | 39 | 40 | 41 | 42 | 43 |
| | 74 | 37 | 38 | 39 | 40 | 41 |
| | 72 | 35 | 36 | 37 | 38 | 39 |
| | 70 | 33 | 34 | 35 | 36 | 37 |

（续表）

| 等级 | 单项得分 | 高一 | 高二 | 高三 | 大一大二 | 大三大四 |
|---|---|---|---|---|---|---|
| 及格 | 68 | 31 | 32 | 33 | 34 | 35 |
| | 66 | 29 | 30 | 31 | 32 | 33 |
| | 64 | 27 | 28 | 29 | 30 | 31 |
| | 62 | 25 | 26 | 27 | 28 | 29 |
| | 60 | 23 | 24 | 25 | 26 | 27 |
| 不及格 | 50 | 21 | 22 | 23 | 24 | 25 |
| | 40 | 19 | 20 | 21 | 22 | 23 |
| | 30 | 17 | 18 | 19 | 20 | 21 |
| | 20 | 15 | 16 | 17 | 18 | 19 |
| | 10 | 13 | 14 | 15 | 16 | 17 |

**表 16–10　　耐力跑单项评分表（单位：分·秒）**

| 男生耐力跑单项评分表 | | | | | | | 女生耐力跑单项评分表 | | | | | | |
|---|---|---|---|---|---|---|---|---|---|---|---|---|---|
| 等级 | 单项得分 | 高一 | 高二 | 高三 | 大一大二 | 大三大四 | 等级 | 单项得分 | 高一 | 高二 | 高三 | 大一大二 | 大三大四 |
| 优秀 | 100 | 3'30" | 3'25" | 3'20" | 3'17" | 3'15" | 优秀 | 100 | 3'24" | 3'22" | 3'20" | 3'18" | 3'16" |
| | 95 | 3'35" | 3'30" | 3'25" | 3'22" | 3'20" | | 95 | 3'30" | 3'28" | 3'26" | 3'24" | 3'22" |
| | 90 | 3'40" | 3'35" | 3'30" | 3'27" | 3'25" | | 90 | 3'36" | 3'34" | 3'32" | 3'30" | 3'28" |
| 良好 | 85 | 3'47" | 3'42" | 3'37" | 3'34" | 3'32" | 良好 | 85 | 3'43" | 3'41" | 3'39" | 3'37" | 3'35" |
| | 80 | 3'55" | 3'50" | 3'45" | 3'42" | 3'40" | | 80 | 3'50" | 3'48" | 3'46" | 3'44" | 3'42" |
| 及格 | 78 | 4'00" | 3'55" | 3'50" | 3'47" | 3'45" | 及格 | 78 | 3'55" | 3'53" | 3'51" | 3'49" | 3'47" |
| | 76 | 4'05" | 4'00" | 3'55" | 3'52" | 3'50" | | 76 | 4'00" | 3'58" | 3'56" | 3'54" | 3'52" |
| | 74 | 4'10" | 4'05" | 4'00" | 3'57" | 3'55" | | 74 | 4'05" | 4'03" | 4'01" | 3'59" | 3'57" |
| | 72 | 4'15" | 4'10" | 4'05" | 4'02" | 4'00" | | 72 | 4'10" | 4'08" | 4'06" | 4'04" | 4'02" |
| | 70 | 4'20" | 4'15" | 4'10" | 4'07" | 4'05" | | 70 | 4'15" | 4'13" | 4'11" | 4'09" | 4'07" |
| | 68 | 4'25" | 4'20" | 4'15" | 4'12" | 4'10" | | 68 | 4'20" | 4'18" | 4'16" | 4'14" | 4'12" |
| | 66 | 4'30" | 4'25" | 4'20" | 4'17" | 4'15" | | 66 | 4'25" | 4'23" | 4'21" | 4'19" | 4'17" |
| | 64 | 4'35" | 4'30" | 4'25" | 4'22" | 4'20" | | 64 | 4'30" | 4'28" | 4'26" | 4'24" | 4'22" |
| | 62 | 4'40" | 4'35" | 4'30" | 4'27" | 4'25" | | 62 | 4'35" | 4'33" | 4'31" | 4'29" | 4'27" |
| | 60 | 4'45" | 4'40" | 4'35" | 4'32" | 4'30" | | 60 | 4'40" | 4'38" | 4'36" | 4'34" | 4'32" |
| 不及格 | 50 | 5'05" | 5'00" | 4'55" | 4'52" | 4'50" | 不及格 | 50 | 4'50" | 4'48" | 4'46" | 4'44" | 4'42" |
| | 40 | 5'25" | 5'20" | 5'15" | 5'12" | 5'10" | | 40 | 5'00" | 4'58" | 4'56" | 4'54" | 4'52" |
| | 30 | 5'45" | 5'40" | 5'35" | 5'32" | 5'30" | | 30 | 5'10" | 5'08" | 5'06" | 5'04" | 5'02" |
| | 20 | 6'05" | 6'00" | 5'55" | 5'52" | 5'50" | | 20 | 5'20" | 5'18" | 5'16" | 5'14" | 5'12" |
| | 10 | 6'25" | 6'20" | 6'15" | 6'12" | 6'10" | | 10 | 5'30" | 5'28" | 5'26" | 5'24" | 5'22" |

注：高中、大学男生为 1000 米跑，高中、大学女生为 800 米跑。

## （二）加分指标评分表

表 16-11　　男生引体向上评分表（单位：次）

| 加分 | 高一 | 高二 | 高三 | 大一大二 | 大三大四 |
|---|---|---|---|---|---|
| 10 | 10 | 10 | 10 | 10 | 10 |
| 9 | 9 | 9 | 9 | 9 | 9 |
| 8 | 8 | 8 | 8 | 8 | 8 |
| 7 | 7 | 7 | 7 | 7 | 7 |
| 6 | 6 | 6 | 6 | 6 | 6 |
| 5 | 5 | 5 | 5 | 5 | 5 |
| 4 | 4 | 4 | 4 | 4 | 4 |
| 3 | 3 | 3 | 3 | 3 | 3 |
| 2 | 2 | 2 | 2 | 2 | 2 |
| 1 | 1 | 1 | 1 | 1 | 1 |

注：引体向上为高优指标，学生成绩超过单项评分 100 分后，以超过的次数所对应的分数进行加分。

表 16-12　　女生一分钟仰卧起坐评分表（单位：次）

| 加分 | 高一 | 高二 | 高三 | 大一大二 | 大三大四 |
|---|---|---|---|---|---|
| 10 | 13 | 13 | 13 | 13 | 13 |
| 9 | 12 | 12 | 12 | 12 | 12 |
| 8 | 11 | 11 | 11 | 11 | 11 |
| 7 | 10 | 10 | 10 | 10 | 10 |
| 6 | 9 | 9 | 9 | 9 | 9 |
| 5 | 8 | 8 | 8 | 8 | 8 |
| 4 | 7 | 7 | 7 | 7 | 7 |
| 3 | 6 | 6 | 6 | 6 | 6 |
| 2 | 4 | 4 | 4 | 4 | 4 |
| 1 | 2 | 2 | 2 | 2 | 2 |

注：一分钟仰卧起坐为高优指标，学生成绩超过单项评分 100 分后，以超过的次数所对应的分数进行加分。

**表 16-13　　男生 1000 米跑评分表（单位：分·秒）**

| 加分 | 高一 | 高二 | 高三 | 大一大二 | 大三大四 |
|---|---|---|---|---|---|
| 10 | -35" | -35" | -35" | -35" | -35" |
| 9 | -32" | -32" | -32" | -32" | -32" |
| 8 | -29" | -29" | -29" | -29" | -29" |
| 7 | -26" | -26" | -26" | -26" | -26" |
| 6 | -23" | -23" | -23" | -23" | -23" |
| 5 | -20" | -20" | -20" | -20" | -20" |
| 4 | -16" | -16" | -16" | -16" | -16" |
| 3 | -12" | -12" | -12" | -12" | -12" |
| 2 | -8" | -8" | -8" | -8" | -8" |
| 1 | -4" | -4" | -4" | -4" | -4" |

注：1000 米跑为低优指标，学生成绩低于单项评分 100 分后，以减少的秒数所对应的分数进行加分。

**表 16-14　　女生 800 米跑评分表（单位：分·秒）**

| 加分 | 高一 | 高二 | 高三 | 大一大二 | 大三大四 |
|---|---|---|---|---|---|
| 10 | -50" | -50" | -50" | -50" | -50" |
| 9 | -45" | -45" | -45" | -45" | -45" |
| 8 | -40" | -40" | -40" | -40" | -40" |
| 7 | -35" | -35" | -35" | -35" | -35" |
| 6 | -30" | -30" | -30" | -30" | -30" |
| 5 | -25" | -25" | -25" | -25" | -25" |
| 4 | -20" | -20" | -20" | -20" | -20" |
| 3 | -15" | -15" | -15" | -15" | -15" |
| 2 | -10" | -10" | -10" | -10" | -10" |
| 1 | -5" | -5" | -5" | -5" | -5" |

注：800 米跑为低优指标，学生成绩低于单项评分 100 分后，以减少的秒数所对应的分数进行加分。

附表：

1.《国家学生体质健康标准》登记卡（高中样表）

2.《国家学生体质健康标准》登记卡（大学样表）

3. 免予执行《国家学生体质健康标准》申请表（样表）

附表 1　　**《国家学生体质健康标准》登记卡（高中样表）**

学校________

| 姓名 | | | | 性别 | | | | 学号 | | | |
|---|---|---|---|---|---|---|---|---|---|---|---|
| 班级 | | | | 民族 | | | | 出生日期 | | | |
| 单项指标 | 高一 | | | 高二 | | | 高三 | | | 毕业成绩 | |
| | 成绩 | 得分 | 等级 | 成绩 | 得分 | 等级 | 成绩 | 得分 | 等级 | 得分 | 等级 |
| 体重指数（BMI）（千克 / 米$^2$） | | | | | | | | | | | |
| 肺活量（毫升） | | | | | | | | | | | |
| 50 米跑（秒） | | | | | | | | | | | |
| 坐位体前屈（厘米） | | | | | | | | | | | |
| 立定跳远（厘米） | | | | | | | | | | | |
| 引体向上（男）/ 1 分钟仰卧起坐（女）（次） | | | | | | | | | | | |
| 1000 米跑（男）/ 800 米跑（女）（分 · 秒） | | | | | | | | | | | |
| 标准分 | | | | | | | | | | | |
| 加分指标 | 成绩 | 附加分 | | 成绩 | 附加分 | | 成绩 | 附加分 | | | |
| 引体向上（男）/ 1 分钟仰卧起坐（女）（次） | | | | | | | | | | | |
| 1000 米跑（男）/ 800 米跑（女）（分 · 秒） | | | | | | | | | | | |
| 学年总分 | | | | | | | | | | | |
| 等级评定 | | | | | | | | | | | |
| 体育教师签字 | | | | | | | | | | | |
| 班主任签字 | | | | | | | | | | | |
| 家长签字 | | | | | | | | | | | |

注：中等职业学校参照本样表执行。

学校签章：　　　　　　　　年　　　月　　　日

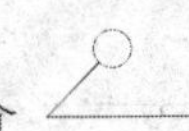

**附表 2　　　《国家学生体质健康标准》登记卡（大学样表）**

学校＿＿＿＿＿＿

<table>
<tr><td>姓名</td><td colspan="4"></td><td colspan="2">性别</td><td colspan="5"></td><td colspan="2">学号</td><td></td></tr>
<tr><td>班级</td><td colspan="4"></td><td colspan="2">民族</td><td colspan="5"></td><td colspan="2">出生日期</td><td></td></tr>
<tr><td rowspan="2">单项指标</td><td colspan="3">大一</td><td colspan="3">大二</td><td colspan="3">大三</td><td colspan="3">大四</td><td colspan="2">毕业成绩</td></tr>
<tr><td>成绩</td><td>得分</td><td>等级</td><td>成绩</td><td>得分</td><td>等级</td><td>成绩</td><td>得分</td><td>等级</td><td>成绩</td><td>得分</td><td>等级</td><td>得分</td><td>等级</td></tr>
<tr><td>体重指数（BMI）（千克 / 米 $^{2}$）</td><td></td><td></td><td></td><td></td><td></td><td></td><td></td><td></td><td></td><td></td><td></td><td></td><td rowspan="13"></td><td rowspan="13"></td></tr>
<tr><td>肺活量（毫升）</td><td></td><td></td><td></td><td></td><td></td><td></td><td></td><td></td><td></td><td></td><td></td><td></td></tr>
<tr><td>50 米跑（秒）</td><td></td><td></td><td></td><td></td><td></td><td></td><td></td><td></td><td></td><td></td><td></td><td></td></tr>
<tr><td>坐位体前屈（厘米）</td><td></td><td></td><td></td><td></td><td></td><td></td><td></td><td></td><td></td><td></td><td></td><td></td></tr>
<tr><td>立定跳远（厘米）</td><td></td><td></td><td></td><td></td><td></td><td></td><td></td><td></td><td></td><td></td><td></td><td></td></tr>
<tr><td>引体向上（男）/ 1 分钟仰卧起坐（女）（次）</td><td></td><td></td><td></td><td></td><td></td><td></td><td></td><td></td><td></td><td></td><td></td><td></td></tr>
<tr><td>1000 米跑（男）/ 800 米跑（女）（分 · 秒）</td><td></td><td></td><td></td><td></td><td></td><td></td><td></td><td></td><td></td><td></td><td></td><td></td></tr>
<tr><td>标准分</td><td colspan="3"></td><td colspan="3"></td><td colspan="3"></td><td colspan="3"></td></tr>
<tr><td>加分指标</td><td colspan="2">成绩</td><td>附加分</td><td colspan="2">成绩</td><td>附加分</td><td colspan="2">成绩</td><td>附加分</td><td colspan="2">成绩</td><td>附加分</td></tr>
<tr><td>引体向上（男）/ 1 分钟仰卧起坐（女）（次）</td><td colspan="2"></td><td></td><td colspan="2"></td><td></td><td colspan="2"></td><td></td><td colspan="2"></td><td></td></tr>
<tr><td>1000 米跑（男）/ 800 米跑（女）（分 · 秒）</td><td colspan="2"></td><td></td><td colspan="2"></td><td></td><td colspan="2"></td><td></td><td colspan="2"></td><td></td></tr>
<tr><td>学年总分</td><td colspan="3"></td><td colspan="3"></td><td colspan="3"></td><td colspan="3"></td></tr>
<tr><td>等级评定</td><td colspan="3"></td><td colspan="3"></td><td colspan="3"></td><td colspan="3"></td></tr>
<tr><td>体育教师签字</td><td colspan="3"></td><td colspan="3"></td><td colspan="3"></td><td colspan="3"></td><td colspan="2"></td></tr>
<tr><td>辅导员签字</td><td colspan="3"></td><td colspan="3"></td><td colspan="3"></td><td colspan="3"></td><td colspan="2"></td></tr>
</table>

注：高等职业学校、高等专科学校参照本样表执行。

学校签章：　　　　　　　　　　　　年　　月　　日

附表 3　　免予执行《国家学生体质健康标准》申请表（样表）

<table>
<tr><td>姓名</td><td></td><td>性别</td><td></td><td>学号</td><td></td></tr>
<tr><td>班级 / 院（系）</td><td></td><td>民族</td><td></td><td>出生日期</td><td></td></tr>
<tr><td>原因</td><td colspan="5">申请人：<br>年　　月　　日</td></tr>
<tr><td>体育教师签字</td><td colspan="2"></td><td>家长签字</td><td colspan="2"></td></tr>
<tr><td>学校体育部门意见</td><td colspan="5">学校盖章：<br>年　　月　　日</td></tr>
</table>

注：中等职业学校及普通高等学校的学生，“家长签字”由学生本人签字。

# 参考文献

[1] 郝小刚 . 拓展训练 [M] . 东营 : 中国石油大学出版社 , 2009.
[2] 毛秀珠 . 体育社会学 [M] . 北京 : 人民体育出版社 , 1997.
[3] 毛振明 . 学校心理拓展训练 [M] . 北京 : 北京体育大学出版社 , 2004.
[4] 孙克诚 . 新编大学体育与健康教程 [M] . 北京 : 航空工业出版社 , 2007.
[5] 杨乃彤 . 新编体育与健康 [M] . 北京 : 人民体育出版社 , 2007.
[6] 于可红 . 体育文化概论 [M] . 北京 : 高等教育出版社 , 2004.
[7] 张瑞林 . 体育与健康 [M] . 济南 : 山东大学出版社 , 2002.
[8] 邹继豪 , 等 . 体育与健康教程 [M] . 沈阳 : 辽宁大学出版社 , 2004.

**图书在版编目（CIP）数据**

体育与健康 / 刘秀东主编．-- 济南 ：山东人民出版社，2017.8（2019.7重印）

ISBN 978-7-209-10313-8

Ⅰ．①体… Ⅱ．①刘… Ⅲ．①体育－教材②健康教育－教材 Ⅳ．①G807.4

中国版本图书馆CIP数据核字(2017)第098233号

体育与健康

刘秀东　主编

主管单位　山东出版传媒股份有限公司

出版发行　山东人民出版社

社　　址　济南市英雄山路165号

邮　　编　250002

电　　话　总编室（0531）82098914

　　　　　市场部（0531）82098027

网　　址　http://www.sd-book.com.cn

印　　装　山东金坐标印务有限公司

经　　销　新华书店

规　　格　16开（185mm×260mm）

印　　张　19

字　　数　360千字

版　　次　2017年8月第1版

印　　次　2019年7月第3次

印　　数　12501—17500

ISBN 978-7-209-10313-8

定　　价　42.00元